国家卫生健康委员会"十三五"规划教材
全国高等学校教材
供基础、临床、预防、口腔等医学类专业用

大学生心理健康教育

（College Mental Health Education）

主　编　杨艳杰　钱　明

副主编　刘新民　王　伟　何金彩　朱熊兆

编　者（以姓氏笔画为序）

王　伟	浙江大学医学院	汪　楚	浙江大学医学院
朱熊兆	中南大学湘雅二医院	宋　悦	哈尔滨师范大学
刘新民	皖南医学院	赵　可	温州医科大学
刘潇荃	山西中医药大学	赵法政	黑龙江中医药大学
杨艳杰	哈尔滨医科大学	姜玉洪	哈尔滨师范大学
杨微微	齐齐哈尔医学院	钱　明	天津医科大学
邱晓惠	哈尔滨医科大学	梁立夫	天津医科大学
何金彩	温州医科大学		

人民卫生出版社

图书在版编目（CIP）数据

大学生心理健康教育 / 杨艳杰，钱明主编. —北京：人民卫生出版社，2018

ISBN 978-7-117-27089-2

Ⅰ. ①大… Ⅱ. ①杨… ②钱… Ⅲ. ①大学生 - 心理健康 - 健康教育 - 高等学校 - 教材 Ⅳ. ①G444

中国版本图书馆 CIP 数据核字（2018）第 163359 号

| 人卫智网 | www.ipmph.com | 医学教育、学术、考试、健康，购书智慧智能综合服务平台 |
| 人卫官网 | www.pmph.com | 人卫官方资讯发布平台 |

大学生心理健康教育

主　　编：杨艳杰　钱　明
出版发行：人民卫生出版社（中继线 010-59780011）
地　　址：北京市朝阳区潘家园南里 19 号
邮　　编：100021
E - mail：pmph @ pmph.com
购书热线：010-59787592　010-59787584　010-65264830
印　　刷：三河市尚艺印装有限公司
经　　销：新华书店
开　　本：787×1092　1/16　印张：14　插页：4
字　　数：349 千字
版　　次：2018 年 8 月第 1 版　2024 年 7 月第 1 版第 7 次印刷
标准书号：ISBN 978-7-117-27089-2
定　　价：42.00 元
打击盗版举报电话：010-59787491　E-mail：WQ @ pmph.com
（凡属印装质量问题请与本社市场营销中心联系退换）

主编简介

杨艳杰，二级教授，博士研究生导师。黑龙江省第十三届人大代表。现任哈尔滨医科大学公共卫生学院副院长，哈尔滨医科大学医学心理学教研室主任，学术带头人。兼任俄罗斯布拉戈维申斯克师范大学客座教授、博士研究生导师。享受国务院政府特殊津贴，黑龙江省教学名师，黑龙江省"六个一批"专家人才。兼任教育部高等学校心理学类专业教学指导委员会委员，第三届全国高等学校应用心理学专业教材评审委员会主任委员，中国高等教育学会医学心理学分会理事长，中华医学会行为医学分会副主任委员，中国心理卫生协会常务理事，黑龙江省心理卫生协会理事长，黑龙江省突发公共卫生事件专家咨询委员会副主任等。

从事心理学教学及科研工作29年。在情绪障碍和心身疾病机制、职业人群应激及心理卫生研究方面有较深的学术造诣。主持国家自然科学基金、科技部支撑项目等各类科研项目20余项；以第一完成人获教育部等省部级一、二等科技成果奖励10项；在国内外发表学术论文100余篇；主编国家级规划教材及著作20余部；指导博士、硕士研究生100名。多次担任中央电视台特约嘉宾，解答各类疑难心理问题。担任黑龙江省委组织部、团省委、黑龙江省市长协会特约专家，数次在"市长高峰论坛"，市长培训班及黑龙江省省管干部培训班上授课，受到好评。获得国际莫尼卡人道主义奖，全国师德师风先进个人、全国心理卫生工作突出贡献专家、全国心理卫生先进工作者等多项荣誉。

钱明，天津医科大学基础医学院医学心理教研室主任，教授，硕士生导师。

现担任中国心理卫生协会常务理事兼副秘书长，天津市心理卫生协会副理事长兼秘书长，中国心理学会医学心理学专业委员会常务委员，中华医学会地方病学专业委员会常务理事，中国地方病协会副会长兼碘缺乏病专业委员会主任委员，全球碘营养联盟中国及东亚地区协调员。

副主编简介

刘新民，教授，硕士生导师，安徽省教学名师。兼任中国残疾人康复协会理事、心理康复专业委员会副主任委员，中华医学会行为医学分会常委，安徽省医学会行为医学分会主任委员，安徽省心理咨询师协会副理事长，济宁医学院行为与健康研究所名誉所长，山东省高校人文社会科学研究基地"行为与健康研究基地"副主任，《中华行为医学与脑科学杂志》和《中国健康心理学杂志》等5个杂志编委。

从事应用心理学与司法精神病学教学、研究和应用30余年。作为学术带头人主持创建了皖南医学院应用心理学专业和重点学科、科学学位和专业学位2个硕士点、3个心理咨询机构、安徽省人文社科重点研究基地"大学生心理健康研究中心"、安徽省精品课程《变态心理学》和《医学心理学》；发表论文109篇；主编教材、专著、译著和科普丛书80余部；为社会提供大量的心理咨询、治疗与鉴定服务；应邀为各类学校、医院、企业、政府机关等做报告数百场。获中华医学会行为医学分会"杰出贡献奖"、中国高教研究会医学心理分会"终身成就奖"、中国心理卫生协会大学生心理咨询专业委员会心理健康教育"优秀工作者"等奖励20余项。

王伟，浙江大学医学院教授，精神病与精神卫生学学科带头人，首席科学家，资深博士生导师。

主要研究领域为临床精神病的人格、情绪、认知与极端梦境（意识）的神经基础和诊治。目前主编（协助主编）多本国际SSCI、SCI期刊中人格障碍及心理疾病部分内容，主持国家级科研课题5项。发表SSCI、SCI论文100余篇，他引1200余次。H-Index：24（Google），17（WOS）；i10：36（Google），29（WOS）。

何金彩，二级教授，主任医师，研究生导师，主要从事神经内科 - 神经心理学临床、科研、教学和管理工作，共发表论文100余篇，包括以第一作者或通信作者在 *The Journal Biological Chemistry* 等知名杂志上发表 SCI 论文 40 多篇，主编包括十一五和十二五规划教材等 7 部，参编教材多部。主持国家"十一五"科技支撑计划课题 1 项，科技支撑和 863 子课题 2 项及国际合作项目等多项。

现任中国神经内科医师协会委员，中华医学会神经病学分会神经心理学组委员，中国高教学会医学心理学分会副理事长，中国睡眠研究会理事，浙江省医学会神经病学分会常委，浙江省医学会心身医学分会副主任委员。

朱熊兆，教授，一级主任医师，博士生导师。湖南省临床心理学学科带头人，中南大学医学心理学研究所副所长，中南大学湘雅二医院医学心理中心副主任，中国心理卫生协会常务理事，中国高等教育学会医学心理学分会副理事长，中国心理学会生理心理学分会委员，中国心理卫生协会心身医学专业委员会委员，中国心理卫生协会心理评估专业委员会常务委员。主持国家自然科学基金项目、国际合作项目等 10 多项。获教育部科技进步奖二等奖 2 项，湖南省科技进步三等奖 3 项，湖南省医学科技二等奖 1 项。担任《中国临床心理学》《神经疾病与精神卫生》等杂志的编委。发表学术论文近 300 篇，其中SCI、SSCI 收录论文 100 多篇，主编、主译著作 9 部，培养硕士、博士研究生 60 余名。

前　言

当今人类社会进入了崭新的发展时代,作为新时代骄子的大学生,在迎接机遇和挑战的同时,压力也不断出现。在这个知识大爆炸的时代,大学生应该如何学习新知识、新思维、新理念;如何进行情绪管理、压力管理,更好地进行高效率学习;学会人际沟通技巧,更好地适应社会等,这些都需要有积极的心理、健康的心理。竞争需要健康的心理,合作更需要健康的心理。因此,对大学生开展心理健康教育成为当代教育的重要内容。

2011年2月,教育部下发了教思政厅(2011)1号文件《教育部办公厅关于印发〈普通高等学校学生心理健康教育工作基本建设标准(试行)〉的通知》。该通知提出要将大学生心理健康教育纳入学校人才培养体系,使每一位在校大学生都能接受心理健康教育。此后每年教育部都会出台相关文件并制定相应的措施,反复强调对当代大学生进行心理健康教育的重要性和迫切性。党中央也发布了一系列相关文件,文件中均明确要求:"注意促进人的心理和谐,加强人文关怀和心理疏导,引导人们正确对待自己、他人和社会,正确对待困难、挫折和荣誉。加强心理健康教育和保健,健全心理咨询网络,塑造自尊自信、理性平和、积极向上的心态。"本书旨在解决时代变迁中大学生发展中的心理问题,帮助大学生健康成长。

本教材编写主要依据国家教育大政方针和国家对大学生心理健康教育建设标准,联系大学生活实际,注重解决实际问题,并提出可操作的、科学的、合理化的建议,使大学生能保持良好的心理健康水平,及时发现问题,及时解决问题,指导和帮助大学生顺利度过大学生活,为其日后发展奠定良好的基础。据此,《大学生心理健康教育》教材主要涉及了以下内容:大学生的认知、学习、情绪、挫折、自我意识、人格、人际关系、恋爱、网络心理等。本教材在给大学生普及心理学相关基础知识的同时,注重引导其联系自身实际,有针对性地采取相应的策略、方法,消除心理困扰,从而学以致用。本教材具备以下特点:

1. 编写队伍强大　本教材由国内十所高校中多年从事心理学相关教学和科研工作、并有教材编写经验的高资历教师编写。一方面了解大学生常见的心理问题,贴近实际;另一方面能充分保证教材的质量,能科学决策教材的内容和合理安排教材体系。

2. 实用性强　本教材主要针对在校的大学生进行心理健康教育,对他们在校期间可能会出现的心理问题进行梳理,并提出有针对性的、科学的调适策略,指导大学生顺利地度过大学生活,为他们的心身健康保驾护航。

3. 应用性　本教材提出了针对某些心理问题的调适策略及方法,考虑了大学生的实际情况,并注重其可操作性,学生可以依据指导自我进行调节,达到预防心理问题的目的,从而提高大学生的心理健康水平。

4. 广泛性　本教材根据学生的学历层次选择教学内容,主要用于本科生教学,也适用于专科生和研究生教育,还可供心理咨询师和在校心理学专业学生参考。本教材紧紧围绕大学生的心身发展特点与生活实际,内容通俗易懂、深入浅出,编写了大量案例并进行分析,帮助学生解决常见问题。一方面便于教师进行课堂讲授,另一方面便于学生进行自学,具有很强的可读性、实践性、启发性和可操作性。

感谢各位编者在编写过程中付出的辛苦和努力!大学生心理健康教育是一项复杂的系统工程,我们要不断为之努力。由于编者水平有限,书中难免会有不妥之处,期待同行专家和广大学生批评指正。

杨艳杰

2018 年 2 月

目　录

第一章 大学生心理健康导论

【导读】

近些年来，由大学生心理问题引发的社会问题屡见不鲜，类似自杀、伤害他人等情节严重的事件也频有发生。中国社会调查所（Social Survey Institute of China, SSIC）对北京、上海、广州、南京、武汉、大连、沈阳、哈尔滨等地高校 1000 名大学生进行问卷调查，当问及"在你现在的生活中，经常会出现下列哪种情绪"时（多选），53.1% 的被访者选择愉快；46.9% 的被访者选择充满希望；44.9% 的被访者选择郁闷；22.4% 的被访者选择焦虑；第五、第六位分别是敌对情绪和抑郁，分别占到被访者的 14.3% 和 12.2%。数据显示，将近一半同学的情绪是比较乐观的，可也有为数不少的学生出现了郁闷、焦虑、敌对等情绪。就是否有过自杀念头这个问题上，被访大学生中，71.4% 的人从来没有过自杀念头；26.5% 的人偶尔有自杀念头；2.1% 的人经常有自杀念头，可以看到超过 1/4 的被访者曾经有过自杀念头，这个数据是十分惊人的，这说明当代大学生的心理健康问题急需解决。

第一节 心理健康概述

一、健康与心理健康

世界卫生组织（World Health Organization, WHO）于 1948 年成立之初，即将健康的定义表述为"健康不仅是没有疾病，而且是一种个体在躯体上、精神上、社会上的安宁状态。"1989 年 WHO 提出了 21 世纪健康新概念（表 1-1）——"健康不仅是躯体没有疾病，它包括生理健康、心理健康、社会适应良好和道德健康，只有具备了上述四个方面的良好状态，才是一个完全健康的人。"由此可见，生理健康与心理健康是相互依存、相互促进的，生理健康是健康的物质基础，心理健康更是健康的重要组成部分。

表1-1 健康的含义

类别	定义
身体健康	人体的结构完整，生理功能正常
心理健康	在身体、智力及情感上保持与他人的心理健康不矛盾的范围内，个人心境发展最佳的状态
社会适应良好	能胜任个人在社会生活中的各种角色，能立足角色，创造性地开展工作并取得成就，贡献社会，实现自我
道德健康	在稳定的道德观念支配下表现出的一贯的符合社会道德规范的行为

二、心理健康的标准

心理健康是一种持续的状态，是一个动态的变化过程，具有整体协调性，与人们所处的大环境、文化背景、年龄等因素都有关，所以不能仅仅以一种行为或一种短暂的状态来判断自己或他人心理是否健康。从良好的心理健康状态发展到严重的心理疾病之间是一个渐进的、连续的过程，心理健康和心理不健康不是泾渭分明的截然对立，因此需要一种理想的尺度来衡量心理健康状态。而判断一个人心理健康状态是一项重要而复杂的工作，不同的学者对心理健康的评价标准不完全一样。

那么，怎样才算心理健康呢？

（一）世界卫生组织提出的心理健康的标准

1. 身体、智力、情绪十分调和；

2. 适应环境，在人际关系中能彼此谦让；

3. 有幸福感；

4. 在工作和职业中，能充分发挥自己的能力，过着有效率的生活。

（二）美国心理学家马斯洛提出的心理健康的标准

1. 有充分的自我安全感；

2. 能充分了解自己，并能恰当评估自己的能力；

3. 生活理想切合实际；

4. 不脱离周围现实环境；

5. 能保持人格的完整与和谐；

6. 善于从经验中学习；

7. 能保持良好的人际关系；

8. 能适度地宣泄和控制情绪；

9. 在符合团体要求的前提下，能有限度地发挥个性；

10. 在不违背社会规范的前提下，能适当地满足个人的基本需要。

（三）《简明不列颠百科全书》中的心理健康的标准

1. 认知过程正常、智力正常；

2. 情绪稳定乐观，心情舒畅；

3. 意志坚强，做事有目的性；

4. 人格健全，性格、能力、价值观等均正常；

5. 养成健康习惯，无不良行为；

6. 精力充沛地适应社会，人际关系良好。

（四）我国多数学者认可的心理健康标准

1. 智力正常；

2. 情绪健康；

3. 意志健全；

4. 人格完整；

5. 自我评价正确；

6. 人际关系和谐；

7. 社会适应正常；

8. 心理行为符合年龄特征。

综合国内外学者对于心理健康标准的论述，虽然有些不同，但大体意义相近，都认为心理健康是一种心理状态，是一种协调统一的良好状态。

三、影响大学生心理健康的主要因素

大学生的心理问题是其人格与环境交互作用的结果。其中，环境因素主要包括社会因素和家庭因素；人格因素主要包括应对方式、自我概念、归因方式、社会比较方式、社会支持以及人际关系等，并且一般情况下，不良的人格倾向会在极大的程度上导致大学生的心理健康问题。此外，大学生群体所处的特殊的发展阶段和面临独特的发展任务也是其心理健康的重要影响因素。

（一）社会因素

在一个国家和社会的发展过程中，尤其是转型时期，其内部会发生一系列的转变，这种转变会造成许多冲突与矛盾，进而影响生活在其中的个体的心理健康。处于转型期的社会，产生新旧规范交接时，在旧规范失效，新规范尚未起作用的情况下，社会中会出现两极分化、道德缺失等情况，人们的安全感会降低，大学生会出现难以适应所处社会的情况。此外，社会变革使得高校普遍扩招，大学生人数增多的同时，学费也在不断提高，导致一部分大学生的经济压力较大。目前高校对大学生的评价十分多元，而中小学时期学校大多单纯以学习成绩评价学生，出现一些学生难以适应这种和原来有很大差异的评价方式。国家和社会的进步在给大学生带来机遇的同时也带来不小的挑战。新的教育模式使得更多的青年人进入各大高校就读，同时也会导致大学生人数激增，就业困难的问题；并且社会上对于大学生的就业条件增加，其中不乏过于苛刻的条件。

（二）家庭因素

家庭对于大学生的心理发展十分重要，包括家庭气氛、父母的教育方式等。家庭的每一个成员之间都有着独特的相处方式，因而每个家庭都有着不同于其他家庭的氛围，这种家庭氛围会对家庭中的每一个成员有着潜移默化的影响。良好的家庭氛围会使孩子受益终生，不和谐的父母关系、离异的家庭等不良的家庭氛围会使得孩子形成各种不利于日后自身发展的性格，如自卑、好猜忌、冷漠等。"父母是孩子最好的老师"，家庭教育可以从方方面面，深度地影响一个人，类似否定的、消极的、拒绝的教育方式对个体的心理健康起到不良的影响；而类似肯定的、积极的教育方式则对个体的个性特征、社会交往、自我评价起积极的作用。

（三）大学生群体心理因素

1. 心理延缓偿付期　大学生正处于心理延缓偿付期。也就是说，绝大部分大学生已经是成年人，应该承担成年人的责任和义务，但是由于大学生仍然需要在学校中承担学习任务，因而社会合法地延缓其承担责任时间。但也正因如此，大学生的心理也会受到很大的影响，突出表现为成人身份与经济社会地位的不匹配而导致心理冲突。

2. 对自我同一性的追寻　自我同一性是指大学生寻求自我发展的过程中，对自我的确认和对有关自我发展的一些重大问题，诸如理想、职业、价值观、人生观等的思考和选择。大学生会利用自己所知道的一切知识来解决这些问题，然后对自己的发展道路做出选择。

(四)个体心理因素

个体心理因素主要包括应对方式、自我概念、归因方式、社会比较方式,社会支持以及人际关系等。

1. 应对方式　是指大学生在面对挫折和压力时所采用的认知和行为方式。它是心理应激过程中一种重要的中介调节因素,大学生的应对方式影响着应激反应的性质与强度,进而调节着应激与应激结果之间的关系。大学生的应对方式主要包含自我防御机制、心理调节机制和外部疏导机制三个方面的内容。

2. 自我概念　指大学生对自己人格的认知,是大学生感受和理解自己各个层面的方式。自我概念能够影响大学生的行为和对既有经验的解释,以及对将来的期望。大学生由于经验较少和发展尚未成熟,因而有时会对自己的认识存在偏倚,有可能会导致焦虑、自卑等心理问题。

3. 归因方式　是指当行为发生后,大学生对所发生的行为的原因进行解释和推论。美国著名心理学家韦纳认为,人们在推论成功或失败时主要有四种主要原因,分别是能力、任务难度、努力程度和运气。而大学生当中发生的自卑、抑郁等心理问题,常常是因为归因过程中发生的认知偏差和动机偏差。

4. 社会比较　大学生会将自己的性格、思想和行为与周围的人相对比,并且大学生以此为依据重新形成对自己本身、当下处境和生活质量的评价,导致大学生不同的自我认知、情绪和对前途的展望,进而影响心理健康。刻板的社会比较方式是影响大学生心理健康的重要因素。

5. 社会支持　社会支持是指以大学生(被支持者)为核心,由大学生和他人(支持者)通过支持行为所构成的人际交往系统。它包括三个维度:一是客观支持,主要包括那些实际的、肉眼可以见到的支持,多数指物质支持;二是主观支持,主要包括那些需要靠个人主观感觉才可以体验到的支持,例如情感支持、信息支持等;三是对支持的利用度,也就是被支持者利用支持的多少。社会支持的多少与大学生心理健康程度呈正相关。

6. 人际关系　大学生是社会成员中的一份子,人际关系是其不可回避的问题。如果大学生面对自己处理不好的人际关系时,会使得其体验到各种身心症状,并且这种症状会随着这种人际关系的终止而消失。如果无法回避处理不好的人际关系,他们就会感到持久且难以消除的困扰。因而人际关系能够在很大程度上影响大学生的心理健康。此外,大学生的人际关系中,主要就是和同学的相处,其中比较容易出现问题的是与室友之间的关系和恋爱关系。

第二节　大学生心理发展的特点

人生是一个不断适应的过程,适应正在发展的环境,不断与环境保持与时俱进。大学生从中学走入大学,要经历一个重大的适应和发展过程。

一、大学生的身心特点

大学生的身心特点较为复杂。其生理和心理特征主要表现如下。

(一)大学生的生理特征

1. 身高、体重和生命力的改变　大学生正处于青年期,身高与体重可能会出现较快的变化,迅速成长为成年人体型,骨骼粗壮,肌肉发达。各组织、系统与器官发展完全,血压和心率发生变化、心肺功能增强、胃肠容量达到最大、脑重量达到极值、激素分泌旺盛,新陈代谢处于顶峰状态。

2. 进入性成熟期　大学生的第一、第二性征已经十分明显,生理发育已经或接近完成。女性表现为卵巢功能成熟并有性激素分泌及周期性排卵,生殖器各部和乳房也都有不同程度的周期性改变,一般自 18 岁左右开始逐渐成熟,持续约 30 年。男性表现为精子成熟并且外生殖器变得粗大,开始出现遗精现象。

生理变化是心理变化的基石,对心理健康产生重要影响。

(二)大学生的心理特征

1. 心理发展的滞后性　个体心理的发展是一个连续变化的过程。对于大学生而言,各项生理指标已经趋于完全成熟,然而受教育体制与教育习惯等因素的影响,多数大学生在其中学时代与社会的接触屈指可数,社会经历较少,心理体验欠缺,心理上并未完全成熟,适应能力较差,心理成长滞后于生理成长,因此易产生心理问题。

2. 理想与现实相矛盾　大学生刚刚告别中学时代,经过竞争激烈的高考,从高强度的学习生活中暂时释放出来,抱着梦想与希望步入各大高校。随着入学时间的增长,大多数学生会感受到现实中的大学与他们所期待的样子并不十分相同,没有无拘无束的玩乐,也没有用不尽的休闲时光,取而代之的是紧锣密鼓的课程和严格的监督,许多学生会因此而产生失落感。

此外,社会上对于进入高校就读的高度评价,容易让大学生产生一定的优越感,往往对自身有着较高的评价和要求,尤其是一部分自尊心较强的学生,认为自己理应具备大学生活中需要的一切能力,比如有很强的领导能力,交际能力、理解能力和办事能力。当这部分学生感受到其他人具有比自己更强的能力,或者自己并不具备自己理想中的能力时,又会导致自尊心理和自卑心理同时产生的矛盾,如果不能得到及时的排解,就容易产生消极悲观的情绪。健康的心理能够帮助大学生早日接受现实,找到实现理想的途径。

3. 渴望成就但自制力较低　绝大多数大学生都渴望在大学期间有所作为,丰富生活,提升自己。然而在大学生中普遍存在着自制力较低的情况,比如逃课、拖延、熬夜。与小学、中学时期不同,老师不再时时刻刻监督,家长不能不分昼夜的陪伴,许多学生不能够科学地管理自己的时间和行为,上课不听讲,下课不复习,考试前临时抱佛脚,导致科目考试不及格甚至不能毕业的后果。健康的心理有助于大学生尽快发现自己的不足,及时改正,重新走上正确的学习生活轨道。

4. 自我意识增强　大学生能够更好的认识自我,自主性与独立意识增强,渴望与他人相互了解,对自己的未来有了更加理性和完整的规划,对未来工作的定位更加明确。并且大学生也渴望脱离父母的庇护,成为一个更加独立的个体,希望自己能够对自己的事情独立决断,并且得到亲友和社会的认可。但是由于大学生的经历较少、经验不足,经常不能做出最合理的判断,也无法完全脱离家人、老师的帮助。健康的心理可以让大学生在较强的自我意识和现实情况之间取得平衡。

5. 性意识发展迅速　由于大学生已经进入性成熟期,性意识得到发展,因而更加注重自己的性别特征,更加渴望与异性进行交往。但绝大多数大学生恋爱经历较少,性格、品德未发展完全,缺乏相关知识,同异性的交往容易产生许多问题,如失恋、吵架、被拒绝等,此时健康的心理能够帮助大学生解决交往过程中产生的矛盾,或是早日走出消极情绪。

二、大学生常见的心理问题

【案例导读】

在好友印象中，她积极向上，充满理想，对生命有完美的执著追求；在家人的眼里，她一直都是父母的骄傲。从小到大，她都是人们眼中的优秀学生，成绩优异，能歌善舞，情商高，朋友多，处事冷静，自理能力强，自己决定出国留学，自己找学校，还申请到了奖学金。

2009年2月8日，就是这样一个优秀的孩子，在异国他乡荷兰阿姆斯特丹大学写下三封分别给爸爸、妈妈和亲朋好友的遗书后，在宿舍内选择以极端的方式结束了自己的生命。在警局，母亲看到了女儿的遗书。"亲爱的妈妈，我知道我没有资格鼓励你要坚强，不要为我哭泣之类，……我真的太累了，八年来一次次平定崩塌的心灵，而当它再一次崩塌时我又无能为力，只有咬牙忍受，再寻找调整的机会，而现实的事务又被耽搁着，现实的美好被破坏着，我真的厌倦了……"

在遗书中，她坦言自己受抑郁症之扰长达8年，痛苦不堪。她曾想通过留学生活来减轻自己的症状，但却"没有成为救赎的灵药"。

大学生常见的心理问题包括：环境适应问题、学习问题、情绪问题、自我认识问题、人际关系问题、恋爱问题、性心理问题等。不同年级的学生心理问题也有所不同。大一学生主要面临的是人际交往、学习习惯、自我定位的问题；大二、大三的学生所面临的主要问题是人际关系、专业能力、恋爱问题；大四及以上毕业年级面临的主要问题是求职择业的问题。

（一）环境适应问题

大学是人生的重要时期，是大学生生理和心理走向成熟和定型的重要阶段。大一新生中，环境适应问题较为普遍。对于大多数学生而言，他们远离家门、离开长期依赖的父母以及熟悉的朋友，来到新的城市，面对陌生的校园，生疏的新群体以及与高中完全不同的学习方法，意味着将开始独立生活，所有的事都要自己来决定和解决，这些都会给大学生带来不同程度的环境适应问题。而对于一些生活能力弱、自理能力差的学生更是对新环境充满恐惧和担心。当这些应激超过限度，就会出现失眠、食欲不佳、注意力不集中，以及严重焦虑不安、头疼、神经衰弱等。

（二）学习问题

大学的学习特点和高中有明显的不同，学习的内容、学习的强度、学习方法及学习评价指标等都有很大的区别，同时还面临英语等级考试、计算机等级考试及各类职业资格考试的压力等。而初入大学，很多学生不适应大学的学习，学习压力大、学习目标不明确、学习动力不足、学习动机功利化、学习方法不适应、学习成绩不理想、学习困难、考试焦虑、对所学专业不满意、与兴趣相悖、沉迷游戏后学习成绩严重下滑等问题。面对上述学习上的挫折而不能很好地面对和处理，就容易出现与学习相关的心理问题。

（三）情绪问题

焦虑是大学生常见的情绪问题之一，当他们在学习、工作、生活各方面遭遇挫折或担心需要付出巨大努力的事情来临时，便会产生这种体验。焦虑对大学生的影响是复杂的，既可以成为大学生成才的内驱力而起促进作用,也可以起阻碍作用。

抑郁情绪是大学生常见的情绪问题,处于抑郁情绪的大学生常常伴随着焦虑,对所有活动失去兴趣。抑郁伴随注意力不集中、记忆力衰退或者很难做出决定。在思考中可能有更多的心境转变,消极地看待世界、自我和未来。还伴随躯体症状,如常常感觉乏力,起床变得困难,更严重时睡眠方式都将改变,睡得太多或者早晨醒得太早,并且不能再次入睡。也可能出现饮食紊乱,吃得过多或过少,随之而来的体重激增或剧减。抑郁是一种持续时间较长的低落、消沉的情绪体验,常常与苦闷、不满、烦恼、困惑等情绪交织在一起。

愤怒也是大学生常见的一种消极情绪。处于精力充沛、血气方刚的青年时期的大学生,在情绪情感发展上往往容易产生好激动、易动怒的特点。遇事缺乏冷静的分析与思考,图一时之快,逞一时之勇的好激动、易动怒的不良情绪特点,在一些大学生身上时有体现。这种情绪对大学生的影响是极其有害的。

嫉妒是自尊心的一种异常表现,在大学生中普遍存在。具体表现为当看到他人学识能力、品行荣誉甚至穿着打扮超过自己时内心产生的不平、痛苦、愤怒等感觉;当别人身陷不幸或处于困境时则幸灾乐祸,甚至落井下石,在人后恶语中伤、诽谤。嫉妒是一种情绪障碍,它扭曲人的心灵,妨碍人与人之间正常真诚地交往。

(四)自我认识问题

进入青春期后,大学生的自我意识会出现一个分化 - 冲突 - 统一的过程,这一过程是大学生自我意识不断发展、趋于成熟的过程。发展阶段必然经历各种冲突,理想自我和现实自我的冲突、独立意识和依附意识的冲突、自卑感和自信心的较量、追求上进与追求享乐的矛盾等。在这个自我趋向统一和转化的关键时期,会面临各种矛盾和冲突问题。

(五)人际关系问题

人际关系问题是大学生心理咨询者最为常见的问题,从中学到大学,大学生面临着一种全新的人际关系。十几年的应试教育,多数大学生的主要努力方向都在学习上,人际交往能力很少顾及,加之初次离家融入集体生活,进入大学后如何与周围同学友好相处、建立和谐的人际关系,成为大学生面临的一个重要课题。家庭氛围不同、家庭教育不同、每个人待人接物的态度不同、个性特征不同,青春期心理固有的闭锁、羞怯、敏感和冲动等,使大学生在人际交往过程中不可避免地遇到各种困难,主要表现有人际关系冲突、交往恐怖、沟通不良等。

(六)恋爱问题

大学生正处于青春期晚期,生理上完全成熟,对爱情有追求和向往,因此恋爱是普遍现象。然而恋爱中存在的情感困惑更为普遍,单相思、失恋、感情纠葛等笔笔皆是。而失恋更是需要正确引导,如果处理不当,心理上会受到极大伤害,造成心理失调甚至精神崩溃,在短时期内有极端行为,如轻生或报复等。

(七)性心理问题

青春期性生理的成熟,必然带来相应的心理变化,渴望得到异性的好感和承认,产生性幻想、性冲动、性梦。性的好奇、性无知、性贞洁感淡化、性与爱的困惑、性与爱的分离以及由于性行为引起的后果及其产生的心理问题,都值得高度重视。由于性教育的严重缺失,很多学生不能正确认识自我正常的性反应,产生堕落感、耻辱感和罪恶感等。

第三节　大学生心理健康教育

一、大学生心理健康教育的任务

《教育部关于加强普通高等学校大学生心理健康教育工作的意见》中明确指出,高等学校大学生心理健康教育工作的主要任务是:根据大学生的心理特点,有针对性地讲授心理健康知识,开展辅导或咨询活动,帮助大学生树立心理健康知识,优化心理品质,增强心理调整能力和社会生活适应能力,预防和缓解心理问题。帮助他们处理好环境适应、自我管理、学习成才、人际交往、交友恋爱、求职择业、人格发展和情绪调节等方面的困惑,提高健康水平,以促进德智体美等全面发展。

大学培养学生的目的不仅要有良好的思想道德素质、文化素质、专业素质和身体素质,更要有良好的心理素质。加强大学生心理健康教育工作是实施素质教育的重要举措,更是促进大学生全面发展的重要途径,是高等学校心理健康工作和德育工作的重要组成部分。

二、大学生心理健康教育的内容

大学生心理健康教育工作的主要内容包括以下几个方面。

1. 宣传普及心理学知识　把心理健康教育引入课堂,宣传普及心理学基础知识,使学生掌握相关心理健康知识、认识自身的心理活动与个性特点,学会正确地认识自我,学会适应环境,学会调节、控制情绪,学会学习、恋爱、交际。树立正确的世界观、人生观和价值观。

2. 培训心理调适的技能　培训大学生心理调适的技能,帮助学生保持良好的心境、乐观的情绪;不断提高心理承受能力,做好职业生涯规划,使学生树立适合自己的职业理想。

3. 识别异常心理现象　帮助大学生了解常见心理问题的表现、类型及其成因,初步识别异常心理现象,初步掌握心理健康常识,以科学的态度对待各种心理问题。

三、开展大学生心理健康教育的重要意义

大学生正处在人生发展的重要阶段,面临着学习、交友、恋爱、就业、成长等种种问题,他们渴望成才,追求卓越。良好的心理素质是成才的基础,拥有健康的身心是他们成人、成才、成功的重要保证。而心理健康教育是培养大学生良好心理素质的有效方式,所以,要进一步提高对大学生进行心理健康教育重要意义的认识。

大学生心理健康教育是一种制度化的育人活动,其特定的工作范围在心理领域。心理健康教育只有把"育心"作为自己的立足点,才能得到学生和社会的认可。高校心理健康教育的基本功能分为三个不同的层次,即初级功能——预防心理疾病,缓解心理压力;中级功能——优化心理品质,提高调节能力;高级功能——充分开发潜能,促进人格完善。通过科学的心理健康教育,可以改善和优化大学生的认知结构,使他们正确认识自己的情绪和情感,学会情绪调整的方法,保持积极乐观的心态,提高自我认识、自我管理、自我教育的能力。

心理健康教育工作的开展会对学生的人生观、世界观和价值观产生影响。引导学生树立正确的人生观、世界观和价值观，促进学生良好思想道德素质的形成，是大学生心理健康教育的重要职责。

心理健康教育工作的开展有利于解决大学生心理发展过程中的矛盾。心理健康教育过程中，细心观察大学生心理的变化，充分了解他们的思想情感及年龄特点，及时给予帮助和指导，做学生的良师益友，帮助学生度过特殊时期。

通过开展心理健康教育工作，引导大学生勤学多思，增加判别力，对纷繁复杂的信息进行客观分析，取其精华，去其糟粕；帮助他们培养自制力，使他们学会控制自己、约束自己的行为。

通过开展心理健康教育工作，帮助大学生正确地对待别人的进步和荣誉，培养宽阔的胸怀；正确地估计自己的优缺点，取长补短；处理好人际关系，发扬集体互助精神。

通过开展心理健康教育工作，引导学生更多地参加实践活动，给他们安排各种表现自己能力的机会，使他们通过活动了解自己的优缺点，认识自己在一定的集体或社会活动中的地位，缩小理想与现实的距离，从而获得对自己的正确认识；帮助学生克服困难和阻力，提高学习成绩，增强学习信心，培养勇于和各种困难作斗争的精神。

总之，大学生心理健康教育的目标是普及心理健康知识，增强大学生的自我心理调适能力，帮助大学生解决身心发展过程中的心理问题，提高大学生的心理健康水平和综合素质，促进大学生健康成长，全面发展。心理健康教育必须以优化大学生心理素质为起点，以促进大学生的全面主动发展和顺利社会化为归宿。

我国学校心理健康教育工作起步于20世纪80年代，经历了30余年的发展历程。时至今日，时代变化迅速、时代对人才培养已有了更高的要求。因此高校心理健康教育工作更需要进一步发展。清华大学樊富珉教授将高校心理健康教育的发展趋势归纳为九个方面，对我国今后的高校心理健康教育工作有很多的启示。

1. 学校心理健康教育将渗透到教育观、人才观和学生观中，成为学校教育的内在要求；
2. 心理健康教育将成为每一个学生自身成长的内在要求；
3. 心理健康教育将成为每个教师必备的职业能力；
4. 心理健康教育的模式将从补救性为主转变为发展性为主；
5. 心理健康教育的对象将从学生转变为学生、教师、管理者、学校环境；
6. 心理健康教育的领域将从人格辅导扩展到学习辅导、职业辅导、生活辅导；
7. 心理健康教育的内容将从心理适应教育转变为潜能开发；
8. 心理健康教育的方法将从个别辅导为主转变为团体辅导训练为主，网络等新技术将被广泛采用；
9. 心理健康教育的队伍将从兼职为主转变为专职为主、专兼结合。

（杨艳杰　杨傲傲）

【本章小结】

健康不仅是躯体没有疾病，它包括生理健康、心理健康、社会适应良好和道德健康，只有具备了上述四个方面的良好状态，才是一个完全健康的人。大学生的心理健康是遗传与环境相互作用的结果,其中家庭、社会和学校是最重要的环境影响因素。大学生常见的心理问题包括:环境适应问题、学习问题、情绪问题、自我认识问题、人际关系问题、恋爱问题、性心理问题等。加强大学生心理健康教育工作是实施素质教育的重要举措,更是促进大学生全面发展的重要途径,是高等学校心理健康工作和德育工作的重要组成部分。

【拓展阅读】

心理咨询的设置

通常情况下,心理咨询有以下设置。

1. 地点设置　心理咨询作为一项专业的助人工作,不同于简单的聊天,它必须有严格的地点设置。这是心理咨询设置中最根本的一点。因为心理咨询的场景是在固定的,装饰得比较安全、温暖的场地——心理咨询室进行的。大学里通常都设有专业的心理咨询师和心理咨询室。

2. 时间设置　心理咨询中需要的时间设置,主要是为了把咨询控制在来访者注意力最容易集中的时间段,这样对于解决来访者的问题更为有效。

(1)咨询时间:个人咨询的面谈时间一般以每次50分钟左右较为合适。这样以保证咨访双方在1小时左右的限度内都能全神贯注。当然根据来访者的不同情况和选用的不同咨询技术,咨询的时间也会有一些差异,需要具体问题具体分析。

(2)咨询频率:经典精神分析的咨询频率通常是每周安排4~5次咨询,其他形式的个体咨询目前以每周一次的设置比较普遍。依据来访者的情况,设置心理咨询的频率,可以保证咨询的效果。

(3)疗程:指从第一次会谈直到咨询目标的实现。整个心理咨询过程持续的时间长短取决于求助者心理困难程度、咨询目标及所选用的咨询技术,短到一次50分钟,长到几年时间,至十几年时间。目前心理咨询的疗程通常在6~20个小时。在不同的咨询阶段,根据咨询任务的不同,咨询时间的长度和频率还需要不断进行适当的调整。

3. 预约设置　咨询师的咨询时间安排需要有严格的预约设置。预约设置,一方面是为了避免咨询中心经常有人任意来往,给来访者造成不安全的感觉;另一方面也是为了保障咨询师有休息的时间,能够在咨询后有足够的时间整理自己的思绪,做好迎接下一位来访者的准备。咨询师一般不接受临时到访者,除非属于危机情况。如果需要进行心理咨询,需要通过大学的心理咨询预约电话提前预约咨询。

4. 转介设置　在遇到下列情况时,咨询师可以将来访者转介到其他的机构或咨询师。

(1)不属于心理咨询解决的范畴:如有的属于精神疾病范畴,对精神疾病患者,心理咨询师就会将其转介到精神疾病治疗机构,这样更有利于帮助到来访者;再如像法律问题、学校的校纪校规等问题的咨询,也不属于心理咨询的范畴,咨询师也可以将来访者进行相应的转介。

(2)咨询师个人的问题:凡是咨询师认为自己不适合做咨询的情况都属于此。有的咨询师在咨询进程中遇到了个人重大问题,不适合做咨询,这时也可以将来访者转介给别的咨询师。

转介的原则是维护来访者的利益。

【心理测验】

大学生心理健康测试

以下40道题,请分别用"经常""偶尔""完全没有"来表示自己的实际情况,请在相应的位置上画"√"。

序号	题目	经常	偶尔	完全没有
1	平时不知为什么总觉得心慌意乱,坐立不安。			
2	上床后,怎么也睡不着,即使睡着也容易惊醒。			
3	经常做噩梦,惊恐不安,早晨醒来就感到倦怠无力、焦虑烦躁。			
4	经常早醒1~2小时,醒后很难入睡。			
5	学习的压力常使自己感到非常烦躁,讨厌学习。			
6	读书看报甚至在课堂上也不能专心,往往自己也搞不清在想什么。			
7	遇到不称心的事情便较长时间地沉默少言。			
8	感到很多事情不称心,无端发火。			
9	哪怕是一件小事情,也总是很放不开,整日思索。			
10	感到现实生活中没有什么事情能引起自己的乐趣,郁郁寡欢。			
11	老师讲课,常常听不懂,有时懂得快忘得也快。			
12	遇到问题常常举棋不定,迟疑再三。			
13	经常与人争吵发火,过后又后悔不已。			
14	经常追悔自己做过的事,有负疚感。			
15	一遇到考试,即使有准备也紧张焦虑。			
16	一遇到挫折,便心灰意冷,丧失信心。			
17	非常害怕失败,行动前总是提心吊胆,畏首畏尾。			
18	感情脆弱,稍不顺心就暗自流泪。			
19	自己瞧不起自己,觉得别人总在嘲笑自己。			
20	喜欢跟比自己年幼或能力不如自己的人一起玩或比赛。			
21	感到没有人理解自己,烦闷时别人很难使自己高兴。			
22	发现别人在窃窃私语,便怀疑是在背后议论自己。			
23	对别人取得的成绩和荣誉常常表示怀疑,甚至嫉妒。			
24	缺乏安全感,总觉得别人要加害自己。			
25	参加集体活动时,总是有孤独感。			
26	害怕见陌生人,人多说话就脸红。			
27	在黑夜行走或独自在家有恐惧感。			
28	一旦离开父母,心里就不踏实。			
29	经常怀疑自己接触的东西不干净,反复洗手或换衣服,对清洁极端注意。			
30	担心是否锁门和可能着火,反复检查,经常躺在床上又起来确认,或刚一出门又返回检查。			

续表

序号	题目	经常	偶尔	完全没有
31	站在经常有人自杀的场所、悬崖边、大厦顶、阳台上,有摇摇晃晃要跳下去的感觉。			
32	对他人的疾病非常敏感,经常打听,深怕自己也身患同病。			
33	对特定的事物,交通工具(电车、公共汽车),尖状物及白色墙壁等稍微奇怪的东西有恐怖倾向。			
34	经常怀疑自己发育不良。			
35	一旦与异性交往就脸红心慌或想入非非。			
36	对某个异性伙伴的每一个细微行为都很注意。			
37	怀疑自己患了癌症等严重不治之症,反复看医书或去医院检查。			
38	经常无端头痛,并依赖止痛或镇静药。			
39	经常有离家出走或脱离集体的想法。			
40	感到内心痛苦无法解脱,只能自伤或自杀。			

计分与解释:

"经常"得2分,"偶尔"得1分,"完全没有"得0分。

(1)0~8分:心理非常健康,放心吧!

(2)9~16分:大致还属于健康的范围,但应有所注意,可以找老师或同学聊聊。

(3)17~30分:你在心理方面有了一些障碍,应采取适当的方法进行调适,或找心理辅导老师帮助你。

(4)31~40分:是黄牌警告,有可能患了某些心理疾病,应找专门的心理医生进行检查治疗。

(5)41分以上:有较严重的心理障碍,应及时找专门的心理医生进行检查治疗。

【思考与练习】

1. 如何科学地理解健康和心理健康?
2. 大学生心理健康的标准是什么?
3. 影响大学生心理健康的因素主要有哪些?
4. 如何提高大学生的心理健康水平?

第二章　自我意识与心理健康

【案例2-1】　她选择了一条不归路

"我从小都是在别人的比较之下生活,这使我的自信心和勇气逐渐消失殆尽……";"现实中的一切令人失望,我好累好累……"。——这是女大学生小雨生前日记的摘抄。

"我从小都是在别人的比较之下生活,在家里父母把我与姐姐相比,我什么都不如姐姐;在学校把我和曹姐相比,我不如她。好像我从小就不如别人""我很自卑,我的自信心和勇气消失殆尽"。

"我是一个幻想很严重的人,把一切都想得那样美好,但是现实中的一切却令人失望。或许,一切都是命中注定……"。

看了这一案例,你是否对小雨的最终选择而感到惋惜?也许你会觉得她选择结束自己的生命过于极端。其实,在我们身边的同学甚至在我们自己的内心深处,也能发现或多或少类似阴影,如自我要求过高、自我贬低、追求完美等。这些都涉及人生心理的一个基本问题:如何正确地认识自己、评价自己和设计自己,即自我意识问题。

第一节　自我意识概述

自古以来,众多的思想家、哲学家等学者们都在追寻着人类的一个基本问题,即"我是谁?"因为几乎每一个人在自己的生命历程中都思考过诸如"我是谁""我是否有价值""我为什么要活着""我奋斗为的是什么""生命的意义是什么""人生的目的是什么"等。这些自我意识的问题,关系到对自己的接受和认同,是个体心理健康最重要的标志之一。从某种意义上讲,人的一生就是围绕自我意识、自我实现这个问题而展开。大学生正处于自我意识的发展与完善的重要阶段,如何客观和积极地认识自我、调整自我和实现自我,对我们的未来意义重大。

专栏2-1　名家名言——自我认知

"知人者智,自知者明。胜人者有力,自胜者强。"——老子

"在人类一切知识中,对我们最有用而知之最少的是关于人类自身的知识。"——卢梭

"世界上最重要的事情就是认识自我。"——蒙田

"大多数人想改变世界,但却罕有人想改变自己。"——托尔斯泰

"最困难的事情就是认识自己。"——希腊

"最灵繁的人也看不见自己的背脊。"——非洲

"自知之明是最难得的知识。"——西班牙

一、什么是自我意识

自我意识是人对自己以及自己与周围环境关系的认识,这种认识是个体通过社会比较、观察、分析外部活动与情境等途径获得的,是一个多维度、多层次的心理系统,是个体关于自我全部的思想、情感和态度的总和。

自我意识中包括两个部分,一个是"主观自我",即主观的"我",是对自己活动的觉察者;另一个是"客观自我",即客观的"我",是被觉察到的自己的身心活动。人类学家米德把前者称为"I",把后者称为"me"。"主观自我"与"客观自我"的分化是自我意识得以形成和发展的基础和前提。

(一)自我意识的内涵

从内容上看,自我意识从不同的角度理解可以包含不同的内容,概括起来有以下两种:

1. 生理自我、心理自我和社会自我 生理自我是个体对自身生理状态的认识和评价,包括对自己的身高、体重、容貌、身材、性别等的认识以及生理病痛、温饱饥饿、劳累疲乏的感受等。有时也将个体对某些与身体特质密切相关的衣着、打扮,以及外部物质世界中与个体紧密联系的人和物(如家属和所有物)的意识和生理自我一起统称为物质自我。生理自我在情感体验上表现为自豪或自卑;一般表现为对身体健康、外貌美的追求,物质欲望的满足,对自己所有物的维护等。心理自我是个体对自身心理状态的认识和评价,包括对自己知识、能力、情绪、兴趣、爱好、性格、气质等的认识和体验。在情感体验上表现为自豪、自尊或自卑。在行为倾向上表现为追求智慧和能力的发展,追求理想、信仰,注意行为符合社会规范等。社会自我是个体对自己与周围关系的认识和评价,包括对自己属于某一时代、国家、民族和在群体中的地位、作用,受人尊敬、欣赏的程度,在情感体验上也表现为自豪感或自卑感。行为意向上表现为追求名誉地位,与人交往,与人竞争,争取得到他人的认可等。生理自我、社会自我和心理自我既相互区别又相互联系,是个体自我意识的有机组成部分。

2. 现实自我、投射自我和理想自我 现实自我也称现实我,是个体从自己的立场和观点出发,对自己目前的实际状况的评价和看法。比如,认为自己的人际交往能力很好或者自己的学习成绩较差等。投射自我也称镜中自我,是个人想象中他人对自己的看法和评价而产生的自我感。比如,觉得别人认为自己很有才华或者认为别人看不起自己等。理想自我也称理想我,是指个体要实现的比较完善的一种自我境界或形象,是个人追求的目标,比如自己的生活有何目标、对将来的期待和成就水平,以及自己想成为一个怎样的人。理想自我和现实自我往往是有差距的,正是理想自我与现实自我的不一致对人的认知和行为有很大影响,往往推动人的发展,形成促进自己发奋向前的动力和方向。

(二)自我意识的结构

自我意识的结构从不同的角度分析具有不同的形式,一般可以分为自我认识、自我体

验和自我调控三个方面。

1. 自我认知   自我认知是自我意识的认知成分,是我们对生理、心理和社会自我的认识。它包括自我感觉、自我观察、自我观念、自我分析和自我评价等层次。自我观念和自我评价是自我认识中最主要的方面,集中反映了自我认识乃至自我意识的发展水平,也是自我体验和自我调控的前提。自我认知回答的问题是:"我是谁""我是个什么样的人"。

2. 自我体验   自我体验是主观自我对客观自我产生的情绪体验,在自我认识的基础上产生,反映我们对自己所持的态度,是自我意识的情感成分。自我认知决定自我体验,而自我体验又强化着自我认知,要回答的问题是:"我是否喜欢自己""我是否满意自己"等。

3. 自我调控   自我调控是自我意识的意志成分,是对自己行为和思想、言语的控制,以达到自我期望的目标。自我调控对人的学习、工作具有推动作用,促使我们为了达到自己的目标而做出不懈的努力。它回答的问题是"我将如何规划自己的人生""我应该做什么""我应该成为什么样的人""我将选择如何做"等。

自我认知、自我体验和自我调控三者相互联系,它们有机地组合成统一的整体,成为一个人个性中的核心内容。自我意识的结构如图 2-1 所示。

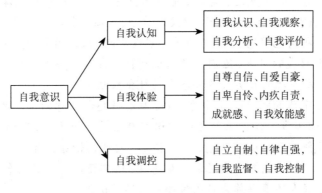

图 2-1　自我意识的结构

二、自我意识的发展

人的自我意识是随着人生每一阶段的成长而逐渐发展的,是人格成长和社会化的重要内容,它从发生发展到相对稳定大约需要 20 多年的时间。自我意识随着语言和思维的发展而发展,起始于婴幼儿时期,萌芽于儿童时期,形成于青春期,发展于青年期,完善于成年期。大学生处于青年期,是个体自我意识发展和确立的关键时期,其表现较之于以前阶段有不同的规律和特点。

专栏 2-2　自我意识发展的三阶段模式

心理学研究表明,个体自我意识从发生、发展到相对稳定和成熟,大约需要 20 多年的时间。我国心理学家提出了自我意识发展的三阶段模式,即一个人的自我意识经历了生理自我、社会自我和心理自我发展时期。

1. 自我中心期   在生命降生之初,婴儿是没有自我意识的,他们一般不能意识到自己和外界事物的区别,还生活在主体与客体尚未分化的状态之中。比如他们经常吸吮自己的手指头,就像吸吮母亲的乳头一样津津有味。婴儿8个月左右,生理自我开始萌生,这就是自我意识的最初形态。到1岁左右,儿童开始能把自己的动作和动作对象区别开来,初步意识到自己是动作的主体。例如,当他们手里抓着玩具的时候,他们不再把玩具当作自己身体的一部分了。1周岁以后,儿童逐步认识自己的身体,也开始能意识到自己身体的感觉。不过,他们只是把自己作为客体来认识,他们从成人那里学会使用自己的名字,并且像称呼其他东西一样地称呼自己。大约到2岁左右,儿童逐渐学会用代词"我"来代表自己。3岁左右的儿童,自我意识有了新的发展。主要表现在:①出现了羞愧感与疑虑感。比如做错事时儿童会感到羞愧,当碰到矛盾时儿童会感到疑虑;②出现了占有欲和嫉妒感。儿童看到自己喜欢的东西就想独自占有而不愿与人共享,如果母亲对其他儿童表现出关心和喜爱他会产生强烈的嫉妒感;③第一人称"我"的使用频率提高,许多事情都要求"我自己来",开始有了自立的要求。应该说,3岁儿童的自我意识已经有了一定发展,但其行为是以自我为中心的,即以自己的想法解释外部世界,并把自己的想法和情感投射到外界事物上去。

2. **客观化时期**　从3岁到青春期,是个体接受社会文化影响最深的时期,也是学习角色的时期。个体在家庭、幼儿园、学校中学习、游戏、劳动,通过模仿、认同、练习等方式,逐渐形成各种角色观念,如性别角色、家庭角色、伙伴角色、学生角色等。这一时期,也是获得社会自我的时期,他们开始意识到自己在人际关系、社会关系中的作用和地位,意识到自己所承担的社会义务和享有的社会权利等。

青春期以前,个体的眼光是向外的,引起他们兴趣和注意的是外部世界,他们对自己的内心世界关注不多。他们虽然已经意识到自己是一个主体,可以充分认识到自己的行为,但却不了解自己的心理状态,他们常常把自己的情绪视为某种客观上伴随行为而产生的东西,而不懂得情绪是自己的主观感受;他们还不善于运用自己的眼光去认识世界,而只是照搬成人的观点作为自己对外部世界的认识。

3. **主观化时期**　从青春期到成年的大约10年时间,个体的自我意识趋于成熟,并逐步获得了心理自我。此时,个体的自我意识表现出四方面的特点:①用自己的观点来认识与评价事物,使自我意识成为个体认识外部世界的中介因素,从而使个体的思想和行为带有浓厚的个人色彩;②个体会从自己所见到的人格和身体特征出发,强调相应事物的重要性,形成特有的价值体系,以指导自己的言行,提高自己的社会地位;③追求生活目标,出现与价值观相一致的理想自我;④抽象思维能力大大提高,使自我意识能超越具体的情境,进入精神领域。

(一)大学生自我意识的发展规律

大学阶段是自我意识稳步发展的阶段,自我认知、自我体验和自我调控逐步协调一致。研究表明,大学生的自我意识发展遵循的基本规律为:分化→矛盾→统一→成熟。

1. **自我意识的分化**　自我意识会逐步分化出几个"自我",如主观我和客观我、理想我和现实我。随着自我意识明显的分化,大学生开始主动并迅速地关注自己的内心世界及行为表现,自我反省能力逐渐增强,通过对生理自我、心理自我和社会自我的变化产生新的认识和体验,自我形象的再认识更加丰富、完整和深刻,由此而来的自我体验也变得更加丰富多彩。自我思考逐渐增多，"我是一个怎样的人"、"我应该做些什么"、"我应该怎么做"、"我能做些什么"、"我能怎么做"等，成为大学生经常思考的问题，渴望能够得到理解与关注，能够在大学的舞台上挥洒自我。

2. 自我意识的矛盾　自我意识的分化，使大学生开始注意到自己以往不曾留意的许多方面，同时也意味着自我矛盾的加剧，即主观自我与客观自我的矛盾冲突、理想自我与现实自我的矛盾冲突的加剧。由自我意识的分化带来的矛盾是大学生自我意识发展过程中的正常现象。当然，这也可能会使大学生带来不安、困惑与困扰，甚至可能会影响大学生的心理健康与心理发展。随着自我意识的不断发展，这些矛盾也会促使大学生努力解决矛盾，实现自我意识的统一，从而推动自我意识向着成熟的方向发展。大学生常见的矛盾有以下几种：

（1）主观自我和客观自我的矛盾：主观自我与客观自我应该是统一的，这种统一是个人对客体的认识与个人愿望的统一，是个人与社会的统一，是"自我同一性"的形成，更是良好的自我意识的标志。但是，由于自我的结构是多种多样的，每个人所处的社会环境存在很大的差异，主观我与客观我并不总是存在着统一，就会出现后面介绍的过度的自卑或过度的自我接受等状况。

（2）理想自我和现实自我的矛盾：在现实生活中，理想自我与现实自我总是存在着一定差距的，合理的差距能够使人不断进步、奋发有为。但是，当现实我距离理想我太过遥远时，大学生会产生各种各样的心理不适甚至自暴自弃，变得平庸无为、无所事事、缺乏动力。所以，当理想我与现实我发生冲突时，积极的自我调适是非常必要的。我们需要重新调整和评估自己的理想，直到通过努力可以达到为止。

（3）独立意向与依附的矛盾：大学生生理与心理的成熟使他们渴望独立，以独立的个体面对生活、学习与工作中遇到的问题，但由于长期的校园生活使他们应有的社会阅历与经验相对匮乏，当应激事件出现时，却又盼望亲人、老师、同学能够替自己分忧。另一方面，大学生心理上的独立与经济上的不独立也形成了明显的反差。在他们迫切希望摆脱约束、追求自立的同时，却又不可能真正摆脱家长、老师的支持和帮助。特别是对于某些独生子女来说，由于长期受到父母的溺爱，这种独立与依赖的矛盾就表现得非常突出。

（4）渴望交往与心理闭锁的矛盾：没有哪个时期比青少年时期更加渴望友情与爱情的滋养，更加渴望同辈群体的认同与归属感。在这个时期，每个人都渴望着爱与友谊，渴望着交往与分享，渴望着自我价值得到实现，渴望着探讨人生的真谛，寻找人生的知己，希望成为群体中受尊敬与欢迎的人；然而另一方面，大学生的自我表露又受着心理闭锁的影响，总是不经意地将自己的心灵深藏起来，与同学有意无意保持着一定的距离，存在着戒备心理，不能完全敞开心扉交流与沟通思想。这也是大学生常常感到"交往不如中学那么自如真诚"的原因所在。

3. 自我意识的统一　自我意识的矛盾冲突，常常会给大学生带来不安或心理痛苦，人们总是力图通过自我探索来摆脱这种不安与痛苦。自我意识的统一有很多形式，既有积极的、和谐的、有利于心理健康发展的统一，也有消极的、不协调的、不利于心理健康发展的统一。自我意识的统一是在自我评价、他人评价（包括群体评价和评价他人）的过程中逐渐实现的。进入到高年级以后，大学生的自我意识逐步走向统一，达到自我同一性。

（二）大学生自我意识的发展特点

作为大学生的自我意识特点和同年龄段的青年有相同之处；同时，由于大家所处的教

育环境和知识背景不同,每个个体的自我意识又与一般青年有一些不同。一般来说大学生的自我意识有以下特点:

1.强烈关心自己的发展　在大学学习期间,大学生会围绕个人发展、个人和社会的关系,主动积极地探索自我。心理学家斯普兰格指出:青年期是开始"自我发现"的新时期。

比如,你在大学里有没有思考过这些:

(1)我是个合格的大学生吗? 我的行为符合大学生要求吗?

(2)我性格属于内向还是外向? 我聪明吗? 我温柔吗? 我算是一个诚实的人吗?

(3)我有能力吗? 我能胜任我现在的学业和业余工作吗?

(4)我受大家欢迎吗? 怎样才能让别人喜欢我?

(5)我的目标是什么? 人生的价值与意义是什么? 我要成为一个怎样的人?

(6)我该做些什么才能达到目标? 我该如何成功?

2.较高的自我评价能力　随着我们各类知识增多,生活经验扩大,感性与理性趋于成熟,我们对自己的分析、评价逐渐变得客观、全面。大多数同学对自我的认识和评价基本与外界一致,并且自觉地按照社会的要求来评价和规划自己。要想摆脱长辈、教师、朋友的影响进入到独立的自我分析和评价,还有一个艰难的过程。因为成熟的、独立的自我分析和评价必须以同学们对待世界和人生有稳定的态度和评价为前提和依据。相比较而言大学生的自我评价能力较高,但还是需要不断学习成长,促进自我的评价越来越客观、全面。

3.自我体验丰富复杂　大学阶段可以说是一生中或各种社会群体中"最多愁善感"的一个年龄阶段或群体。大多数同学自我体验的情绪情感是积极的、健康而相对稳定,他们喜欢自己、满意自己,表现出自尊、自信。但也有少部分同学自我体验是消极、悲观的,且有较大的波动性。一般涉及到自我的许多事物,常常引起同学们的情绪波动、情感反应。有些同学对别人的言行和态度极为敏感,把自己的情感深藏于内心,经常体验着内心的痛苦而不愿和他人沟通,以至于消极情绪久久不能释怀。有些同学内心体验起伏较大,取得成绩就积极肯定自我,甚至骄傲自满、忘乎所以;遇到挫折时又迅速消极否定自己,甚至自暴自弃、悲观失望,这是不成熟的表现。另外,有些同学在与异性的接触中更常发生情绪波动,在行为与自我形象的塑造上往往触景生情,通过想象抒发自己的灵感和生活的体验,因而在思维中经常流露出一些感触和遐想等。

4.自我控制的能力提高　大学阶段同学们的自我控制能力和自我监督的能力显著提高。有强烈的自我设计和自我规划的愿望,绝大部分同学都奋发向上力争成才,并且根据自我设计目标自觉调节行为。同时,他们强烈要求独立自主,希望摆脱依赖和管束。但也有些同学自我控制的水平还不够,不顾环境的要求,随意性大。常常是刚刚下了决心或者制订一个很大的计划,坚持几天就撑不下去了。极少数的同学因情绪冲动而又不善于控制,导致打架斗殴、违反校规校纪而被处罚或退学。

5.自我意识水平有年级差异　大学生自我意识水平的发展渐趋稳定。不同年级的同学在自我发展方面存在明显差异,这种发展变化的趋势与一些心理问题的表现趋势似乎存在某种对应关系。有研究表明大学一、二、四年级的学生自我意识随年级升高而发展,而三年级是大学生自我意识最低,内心矛盾冲突最尖锐、思想斗争最激烈、回顾与展望时间最多的时期。它是大学生自我意识相对稳定阶段中的不稳定时期,但也是一次新的上升时期,因此也有人称之为大学生自我意识发展的转折时期。

第二节　大学生常见自我意识问题

一、过度自卑

【案例2-2】　处处不如别人

老师，我现在大二了，回首大一的一年时光真的是一败涂地，觉得自己一无是处。学习成绩一塌糊涂，都基本在60、70分，没有一门拔尖。想和同学们和谐相处，可是所有的同学都不喜欢我，我觉得别人看我的眼神不对劲，大家都看不起我。我于是走路低着头谁也不想看，不高兴就容易向同学发火，到现在一个朋友都没有交到。宿舍的其他同学喜欢照镜子，可是我特别讨厌照镜子，感觉自己很难看，腿很粗。在男多女少的院校，宿舍其他女生都交到了男朋友，可是我却从来没有男生追！哎，大学的生活根本不是我想象的！我怎么那么失败，处处都不如别人呢？

自卑是一种自我否定，表现为对自己评价过低，对自己不满和否定，有这种心理体验的人总以为自己存在着不足与失误，因而遇事会胆怯、心虚、逃避、退缩。

自卑的人有时候给周围人的印象是悲观失望，缺乏信心，惧怕与人交往；但实际上，在他们的内心深处往往有着强烈的发展愿望。并不是我们不能有自卑，有时候某些自卑的存在可能促进自我的不断努力并走向成功。

奥地利心理学家阿德勒在《自卑与超越》一书中谈到，每个人都有程度不同的自卑，自卑可以超越。许多因身体缺陷引起自卑感的人，能以超出常人10倍的努力奋发图强。实际上，自卑感是在追求成功的过程中经常出现的，只要不过分纠缠于自己的那些劣势，正视现实，超越自我，就会获得稳定的自豪感。

专栏2-3　阿德勒的自卑与超越

艾尔弗雷德·阿德勒(Alfred Adler)1870年出生于维也纳。在七个孩子的家庭里排行老三。他的一个兄弟早年夭折，他因体弱多病，死亡的恐惧感非常强烈，所以童年过得很不快乐。在四岁那一年，他差点死于肺炎，当时自己即立志要当个医生。因为幼年时期体弱多病，母亲也就格外照顾他，直到后来弟弟出生，母亲要照顾弟弟，就无暇给予他更多的照顾。"失宠"的他随即转向和父亲建立起信任关系，而不再那么亲近母亲。阿德勒从小就有着深深的自卑感，他一直很嫉妒大哥，从童年到青少年时期和大哥关系相当紧张。

阿德勒在学校也不算个好学生，他的老师建议他的父亲让他去当鞋匠算了，这使他很受刺激。然后发奋图强，终于在班上的成绩名列前茅。后来，他考上了维也纳大学医学系，起先学眼科专业，后来转往一般医学，最后则专攻精神科和心理治疗。最终成为心理治疗领域自成一派的大师，也被认为是主观心理学的先驱和人本主义学派的先锋。

阿德勒的理论有许多都是从自己的经历中感悟和发展起来的。比如他认为在多子女的家庭中，子女的排行以及家庭成员间的相互关系对其人格的形成有巨大的影响。在他的理论中最得到重视的是"自卑感"这一概念。他认为自卑感是所有人都具有的一种正常的感觉状态，也是所有人奋斗的动力。自卑感非但不是弱点或异常，反而是创造的源泉，因而会促使人们追求精熟、优越以及完美，特别是在幼年时代。在自卑感的驱动之下，人们的发展能够持续地往更高层次迈进。在六岁左右，人生的目标就已经形成。这些目标是行为的推动力，而这些目标最终是为了追求安全感和摆脱自卑感。

自卑产生的具体原因各不相同。总体是自我认知偏差所形成的自我轻视和自我否定的情绪体验。一个人对自己的认知先是来自外界的评价，主要是生命里的重要他人的评价。你把对自己的评语写下来仔细研究，可能会发现很多话可能正是以前你的父母、老师或其他对你很重要的人说你的。当你长大成人以后慢慢学会全面客观地分析父母、老师或其他对你很重要的人对你说的话，会有新的收获，形成独立自主，成熟稳定的自我客观全面认识。如果你还不能走出过去生活中外界对自己的评价，照搬照抄就可能出现自我认知偏差。

大学生常常会因为理想自我与现实自我的差距太大，经过努力仍无法接近目标，或距离虽不大而主观上缺乏自我驾驭能力，心理上呈现一种消极的状态而产生自卑感。另外，大学生在成长的过程中可能经历着一些小失败，小小的失败会积累起来成为挫折感，挫折感经过积累又会转化为自卑感，就失去了实现理想自我的自信心。他们不是通过积极地改变实现自我去实现理想自我，而是在一定程度上放弃理想自我，屈从现实自我。由于无力改变现状，进而在一定程度上否定现实自我，并最终走向否定自我，在前面案例故事中我们会发现那位同学也许就是这样的。

当然，每个人心中或多或少有些自卑，这并不构成问题。《自卑与超越》告诉我们，正是我们的自卑感是促进我们不断进步与完善的动力。但有的大学生自卑心理比较严重，这就需要我们正视并去调整。

专栏2-4　自卑的自我调适方法

1. 应对其危害有清醒的认识，有勇气和决心改变自己；

2. 应客观、正确、自觉地认识自己、无条件接受自己，欣赏自己所长，接纳自己所短，做到扬长避短；

3. 正确地表现自己，对自己的经验持开放态度，同化自我但有限度；

4. 根据经验，调整对自己的期望、确立合适的抱负水平，区分长期目标和近期目标，区分潜能和现在表现；

5. 对外界影响相对独立，正确对待得失，勇于坚持正确的，改正错误的。同时保持一定程度的容忍。

有些自卑的同学总是习惯于看到自己的短处，而忽略了自己的长处。即使看到了自己的优点，也觉得是理所应当或不值一提。久而久之，不愿相信自己是有优点、有能力的。这种不自信会越来越蒙住我们的眼睛，让我们越来越看不到自己的美好。

专栏 2-5 发现自己的"美"

我最欣赏自己的外表是_____

我最欣赏自己的性格是_____

我最欣赏自己对家人的态度是_____

我最欣赏自己对朋友的态度是_____

我最欣赏自己对学习的态度是_____

我最欣赏自己做事的态度是_____

我最欣赏自己的一次成功是_____

……

二、过度自尊

【案例2-3】 我怎么可能会不通过

某高校学生小张，在校期间一直担任班级干部，自认为可以将班级的事务处理得井井有条，能得到班级同学的认可和维护。因此，他认为自己有领导才能，未来工作中在领导和管理方面可以大展拳脚。然而，在毕业前夕，就在准备发展小张入党而进行班级民主测评时，自认为稳操胜券的小张却看到了意想不到的结果：同意小张入党的同学仅占全班人数的30%，小张没有被发展为预备党员。对于这个结果，小张感到很意外，同时也很难接受，自己在同学心目中的形象竟然与自己想象的相差如此悬殊，难道是自己不适合在领导岗位上工作吗？小张不禁对自己毕业后工作去向的问题产生了困惑。

自我接受是指自己认可自己，肯定自己的价值，对自己的才能和局限、长处和短处都能客观评价、坦然接受，不会过多地抱怨和谴责自己。对自我的接受是心理健康的表现。但在我们身边也存在着一些像小张一样的同学，他们觉得自己很不错，看到的只是自己的优点而看不到自己的缺点，认为自己在别人心中的形象应该很好，而实际情况却并非如此。这种情况的自我接受就有些过度了。

过度自尊即自我接受扩张，过度自我接受。他们高估自我，对自己的肯定评价往往不切实际。他们只看到自己的长处，甚至把缺点也视为长处；而用显微镜看他人的短处，把别人细微的短处也要找出来。他们在人际交往中容易产生盲目乐观情绪，自以为是，不易处理好人际关系；而且过高的自我评价易滋生骄傲心理，对自己容易提出过高要求，会因为承担无法完成的任务和义务而导致失败。

过度自我接受的人，缺乏自知之明，往往以为自己对而别人错，把自己的意志强加在别人身上，不能与人和睦相处。他们往往听不进师长的教诲，听不进同龄人的意见，一意孤行。同时，他们往往缺乏辩证思维，他们一般存在非黑即白、非好即坏这样非此即彼的思维模式，没有缓冲带，对自己的观点要么执意坚持，要么全盘放弃。面对新的环境往往感到无所适从。在人际关系中很难与人达成妥协和谅解。

专栏2-6　过度自我接受的自我调整方法

1. 要看到自己的不足,承认自己也需要不断完善;
2. 要看到他人的长处,欣赏他人的独特性;
3. 多与他人交往,以开放的心态尊重和认真对待来自他人的反馈意见。

三、独立与依附冲突

【案例2-4】　温柔的控制

我现在心理很纠结,不知道怎么办。我谈恋爱了,男朋友对我很好,他会帮我把饭买好,吃的零食如饼干、巧克力之类也帮我买好,对我特别关心体贴。可是现在我和他在一起觉得不自由,好像被他控制了一样,他有时候对我说话的语气像命令。

其实他也不是真的控制我,他就是很照顾我,帮我做好多事情,我也很依赖他,室友都挺羡慕我。可是我又觉得像是一种温柔的控制,我总觉得好像欠他的,想分手又不舍得。

想想,就像以前在家里一样,我妈把我照顾得好好的,可是我又烦她叫我这样那样,离开家我又想家,我妈妈对我特别关心,到家了一开始舒服,然后心里就不自在了。我要怎么办才好呢?

如前所述,到了大学阶段,同学们一方面渴望独立,而另一方面却又不可能真正摆脱家长、老师的支持和帮助。上述这个案例就是如此。根据对湖北省武汉市部分高校大学生的问卷测查,30% 的女生表示,她们愿意孝顺父母,但不愿意按父母的意见行事。另一方面,大学生随着自我控制独立性的增强,常表现出力图摆脱社会传统的约束,按照自己的意志行事。绝大多数大学生已年满 18 岁,他们自认为已达到法定的公民年龄,强烈要求像成年人那样独立自主地行事,"走自己的路",不愿受父母的约束和教师的训诫。独立意向是大学生自我意识发展中最显著的标志之一,然而大学生在摆脱依赖、走向独立的过程中,有时会矫枉过正,表现出过分的独立意向,导致产生逆反心理,其表现为不分正确与否,一概排斥,情绪成分很大,有时只是为了反抗而反抗。

在心理学上有青春期逆反心理表现,有人叫这段时期为"心理断乳期"。逆反是指个体在生理基本成熟,心理迅速走向成熟而又未真正达到成熟的时候,渴望在思想上、行动上乃至经济上尽快独立,从而具有很强的独立意识和批判精神,大学生正处在这样的时期。此时逆反的对象主要是家长、老师以及社会宣传的观念和典型人物等,但由于在这个时期,他们的智力发展虽已达到成熟,但阅历有限,感性经验不足,情绪易出现两极性,易于感情用事,以至于形成偏见。当这种偏见与现实生活碰撞时,就很容易出现偏激的行为。其结果是阻碍了他们自己学习新的或正确的经验。持这种心理的大学生往往对师长的教育或周围的正常事物持消极、冷漠、反感甚至抗拒的态度。他们常常以"顶牛""对着干"来显示自己的"个性""非凡"。对正面教育和宣传表现出一种怀疑、不认同的抵制态度,对社会、人生和个人前途显示出玩世不恭的态度。在其行为中往往表现出这样的倾向:越是禁止的东西越是感兴趣,越是不让做的事越要做。

当然,独立并非意味着独来独往,独立并非不需要任何人的帮助和指导,并非不需要依赖别人,而在于个人必须对自己的行为负有责任。"一个好汉三个帮",即使是一个独立性很强的人,也有依靠别人的需要。不同的是,独立的人更多地是依靠自己的力量和努力去克服或解决自我的问题,而不是完全依靠他人的帮助或依赖于别人;独立的人能够权衡利弊、审时度势,能够勇敢做出决定并能够勇于承担自己的行为责任。

过分的依赖会使大学生缺乏对客观事情的判断能力与决断能力,显得优柔寡断,缺乏主见;而过分的独立又使部分学生陷入"不需要社会支持"及"凡事都要靠自己",采取我行我素、孤傲自立的行为方式,但在遭遇挫折时又会出现不知如何寻求帮助的情况。事实上,任何心理成熟的独立的现代人,都需要他人的帮助,广泛的社会支持是个体心理健康不可或缺的。

四、消极自我调控

【案例2-5】 后悔还来得及吗?

老师,我就要被退学了,回想大学这几年非常后悔。现在要回家了,心里有很多不舍,真的是后悔无奈。我以前一直是在父母、老师关爱和同学羡慕目光中成长,我一直努力学习,小学、初中、高中就读的都是重点学校,我坚信我会考上全国一流大学的。然而,由于高考的失误,我进了这个不是我梦想中的学校。开学报到时,开心洋溢在很多大学新生的脸上,可我却一点也高兴不起来。心里想着一定要在大学好好学习,考好成绩上一流大学的研究生,在学校里要成为最棒的。可是一段时间过后我发现,我很难成为众人瞩目的焦点了,我以前成绩好,到了大学才发现很多同学多才多艺,唱歌、跳舞、打球、辩论演讲等我都不行。我把所有时间都放在学习上,不和同学交往,不参加活动,可是学习效率不高,期末考试只考了个中等成绩。大二开学不久我就不太想学习了,好像也没多少用处,一次一个老乡喊我去网吧散散心,从此一发不可收拾。我在网吧聊天看电影,找到了被重视的感觉,随时都有人和我说话谈论电影。后来我几乎课都不想上了,成绩一落千丈,天天在网吧上网,考试几乎全挂科,老师同学找我,我也不想理。现在我被劝退了,我知道对不起父母老师,甚至在网上聊天的一些网友都不愿理我了。

如果重新来过,我想我不会这样只把成绩当成唯一,我要学会和同学相处,积极参加活动,不为了一点虚荣心而放弃自己。

如果你遇到了这样的同学你可能会为他感到惋惜,如果你和他有类似的情况,但你还在大学校园,你要合理调整自己努力的方向,珍惜在大学的生活。对于故事中的同学,我们会遗憾他失去大学校园生活,但我们也看到人生的每一次经历都是宝贵的,这个经历会帮助这位同学合理进行自我调控,走向健康发展的人生路!

每个人在成长的过程中都可能需要不断进行自我调控,调整发展方向,积极行动。大学生在自我调控上开始有了明显的自觉性、主动性;但在追求上进的同时,由于困难、挫折在所难免,因而不少大学生常常情绪波动,在困难面前望而生畏、自我放弃。还有一些大学生认为中小学寒窗苦读十余载,如今考上大学,总算"解放"了,再不愿意埋头苦读,只要求"60分万岁",甚至面临数门功课不及格仍然无动于衷,消极懒惰。有些人一旦进入"网络社会"便容易找到满足感,因为网络的虚拟性可以让人感受到自身价值的极大化和他人对自己的终极关怀。当他们在网络上获得的快乐比现实多时,就会把更多的时间投入到网络中,只愿意在网络上寻求虚拟的成就感,而更加消极地对待甚至逃避充满矛盾的现实世界。

自我调控是为了实现自己的自我追求,一些人在成长过程中可能不清楚自己到底要追求的是什么。有些同学一味地强调一定要考到第一名才行,问他为什么要第一呢?——因为考第一老师喜欢,家长高兴,同学羡慕,大家都围着第一转。原来考第一是给别人看的,希望得到别人的喜欢。我们仔细想想,一个人喜欢另一个人仅仅会因为对方是第一名吗?那样全世界有几个人会被喜欢呢?事实上不管什么样的人都可能被别人喜欢;当然,不管一个人做到什么样,也不可能被所有人喜欢。

所以,我们大学生要学会了解自己真正想要的到底是什么,只是为了别人的要求而去追求会快乐吗?成功不是和别人比出来的,每个人都不同又如何比较呢?成功是自己的不断成长过程中的每一个收获,许许多多的成功,成就了今天的你;只要你不放弃自己,不断努力,未来还会有不断的成功,成就最好的你。努力做好自己,成为那个最成功的自己,才是自我健康的发展。

五、过分追求完美

还记得本章开头的案例小雨吗?小雨在大学第一学期末学习成绩第一,可是还是告诉自己要在各方面保持第一,最终走向了一条不归路。也许有不少同学会认为,小雨太不自量力了,怎么可能各方面都保持第一呢?可是,在我们的身边还是有一些向小雨一样对自己的要求很高,做任何事情都要做到最好。他们往往对自己持过高的要求,期望自己完美无缺,却不顾自己的实际状况。他们不能容忍自己"不完美"的表现,他们对自我十分苛刻,只接受自己理想中的"完美"的自我,不肯接纳现实中平凡的、或有缺点的自我,其后果往往适得其反,使其对自我的认识和适应更加困难。

不管对人还是对事,都高标准、严要求,力争尽善尽美;即便做得非常出色,仍然不能满意。我们常将这样的人称为"完美主义者"。当然,每个人在做事时都力求把事情做到最好,有这种想法无可厚非,甚至很多有这样想法的人确实非常优秀。但是,物极必反,如果我们过分追求完美则会给自己带来很大的痛苦。所以,追求完美和追求优秀是两码事。心理学家指出,过度追求完美是一种病态心理,不利于身心健康。他们建议,完美主义者要降低标准,学会偷懒。

专栏 2-7　过度追求完美的调整方法

1. 树立正确的认知观念　人不能十全十美,每个人都有优缺点。一个人应该接纳自己,并肯定自己的价值,不自以为是,也不妄自菲薄。

2. 确立合理的评价参照体系和立足点　人应该选择合适的标准,更重要的是以自己为标准,按照自己的条件评定自己的价值,应该立足自己的长处,明了、接受并尽力改

进自己的短处。

3. 目标合理恰当　在充分了解自己的基础上对自己有恰当的目标和要求，目标符合自己的实际能力，不苛求自己，不被他人的要求左右。

4. 接纳自己的不完美　人各有所长，每个人都是独特的，与众不同的。欣赏自己的独特性，不断自我激励。

第三节　良好自我意识的培养

认识自己并不容易，知人难，知己更难。现代德国哲学家卡西尔认为："认识自我乃是哲学探索的最高目标"。心理学，在研究感知、记忆、思维等方面取得丰硕成果的同时，越来越关注"人是什么""人，如何认识自己"。经典精神分析理论，客体关系心理学，人本主义心理学以及各种心理治疗学派的关于认识自我的论述，都在向我们昭示："认识自我也是心理学探索的最高目标"。"我是谁？""谁会是我的知己？""我如何发展我自己？"等这些问题也是你思考和探索的吗？大学生自我意识的发展与完善是一个不断进行自我认知、自我评价、自我控制和自我完善的过程。那我们该如何去做呢？

一、科学认识自我

（一）通过自省来认识自我

大学生已经具备了一定的自我观察和自我评价能力。我们可以不断对自己的心理活动进行反思，在活动当中去体验，了解自己的真实感受。每个人都有优缺点，不完美不是谁的错。心理学认为完美只是一个概念，没有完美的人。我们需要深刻全面地认识自我。

专栏2-8　20个"我是谁"

问你自己二十次：我是谁？把你头脑里浮现出的答案逐一写出来，想到什么写什么，不必有顾虑，这是自我分析的材料，可以不给别人看，也可以和别人一起分享。

如果能写出十个以上，你可以继续更好地和自己做朋友，如果只能写出七个或更少，而且你可能说这很无聊，或者你以害羞、时间不够等为借口不去做，有可能是你过分压抑自己了，请你多看看自己好好了解自己。

如果你写完了，可以从下面几个角度分析看看。当然，你还可以从其他角度分析，只要你自己接受并认可。

第一，看看你回答内容的表现形式；是主观评价还是客观评价。

第二，看看你回答的内容是什么？是社会认同还是个人属性或是未来趋势。

第三，主客观评价以及主观评价的优缺点是否平衡？是自卑，还是自恋，还是全面的自我评价。

（二）通过与他人的比较来认识自我

通过与他人，特别是自己的同龄人多方面比较可以直接有效地了解自己。当然，我们需要确立合理的参照系和立足点，不能肆意乱比较。同时，也需要注意以下几点：①和别人比较时避免选择那些不可改变的条件，如只关注样貌、身材、家世等，没有太多实际意义；②和别人比较更多的应该是看行为后的结果，如比较通过规划好大学学习生活，看大学毕业后取得的成绩；③比较的对象应是与自己条件相类似的人，如和自己有着相同成长背景的同学比较。

（三）通过了解成长中未完成的事件来认识自我

未完成事件指的是尚未获得圆满解决或彻底弥合的既往情境，尤其是创伤或艰难情境；同时，也包含由当时情景触发出但没有被表达出来的情绪和情感，包括悔恨、愤怒、怨恨、痛苦、焦虑、悲伤、罪恶、遗弃感等。比如一个童年时期常常被忽视和责骂的孩子，会形成一个核心信念："我不值得被爱"。这是多么令人痛苦的想法，于是为了自我保护，一个不具伤害性的合理化想法会出现："我不需要任何人的爱。"于是他可能会让你觉得这个人很冷漠，不愿意和任何人建立亲密关系。这种想法和行为可能保护一个人尽可能少地受到伤害，却不能令人感到快乐和满意，因为，他是需要别人来爱护的。

专栏2-9　和小小的自己对话

你可以想一下你印象最深刻的艰难情境，那时你几岁，和那个年龄的你对话，问他（她）发生了什么事情？他（她）的感受是什么？他（她）最希望得到什么？你要好好对那个年龄的你，尊重他（她）的感受，理解他（她）的期望，好好去关心他（她），告诉他（她）那不是他（她）的错，你很爱他（她）。

这会对你理解你的自我体验有帮助，有些同学常常有悔恨、愤怒、焦虑等情绪，却不知道为什么会这样。找找自己的未完成事件，好好地去理解关心自己。

（四）通过别人的态度和评价来了解自己

通常，别人会对我们的品质、能力、性格等给予清晰的反馈，从而增强我们对自己的了解。当我们被老师告诫要更加大胆一些，更加主动，更加勤奋一些时，我们便会从反馈中得知：自己有些害羞，不够主动，学习不够勤奋。特别是当许多人的看法一致时，我们就会相信这种看法是正确的，从而确定自己是这样的人。在生活中，那些与我们生活无关紧要的人有时并不会给予我们清晰明确的反馈，但我们可以从他们的态度与反应中来了解自己。符号互动学者库利提出"镜中我"，认为我们感知自己就像别人感知我们一样，镜子中的我或别人眼中的我就是我们感知的对象，我们常常依据别人如何对待我们来了解自己，这一过程称之为反射性评价。

专栏2-10　他人眼中的我

按照下面这些要求写出你的描述：

父母眼中的我是…

老师眼中的我是……

同学眼中的我是……

朋友眼中的我是……

（五）不断发现未知的自己

认知自己是一个不断探索的过程。美国心理学家约翰和哈里提出了关于人自我认知的窗口理论，被称为乔韩窗口理论（图 2-2）。他们将每个人的自我分成了四个部分，分别是公开的自我、盲目的自我、秘密的自我和未知的自我。图 2-2A 区是关于自我意识中自己知道，别人也知道的部分；B 区是自己知道但别人不知道的部分，一个人不可能把什么都暴露在别人面前，有自己的隐私和秘密是正常的；C 区是别人知道但我们自己却不清楚的部分，所谓"当局者迷，旁观者清"，所以认识自己需要适当听听别人对自己的看法；D 区是个空白，谁都不知道的部分给了我们创造新的自我的无限可能。

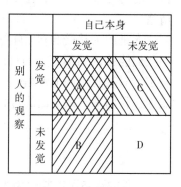

图 2-2 乔韩窗口

所以，我们自我意识的发展就是一个不断发现未知自我的过程。当然，认识自我不是我们你的终极目的，认识自我是为了更好地悦纳自我、超越自我，创造一个更高的水平的更好的自我。

二、积极悦纳自我

专栏2-11 鼠小弟与大象哥哥

有一天，鼠小弟和鼠小妹去散步，看见一棵苹果树。鼠小妹看见了苹果树上的一个苹果，她说："鼠小弟，你帮我摘一个苹果好吗？"鼠小弟说："我……我有恐高症呀！"鼠小妹生气了，说："你真没用"。这时，大象哥哥走来了。它问鼠小弟："怎么啦？"鼠小弟回答说："鼠小妹叫我把树上的苹果摘下来，可是我怕高。"大象哥哥说："我来帮你吧。"只见大象哥哥用鼻子一钩，苹果就掉下来了。鼠小弟觉得还是大象哥哥鼻子厉害。鼠小弟看着大象哥哥，再对比自己，心中对大象哥哥充满了羡慕。那么高的地方都能够得到，那么远的地方也能看得到，还是个大力士，一步能迈那么远，什么都不怕！而且刮大风也不怕，还能吃很多东西！做大象真好！这时大象哥哥已经走远了，鼠小弟发现地上有大象哥哥拉的屎，那么大！连鼠小弟喜欢的花都踩到了，真拿他没办法！于是，鼠小弟拿起扫把和簸箕将大象哥哥拉的屎扫干净，把被大象哥哥踩倒的花扶起来重新养起来。鼠小弟心想大象哥哥也没有那么好，自己虽然是个胆小鬼、力气小、腿又短，但是……

这是一个非常简单的儿童绘本故事。鼠小弟个子小、力气小、胆子小、本领小，它很羡慕大象；但是最终也发现了自己善良、温和、亲切和蔼。无论先天是多么不同和不可改变，每个生命都有存在的价值和追求幸福的愿望。幸福和快乐也是每个人都能通过努力获得的。对于我们来说尊重我们存在的价值，积极地接纳自己，包容自己的缺点与不完美是非常重要的。所以说，悦纳自我是发展健康的自我体验的关键和核心。具体地说，积极悦纳自我就要：①接受独一无二的自己并喜欢，有价值感、自豪感、愉快感和满足感；②性情开朗，对生活乐观，对未来充满希望；③平静而又理智地看待自己的长处与短处，冷静地对待自己的得与失；④树立远大的理想，并以此激励自己，合理面对消极情绪；⑤积极创造积极情绪。

人是因为接受自己，自尊自爱才学会尊重别人爱别人。我们每个人都不是完美的人，当我们能够悦纳不完美的自己，才有可能悦纳别人。一个特点不同的人站在不同的角度来看也会对其有不同的理解——可能你现在认为你身上的缺点换一个角度就变成了你的闪光点呢！我们来试试下面的自我悦纳训练吧！

专栏2-12　自我悦纳训练

我的缺点可以转化为相应的优点

缺乏激情	冷静
易冲动	容易抓住来之不易的机会
爱面子	自尊心强、有自信
急躁	做事迅速、有效率、有激情
太容易相信人	善良、不做作、纯真
有时固执	坚持正确的观点，最后必胜
爱耍性子	情绪宣泄，不易生病
特别内向	善于思考
好出风头	善于推销自己

三、有效控制自我

自我控制是我们大学生根据自我设定主动定向地改造自我的过程。积极有效的自我调控是健全自我意识、完善自我的根本途径。一般说来，大学生要有效调控自我，可以参考以下几点：

1. 建立合乎自我实际情况的抱负水平，确立合适的理想自我　即面对现实，确定自己的具体奋斗目标，把远大的理想分解成一个个远近高低不同的子目标，由近及远、由低到高，循序渐进，逐步加以实现。关键是每个子目标要适当、合理，经过努力可以达到，在不断实现子目标过程中体验成就感，从而最终促成人生大目标的实现。

2. 增强自尊与自信　不断地激励自己向自己心中的"理想自我"奋进。

3. 培养坚强的意志品质　发展坚持性和自制力，增强挫折耐受力，使自己能自觉主动地认清目标，为实现目标而努力排除干扰、克服困难，正确地面对成功与失败。给自己积极地暗示，知道自己可以做到！

专栏2-13　自我调控的几点建议

人本主义心理学家马斯洛在研究人的自我实现时，有针对性地提出了调控自我的几点建议：

1. 把自己的感情出口放宽，莫使心胸像个瓶颈；

2. 在任何情境中，都尝试从积极乐观的角度看问题，从长远的利害做决定；

3. 对生活环境中的一切多欣赏，少抱怨；有不如意之处设法改善；坐而空谈不如起而实行；

4. 设定积极而有可行性的生活目标，然后全力以赴求其实现；但却不能期望未来的结果一定不会失败；

5. 对是非之争辩，只要自己认清真理正义之所在，纵使违反众议，应挺身而出，站在正义一边，坚持到底；

6. 莫使自己的生活僵化，为自己在思想与行动上留一点弹性空间；偶尔放松一下身心，将有助于自己潜力的发挥，与人坦率相处，让别人看见你的长处和缺点，也让别人分享你的快乐与痛苦。

四、不断超越自我

著名作家、心理治疗师毕淑敏说：人存在永远的不完美，但却是这个世界的绝版珍品。你要知道我们每个人都有成长的力量，无论你经历了什么，你还积极地在看这本书，你就已经在发展自己的路上了！在发展自己的路上，我们正确地认识自己、悦纳自己、有效地控制自己后，我们会不断地发展出新的自己，而这个新的自己就是你一次又一次对自己的挑战与超越！有的同学总是喜欢与别的同学竞争，战胜别人才能证明自己的成功，殊不知真正的成功是自己对自己一次次的战胜和超越。正如前面专栏2-3提到的心理学家阿德勒，正是看到自己的不足，不断地激励自己，勇于挑战和超越自己，最终才成为著名的心理学家。

所以，朝你想要的方向努力走吧！不断地去创造新的自己，相信最终会遇见最好的自己！下面这个是心理学中投射测验的一种活动，可能投射出你内心真正向往，也可能帮你找到你想要发展的方向，试试看吧。

专栏2-14　假如我是……

假如我是一种花儿，我希望是——因为——
假如我是一种食物，我希望是——因为——
假如我是一种动物，我希望是——因为——
假如我是一种乐器，我希望是——因为——
假如我是交通工具，我希望是——因为——
假如我是一种颜色，我希望是——因为——
假如我是一种家具，我希望是——因为——
假如我是一个国家，我希望是——因为——
……

每天的太阳都是新的，每天的自我都是新的。我们缺少的并不是前进的动力，而是摆脱昨天阴霾的力量。你不能轻装上阵是因为你习惯向后看。请转过身吧，走过去前面又是另一片天，你会发现一个全新的自我真好！

最后，希望每个同学在自我意识发展的路上能够拥有内心的幸福温暖和陪伴着自己！

专栏2-15　幸福在哪里？

有一天，各界仙人在天上开会，有各方菩萨，有耶稣，有阿拉……。他们在商量把地球上人们的幸福放在哪里？有的说放到火星上，这样人们获得幸福要经历千难万险，就会珍惜了。有的说把人们的幸福放在地心，这样人们也很难找到了……各路神明说得很热闹，但总是没有定论。突然有个小小的声音说："我建议把人们的幸福放在他们心里，'人'太聪明了，无论多难的事，他们都可以做到，但很少有人愿看自己的心。如果有愿意洞察自己内心的人，就把幸福给他吧！"

各路神仙都沉默了……良久，一致通过这个绝妙的提议。后来，人们的幸福就存放在了自己的内心，在那里沉睡着，等待着……

（刘新民）

【本章小结】

人对自己的认识是反映生物人成长为社会人的重要心理结构，大学生是正确的自我意识形成的重要阶段，按照自我意识的结构和内容不断地调控自我，是心理健康发展的有效方法，其目标是科学地认识自我、积极地悦纳自我、积极有效的控制自我和不断地超越自我。

【拓展阅读】

[1] 席薇雅·恩格尔.遇见26个自我.赖雅静，译.广州：广东人民出版社，2017.

[2] 克里希那穆提.克里希那穆提集：在关系中认识自我.桑靖宇，程悦，译.北京：九州出版社，2014.

【思考与练习】

1. 什么是自我意识？它与心理健康有什么关系？
2. 试从现实自我、投射自我和理想自我的角度，分析自己人际关系的状况。
3. 什么是自卑心理？如何克服它？
4. 过分追求完美有什么负面作用？
5. 怎样才能做到科学地认识自我？
6. 结合你自己自我意识的某一弱点，谈谈你将采用的调控方法。

第三章 大学生人格发展与心理健康

【导读】

为什么人和人各不相同？有的人热情、开朗，有的人温婉、含蓄；有的人高尚，有的人卑微；有的人刚毅果断，有的人优柔寡断。这一切都源于人格这一心理学的核心领域。人格是伴随着人的一生不断成长的心理品质，人格的成熟意味着个体心理的成熟。美国心理学家威廉·詹姆士说过，播下一个行为，你将收获一种习惯；播下一种习惯，你将收获一种性格；播下一种性格，你将收获一种命运。可见，健全人格对大学生的健康成长、成才至关重要。

本章将主要介绍人格的概念、结构和特征；人格的形成及人格与心身健康问题；并重点关注大学生人格发展特点以及人格缺陷的调适。

第一节 人格概述

一、人格的概念

人格（personality）也称作个性，最初源于古希腊戏剧中演员所戴的面具（persona），不同面具表现的角色的特点和性格各不相同，人们可以通过面具感知人物的特征。面具具有两面性，一面是展现于外，能被人直接感知的外在部分，另一面是不能被人直接感知的内在部分。心理学将面具的这种特性转意为人格，也称为人格面具。人格包含两方面的心理学含义：一是指一个人在人生舞台上所表现出来的种种言行以及遵循社会文化习俗的要求而做出的反应，是人格外在的心理特征；二是指一个人由于某种原因不愿展现于外的人格成分，即蕴含于面具后的真实自我，是人格内在的心理特征。因此，人格由表及里的表现出一个人独特的心里面貌。

随着语言学的发展，人格的含义被加以扩展和引申，演化成一个抽象而多义的名词，在不同的领域被赋予不同的意义，如"人格高尚"是伦理道德含义的人格；"人格侮辱"是法律意义的人格等，即使在心理学中人格也是一个复杂的概念。由于心理学家各自的研究取向不同，对人格的看法各有不同，因此，到目前为止，还没有一个统一的人格概念。美国心理学家奥尔波特（C.W.Allport，1936）最早对人格的含义进行了综述和分析，他考察了50个定义，认为人格是一个人身上的心理物理系统的动态结构，是一个人内部决定其对环境独特地适应的身心系统的动力组织。我国心理学家对人格的解释具有代表性的有："人格是构成一个人思想、情感及行为的特有模式,这个独特模式包含了一个区别于他人的稳定而统一的心理品质"(彭聃龄);"人格是个体在行为上的内部倾向,表现为个体在适应环境时在能力、情绪、需要、动机、兴趣、态度、价值观、气质、性格、体质等方面的整合,是具有动力一致性和连续性的自我,是个体在社会化过程中形成的给人以特色的身心组织"(黄希庭)。《心理学大词典》(2003)对人格的定义为:人格,又译为"个性",是个体在社会化过程中形成的给人以特色的身心组织,表现为个体在适应环境时在能力、情绪、需要、动机、兴趣、态度、价值观、气质、性格、体质等方面的整合,具有动态的一致性和连续性。

二、人格的结构与特征

(一)人格的结构

人格是由不同成分构成的一个结构系统,不同成分从不同侧面反映了人格的差异。人格的结构系统主要包括认知风格、气质、性格、自我调控等成分。其中,认知方式是体现在认知加工过程中的差异,气质是体现在高级神经活动类型上的差异,性格是体现在社会道德评价方面的差异,自我调控是使各成分协调一致的统合机构。结合大学生的心身发展需要,本章主要介绍气质和性格。

1. 气质

(1)气质的概念与类型:气质(temperament)是指个体表现在心理活动的速度、强度、灵活性与指向性等方面的一种稳定的心理特征。即人们常说的"脾气"和"禀性"。气质是高级神经活动类型的特征在后天活动中的表现,因此受生物规律制约比较明显。每个人生来就具有一定的气质,它使一个人的全部心理活动都染上了个人独特的色彩。气质特点在人身上的不同组合,构成了不同的气质类型。

最早提出气质这一概念并加以分类描述的是古希腊医生希波克拉底(Hippocrates),后来罗马医生盖仑(Galen)作了整理,提出了气质的体液学说。他们认为人体有四种不同的体液——血液、黏液、黄胆汁和黑胆汁,根据这四种体液在每个个体内所占比例的不同,将人分为四种不同的气质类型,即胆汁质(黄胆汁占优势)、多血质(血液占优势)、黏液质(黏液占优势)和抑郁质(黑胆汁占优势)。各种气质类型典型的心理特征表现为:

胆汁质:行动与情感发生迅速、强烈,大都热情、直爽,精力旺盛,做事勇敢果断,但脾气急躁,争强好斗,粗枝大叶。

多血质:思维灵活,动作敏捷,对环境适应力强,情绪丰富且外露,大都活泼好动,乐观、热情,喜与人交往。但缺乏耐心和毅力,注意力易转移,稳定性差,见异思迁。

黏液质:安静稳重,沉默寡言,情感不易外露,自制力、忍耐力强,注意稳定,但思维的灵活性及行为的主动性略差,墨守成规。

抑郁质:踏实稳重,自制力强,富于想象力,喜欢独处,善于觉察他人不易觉察的细节,但情感体验深刻而持久,多愁善感,不善交际,孤僻、不合群,优柔寡断,行动迟缓。

四种气质显示了人们不同的天性。但事实上,单纯属于某一种气质类型的人很少,大多数人属于复合型的气质类型。阮承发和许智权(1984)对大学生气质类型的调查结果表明,在复旦大学、南开大学、四川大学、第四军医大学、安徽师范大学5所高校被调查的364名大学生中,单一气质类型的学生占34.07%,复合型气质的学生占65.93%。

专栏3-1　看戏迟到了！

苏联心理学家达维多娃(Davydova)曾形象地描述：有四位分别属于不同气质类型的朋友一同去戏院看戏，可是都迟到了。他们刚要进入戏院，看门人拦住了他们说："根据戏院规定，为了不妨碍其他观众，戏开演后迟到的观众不准入内，需等到第一场休息时才能进去。"这时，第一位先生立刻火冒三丈，与看门人大吵大闹；第二位先生则灵机一动，趁机侧身溜了进去；第三位先生见状只好规规矩矩地在大门外等候，直到第一场休息时才进去；第四位先生则闷闷不乐，叹息自己不走运，这么倒霉，越想心里越难受。

经过分析，这四位先生分别属于胆汁质、多血质、黏液质和抑郁质四种典型的气质类型。

另一种具有影响力的气质学说是俄国生理、心理学家巴甫洛夫提出的高级神经活动类型说。他通过动物实验发现高级神经活动的兴奋和抑制过程具有强度、平衡性、灵活性三个基本特性，这三种特性的不同组合构成四种高级神经活动类型，即兴奋型、活泼型、安静型、抑制型，并且分别与体液说的四种气质类型相对应(表3-1)。

表3-1　高级神经活动类型与气质特征

神经类型(气质类型)	强度	均衡性	灵活性	行为特点
兴奋型(胆汁质)	强	不均衡		攻击性强，易兴奋，不易拘束，不可抑制
活泼型(多血质)	强	均衡	灵活	活泼好动，反应灵活，好交际
安静型(黏液质)	强	均衡	惰性	安静、坚定、迟缓有节制、不好交际
抑制型(抑郁质)	弱			胆小畏缩，消极防御，反应强

专栏3-2　困 难 气 质

困难气质也称为执拗气质，是指人的心理功能不完善，孤僻离群，对新刺激退缩和低适应性，否定性心境占优势以及执拗等气质特征。儿童形成的困难气质是由两方面的家庭因素造成。一个原因是母亲的人格失调。母亲在怀孕期间高度焦虑很可能生产出困难气质的执拗孩子，于是形成母子"焦虑 - 执拗链"。而早期孩子的这种执拗气质会导致以后的行为失调。根据托马斯(Thomas, 1982)的研究报告，困难气质的孩子在2~5岁时发生行为失调的可能性比正常气质的孩子多。第二个原因是父母对孩子要求的适宜性。托马斯进一步研究发现，困难气质并不必然导致儿童后来的失调，关键在于父母与孩子之间的关系是否适宜。如果父母对孩子的要求和期望与孩子的能力、动机、气质相吻合，儿童心理的发展将会得到促进；相反，就会产生不良结果。因此，脱离儿童发展轨道的要求会形成孩子的困难气质。

（2）气质的特点与意义

1）气质的特点：气质既有稳定性，又有可塑性。人的气质特征更多的来自于先天遗传的生物因素，所以较之其他个性心理特征更为稳定。但是，所处的环境和教育所形成的行为活动方式可以掩盖真实的气质类型特征。也正由于这个原因，人们的气质类型特征由于后天的"磨炼"，很少有纯属某一类型，而多是以某型特征为主，兼有其他类型的特点。除了少数人具有典型特征外，大多数人都属于中间型或混合型。

气质类型本身在社会价值评价方面并无好坏之分。每种气质类型都有可能形成积极或优良的心理品质，也都有可能形成消极的心理品质。比如，胆汁质的人可以形成热情、开朗、刚强、动作迅速有力、生气勃勃、工作效率高等良好品质，但也容易形成暴躁、任性、蛮横、粗野等不良品质。多血质的人富有朝气，爱交际，思想灵活；但也容易志趣多变，轻浮、粗枝大叶，意志力薄弱等。黏液质的人容易养成自制、镇静、踏实等品质；但也容易形成冷漠、迟缓、固执、保守等缺点。抑郁质的人具有思想敏锐、精细、想象力丰富、情感深刻等优良品质，但也容易形成多疑、孤僻、郁闷、怯懦等缺点。一个人的气质究竟向哪个方向发展，关键在于后天的环境，尤其是教育。

2）气质的意义：了解一个人的气质，对临床工作具有重要意义。在临床上我们可以看到，不同气质类型的人对待疾病、治疗和痛苦的检查的态度是不一样的。比如，对同样的疾病痛苦，胆汁质的人可能无所谓，多血质的人可能面部的表情十分丰富，黏液质的人可能不声不吭，而抑郁质的人则可能叫苦不迭，焦虑不安。

从心理卫生方面也应注意气质类型的特点。属于兴奋型的人，如果受到超强的精神刺激，或是过度紧张与疲劳，可以使其本来就弱的抑制过程更加减弱，促使过度兴奋导致神经衰弱、神经症或躁狂型的精神病。对抑制型的人来说，巨大的挫折或个人的极大不幸，都会使其脆弱的神经无法承受，可导致歇斯底里、神经症或其他心身疾病。

另外，气质的类型也可以成为职业选择的依据之一。某些气质类型的特征能为一个人从事某种职业提供有利条件，气质类型不决定一个人成就的高低，但能影响工作的效率。一般说来，需要迅速、灵活品质的工作对胆汁质和多血质的人比较适合，而黏液质和抑郁质的人比较适合做持久、细致的工作。

除此之外，气质类型影响性格特征形成的难易和对环境的适应（见性格部分）。

专栏3-3 大学生应如何处理各种气质

虽然气质会受后天环境的影响，但因为气质的生理基础是人的高级神经活动类型，因此我们并不倡导改变气质类型本身，而是应该扬长避短。

胆汁质类型的大学生，要着重发展热情、豪放、爽朗、勇敢、进取和主动的人格品质，主要克服粗暴、任性、简单化的缺点，要善于控制自己的冲动，争取做到深思熟虑地考虑问题，从容不迫地行动。与此同时，我们在和胆汁质的同学发生冲突时，应采用"以柔克刚"的方法比较有效。

多血质类型的大学生，要着重培养朝气蓬勃、热情、乐观、开朗等人格品质，克服朝三暮四、虎头蛇尾、粗心大意等缺点，注意培养持之以恒的精神。在和多血质的同学相处时，"刚柔相济"的策略比较有效。

黏液质类型的大学生，要着重培养以诚待人、认真踏实、耐心持久的人格品质，克服墨守成规、顽固不化的缺点，注意培养积极性、灵活性，杜绝可能发生的淡漠和萎靡不振。在和黏液质类型的同学交往时，要给他们足够的时间，调动他们的积极情绪。

抑郁质类型的大学生，要着重培养认真细致、敏锐多思、自我意识强的人格品质，防止形成怯懦、多疑、孤僻等消极心理。在和抑郁质同学交往时，应多引导他们参加社交活动，给予适当的关心和鼓励，消除疑虑，增强自信。

2. 性格

（1）性格的概念和特征：性格（character）是指一个人在社会实践活动中所形成的对现实的稳定态度以及与之相适应的行为倾向性。性格具有以下特征：

1）性格的理智特征：是指人们在感知、记忆、想象和思维等认识过程中所表现出来的特征，如思维的独立性。

2）性格的情绪特征：指人们在情绪活动时在强度、稳定性、持续性以及主导心境等方面表现出来的特征。如热情、冷漠、多愁善感等。

3）性格的意志特征：当人为了达到既定的目的，自觉地调节自己的行动，千方百计克服前进道路上的困难时，就表现出人的性格的意志特征。如目的性或冲动性，主动性与自制力，果断性与坚韧性等。

4）性格对现实的态度的特征：主要指人在处理各种社会关系方面所表现出来的性格特征。这包括对待社会、集体、学习、工作劳动的态度，对待别人和对待自己的态度等。如诚实、正直、富有同情心、热情、喜欢交际、工作认真、勤劳、勤俭等都是对人对事所表现出来的性格特征。对待自己的态度方面的性格特征主要是谦虚或自负，自信或自卑，羞怯或大方等。

性格是具有核心意义的心理特征。人格差异的主要表现不是气质和能力的差异，而是性格的差异。性格具有直接的社会价值，不同性格特征的社会价值不同，例如诚实、善良、节俭等性格对社会具有积极作用；而虚伪、残忍、挥霍和浪费等性格对社会具有消极作用。一个品德高尚的人，才能越高，对社会的贡献越大；一个心术不正的人，能力越强，对社会的危害越大，例如一些高科技犯罪等。

专栏3-4　性格与命运

海伦·凯勒（Helen Keller，1880—1968），美国著名女作家、教育家、慈善家、社会活动家。在海伦1岁半的时候因突发疾病，致其失聪、失明，在如此难以想象的生命逆境中，她踏上了漫漫的人生旅程。尽管命运对幼小的海伦如此不公，但顽强的海伦没有向命运屈服，她在她的启蒙老师安妮·莎莉文的帮助下，学会了写字和说话。经过顽强的拼搏，海伦考取了哈佛大学拉德克利夫女子学院，4年后她以优异的成绩毕业。

海伦热爱生活，一生致力于盲聋人的福利事业和教育事业，她在世界各地进行演讲，从事慈善活动，为残疾人事业贡献了毕生的精力，赢得了世人的赞扬和尊重。海伦·凯勒先后完成了《我生活的故事》等14部著作，她的故事激励了无数青年人的成长。

正是这种坚毅的性格和不屈不挠的奋斗精神铸就了海伦·凯勒不平凡的一生。

（2）性格的外在表现

1）性格在活动中的表现：人的性格特征常常在各种活动中表现出来。如有的人在活动中习惯于指挥别人，充当"领袖"；有的则不愿出头露面，甘愿做被指挥者。从一个人对劳动的态度可以看出他是勤劳的还是懒惰的，从一个人对待困难的态度可以知道他的意志是否坚强，透过一个人对待公共财物的态度又可以看出他是节俭还是浪费。其他种种活动也无不显示出人们性格的差异。

2）性格在言语中的表现：一个人的言语风格往往表现出某些性格特征。如健谈者多开朗、善交际，他可能关心别人，富有同情心，也可能是自负，爱表现自己，妄自尊大等。唠唠叨叨，信口开河，往往显示出缺乏自制力，夸张，引人注意。沉默寡言，可能是对自己言谈的高度责任感，可能是由于明哲保身，也可能掩饰自己的思想和情感，也可能是由于孤僻、怯懦和疑心。一个人的言行是否一致，也往往能反映出一个人的性格特征。

3）性格在外貌上的表现：面部表情、姿态甚至衣着，也在某种程度上反映出一个人的性格特点。经常面带笑容的人和经常面带愁容的人性格很不相同，透过大笑、微笑以及不同的笑，都可以看出一个人的性格特点。一般来说，人的眼睛往往是心理的一面镜子，眼色显示出人的要求和性格特征。另外在姿态上，高傲人多是摇头晃脑，昂首挺胸；谦虚的人往往躬身俯首，微缩双肩。一个人走路的快慢，大步走还是碎步走，说话时是否爱打手势以及坐姿等也往往能表现出不同的性格特征。衣服和饰物也可以表现出人的性格，演员就是根据剧中人物的性格而选择衣服和饰物。

但是，人的性格和外貌之间的关系是非常复杂的，具有掩饰性。人可以有意识地控制、调节自己的表情和姿态以掩盖自己本来的性格，因此准确地鉴定一个人的性格仍然是不容易的。目前鉴定性格的办法主要有：观察法（观察言谈举止和情绪、态度等）、谈话法、个案分析法、作品分析法、自然实验法和测验法等。要全面了解一个人的性格，上述方法最好是结合起来，综合运用，才能做出合乎实际的判断。

3. 气质与性格的关系　气质和性格都是构成人格的重要因素，两者相互渗透，相互影响，彼此制约。两者不同的是，一方面性格是后天形成的，更多地受到环境的影响，具有较大的可塑性，另一方面性格是人格中涉及社会评价的内容，具有社会评价意义，反映了社会文化的内涵，因此有好坏之分；而气质是先天的，更多的受生理特征的制约，虽然在后天环境下可以有所改变，但与性格相比更具稳定性，变化较为缓慢。

性格和气质虽然有区别，但又有密切联系。首先，气质按照自己的动力方式，给性格全部"打上烙印，涂上色彩"。例如，同样是助人为乐的性格特征，多血质在帮助别人时，往往动作敏捷，情感表露在外；而黏液质者则可能动作沉着，情感内敛。其次，气质可以影响性格特征的形成和发展速度。例如，自制力的形成，胆汁质的人需要经过极大的努力和克制；而抑郁质的人用不着特别抑制就易形成。胆汁质、多血质的人易形成外向性格，黏液质、抑郁质的人易形成内向性格。第三，性格对气质的影响也是明显的，在生活实践过程中所形成的稳定的态度体系和行为方式，可以在一定程度上掩盖或改造气质，使它服从于生活实践的要求。例如从体质上和操作速度上来说，胆汁质和多血质的人适于当外科医生，但前者易轻率，后者缺乏耐心。以医生为例，要当好外科医生，适应特定的工作环境和实践的要求，这两种不同气质特征经过意志努力都会改变。最后，不同气质类型的人可以形成同样的性格特征；而相同气质类型的人，又可以带有同样动力色彩而性格却互不相同。所以在气质基础上形成什么样的性格特征，在很大程度上取决于性格中的意志特征。

（二）人格的特征

1. **人格的整体性**　人格是由多种成分构成的一个有机整体，具有内在的一致性，并受自我意识的调控，以保证心理功能的完整性。人格的整体性是心理健康的一个重要标准，当一个人的人格各方面保持完整、和谐一致时，他（她）的人格是健康的，而当这种完整和谐遭到破坏，则会出现适应的困难，甚至出现各种心理冲突，导致"人格分裂"。

2. **人格的独特性**　一个人的人格是在遗传、环境、教育以及成熟等多种先天和后天因素的交互作用下形成的。不同的遗传、生存及教育环境形成了每个人独特的、与众不同的心理特点，正如"世界上没有两片完全一样的叶子"那样，世界上也不会有两个人格完全一样的人。人格的独特性是形成个体差异的主要原因。

每个人的人格在具有独特性的同时，也存在一定的共同性，即与他人相同的、一致的心理特征。例如中华民族是一个勤劳、勇敢的民族，"勤劳、勇敢"就是中华民族共同的人格特征，这种共性主要是由共同的群体环境、文化传统以及风俗习惯等形成的。

3. **人格的稳定性**　个体在行为中偶然表现出来的心理倾向和心理特征并不能表征他的人格。任何一种人格的心理特征都不是在短时期内形成的，人格一旦形成就具有相对的稳定性。这种稳定性主要表现在跨时间的持续性和跨情境的一致性两个方面，如一个性格内向的人，从小到大在各种不同的场合都会表现出沉默寡言的特征。人格的稳定性并不排斥人格的可变性，随着个体年龄、环境以及个人经历的变化，人格也可能一定程度上发生改变，如一个性格懦弱的人在经历很大挫折后变得坚强、勇敢，这是人格具有可塑性的表现。正因为人格具有可塑性，才能培养和发展人格，人格是稳定性与可塑性的统一。

4. **人格的功能性**　人格影响着每个人的思维方式、行为方式，是一个人生活成败、喜怒哀乐的根源。因此在某种意义上讲，一个人的人格特点会直接或间接地决定一个人的命运，甚至人生成败。为什么当面对挫折和失败，坚强者会发奋拼搏，不放弃退缩；而懦弱者一蹶不振，失去了奋斗目标？究其原因在于不同的人格特征发挥的不同功能。人们经常倾向于用人格特征来解释人的言行及其原因，当人格正常发挥其功能时，个体表现出健康而有力的特征；而当人格功能失调时，个体就会变得软弱、失控，甚至变态。

5. **人格的社会性**　人格是个体的自然属性和社会属性的综合。虽然人格是在个体的遗传和生物特性基础上形成的，但人的自然生物特性不能预订人格的发展方向，人的自然性会受人的社会性制约，被打上社会的烙印。另一方面，人格是个体在社会化过程中逐渐形成和发展的，人格既是社会化的对象，也是社会化的结果。因此，人格的社会性是人格的本质特征，它影响着人格发展的方向和方式，影响着某些人格特征形成的难易。

（三）人格类型

1. **"大五"人格类型**　塔佩斯等人（Tupes et al., 1961）运用词汇学的方法对人格特质变量进行了再分析，发现了五个相对稳定的特质因素，这五种特质可以涵盖人格描述的所有方面，形成了著名的人格五因素模型（five-factor model, FFM），又称大五模型。这五个因素分别是：

（1）外倾性（extroversion）：表现出热情、社交、果断、活跃、冒险、乐观等特质；

（2）宜人性（agreeableness）：具有信任、直率、利他、依从、谦虚、移情等特质；

（3）责任心（conscientiousness）：显示了胜任、公正、条理、尽职、成就、自律、谨慎、克制等特质；

（4）神经质或情绪稳定性（neuroticism）：具有焦虑、敌对、压抑、自我意识、冲动、脆弱

等特质;

（5）开放性（openness）：具有想象、审美、情感丰富、求异、创造、智能等特质。

这五个特质的首字母合在一起构成了"OCEAN"一词，代表了"人格的海洋"（John，1990）。麦克雷和可斯塔（McCrae & Costa，1989）编制了"大五人格因素测定量表"（NEO-PI-R）。

专栏 3-5 大五人格的应用价值

人格的五因素模型在临床心理、健康心理、发展心理、职业心理、管理心理和工业心理等方面都显示了广泛的应用价值。Marshall（1994）研究发现，外倾性、神经质、宜人性等特质均与心理健康有关；外倾性和开放性是职业心理和工业心理的两个重要相关因素（Costa，1994），而责任心与人事选拔有密切关系（Schmit，1993）。John（1994）研究了大五人格与青少年心理发展的关系，发现具有高开放性和高责任心特质的青少年具有优秀的学习成绩，而低责任心和低宜人性的青少年有较多的违法行为；高外倾性、低宜人性、低责任心的青少年易发生与外界冲突的行为问题；高神经质、低责任心的青少年则常容易出现内心冲突引起的问题。Endler（1998）等人认为大五人格是20世纪90年代以来最活跃的人格研究课题，也是目前对人的基本特质最理想的描述之一。

---

2. 内 - 外倾向性人格类型 瑞士著名的人格心理学家荣格（JungCG.，1933）依据心理活动的倾向性对人格进行了划分，并提出内 - 外倾向性人格类型。荣格认为，当一个人的兴趣和关注点指向外部客体时就是外倾人格（extroversion）；而当一个人的兴趣和关注点指向主体时就是内倾人格（introversion）。任何人都具有外倾和内倾这两种特征，但只有其中一种占优势，因而可以确定一个人的人格倾向。外倾人格的主要特点是：注重外部世界、情感表露于外、热情奔放、善于交往、果断、独立、有时轻率；内倾人格的主要特点是：自我剖析、不善交往、做事谨慎、疑虑、困惑、优柔寡断，有时适应困难。

荣格将内 - 外倾向性与个体心理活动的四种基本功能相结合，构成八种人格类型：①外倾思维型；②外倾情感型；③外倾感觉型；④外倾直觉型；⑤内倾思维型；⑥内倾情感型；⑦内倾感觉型；⑧内倾直觉型。

3. 场独立 - 场依存型人格类型 人格差异不仅表现在气质和性格上，而且也表现在认知风格上。美国心理学家威特金（Witkin HA.，1940）根据人的认知风格的不同提出了场独立（field-independent，FI）、场依存（field-dependent，FD）学说，并把人的性格划分为场独立型和场依存型两类。

威特金认为，场独立型的个体较少受到知觉环境的影响，往往倾向于更多地利用自身内在的参照标志去主动地对信息进行加工，这类人社会敏感性差，对他人不感兴趣，不善社会交往，比较喜欢独立地发现问题和解决问题，不易受次要因素干扰，受暗示性也较小。在活动中易于发挥自己的能力，比较有创造性，有时喜欢把意志强加于人，带有支配倾向；场依存型的个体容易受周围环境的影响，常处于被动、服从的地位，缺乏主见，受暗示性强。这类人常对他人感兴趣，社会敏感性强，善于社会交际，但在紧急情况下易惊慌失措，抗应激能力差。威特金强调，这两个类型的性格特征属于同一人格维度连续体的两端，每一个人的性格特征都处于这个链条的某一点上,两种人格的差异表现在心理活动的许多方面,如场独立的人在认知中具有优势,而场依存的人在人际交往中占有优势。威特金以大学生为对象,进行了十年的追踪研究发现,场独立的学生比较一贯地偏爱需要认知改变的、技能性的、与人联系较少的学科,如自然科学;而场依存的学生比较一贯偏爱对认知改变较少的、人际关系的学科。

4. A-B 型人格类型　美国心脏病学家弗雷德曼和罗斯曼(Friedman & Rosenman,1974)在研究心脏病与人格特征的关系时,把人的人格划分为 A 型和 B 型。

A 型人格(A-type personality)的显著特点是:时间紧迫感、竞争和敌意、性情急躁,缺乏耐性。A 型人格的人成就欲高、上进心强、做事认真负责、雄心勃勃,易于激动、好争执、敏捷但缺乏耐心,生活常处于紧张状态,属于不安定型人格,社会适应性较差。临床研究表明,A 型人格的人易罹患冠心病,美国 20 世纪 60 年代进行的一项研究——"西方协作研究计划"表明,在 257 名冠心病患者中,A 型人格的发病率是 B 型人格的 2.37 倍,A 型人格被认为是冠心病的危险致病因素。

B 型人格(B-type personality)的特点:与 A 型人格相反,性格温和,心胸开阔,与人为善、面对生活和工作从容不迫,满足感强。B 型人格在上述研究中患病率低,是一种健康人格。

三、人格的测量

人格差异表现在许多方面,如何鉴定这些人格差异?人格心理学家依据人格表现特征的不同、人格层次的差异,运用不同的方法来测量他们。人格测评的方法有很多,本章主要介绍两种典型的、具有代表性的人格测验方法。

(一)测验法

测验法是在标准化的技术条件下,对受测者的行为和内部心理变化进行探察与鉴别的方法,主要形式为自陈量表法。自陈量表(self-report inventories)是一种要求被试自行报告,回答关于他们在各种情况下的行为或感受等的测量工具。自陈量表为纸笔测验,题目涉及症状、态度、兴趣、恐惧和价值观等。被试则要表明每个叙述句和自己的情况相符合的程度,或自己对每个题目的同意程度。自陈量表法是最常用的人格评鉴方法。自陈量表法不仅可以测量外显行为,如态度倾向、职业兴趣、同情心等,同时也可以测量自我对环境的感受,如欲望的压抑、内心冲突、工作动机等。常用的人格测验有以下几种:

1. 明尼苏达多相人格调查表(Minnesota multiphasic personality inventory,MMPI)　MMPI 是 20 世纪 40 年代初由美国明尼苏达大学教授哈撒韦(S.R.Hathaway)和麦金利(J.C.Mckinley)编制的,是迄今应用极广、颇具权威的纸笔式人格测验。该问卷的制定方法是分别对正常人和精神病人进行预测,以确定在哪些项目上不同的人具有不同的反应模式。因此该量表常用于鉴别精神疾病,也被用来评定正常人的人格特征。MMPI 包括健康状态、情绪反应、社会态度、心身症状、家庭婚姻问题等 26 类题目,可鉴别强迫症、偏执症、精神分裂症和抑郁性精神病等。原始的 MMPI 由 550 个题目组成,每个题目涉及一种行为、态度或认知内容,所有问题都采用"是""否""不一定"来回答。测验分为 14 个分量表,包括 10 个临床量表与 4 个效度量表。临床量表分别是:Hs,疑病;D,抑郁;Hy,癔症;Pd,精神病态;Mf,男子气、女子气;Pa,妄想症;Pt,精神衰弱;Sc,精神分裂;Ma,轻躁狂;Si,社会内向。效度量表包括:L,说谎量表;F,诈病量表;K,校正量表;Q,疑问量表。MMPI 十分庞大,能提供十分丰富的信息，但实施起来比较费时费力，尤其是对病人更为困难，往往要分段实施。

2. 艾森克人格问卷（Eysenck personality questionnaire，EPQ）　EPQ人格问卷是英国心理学家艾森克依据所提出的人格结构层级说和三维人格类型说而编制的人格量表。他通过对人格问卷资料的因素分析研究，确定了人格类型的三个基本维度。根据外倾性维度可以把人格分为外倾型和内倾型，根据情绪稳定性可以把人格分为情绪型和稳定型，根据精神质可以把人格分为精神失调型和精神整合型。艾森克人格问卷分为成人和青少年两种。问卷由4个分量表E、N、P、L组成，分别测量人的内外倾、神经质、精神质、掩饰性（指被试是否真实地反映自己的感受）。与MMPI和16PF相比，EPQ的题目较少，测验时间较短，实施较为容易。但由于该测验所得到的结果相对简单，提供的信息量比较有限。中国的艾森克测验有陈仲庚等（1981）修订本和龚耀先（1983）修订本。钱铭怡经原作者授权编制了简缩版。

3. 卡特尔16种人格因素测验（sixteen personality factor questionnaire，16PF）　该问卷是美国心理学家卡特尔编制的用于人格测验的一种问卷，简称16PF。卡特尔受化学元素周期表的启发，用因素分析法对人格特质进行了分析，提出了基于人格特质的一个理论模型，并在其人格理论构想的基础上编制了16种人格因素问卷，从16个方面描述个体的人格特征。这16个因素或分量表的名称和符号分别是乐群性（A）、聪慧性（B）、稳定性（C）、恃强性（E）、兴奋性（F）、有恒性（G）、敢为性（H）、敏感性（I）、怀疑性（L）、幻想性（M）、世故性（N）、忧虑性（O）、实验性（Q1）、独立性（Q2）、自律性（Q3）、紧张性（Q4）。目前普遍认为16PF是迄今比较完善的人格特质评鉴方法。16PF的中文修订版有李绍农（1981）版和戴忠恒、祝蓓里（1989）版。

4. MBTI测验（Myers-Briggs type indicator，MBTI）　MBTI是由迈耶斯和布里奇斯（Myers & Briggs）母女在心理类型理论基础上编制的人格测评工具，用于描述人们在获取信息、做出决策、对待生活等方面的心理活动规律和人格类型表现。MBTI把人格分成16种类型，从四个维度阐述人格倾向性：外向-内向维度，代表心理能量的不同指向；感觉-直觉维度，描述不同的信息提取方式；思维-情感维度，描述对事物做决策或判断时所采用的不同方式；判断-感知维度，描述与外界交往或适应过程中所采取的不同生活方式。目前，MBTI广泛用于：①自我了解和发展；②职业发展和指导；③团队组建；④管理人员培训；⑤问题解决；⑥人际关系咨询；⑦教育及课程发展等。MBTI的最大优势就是它所描述的是深层心理，使个体清晰意识到"为什么要发展，朝什么方向发展，怎么发展"，有助于个体人格完善和真正意义上的个体成长。

（二）投射测验

投射测验（projective test）是让被试通过一定的媒介，建立起自己的想象世界，在无拘束的情景中显露其个性特征的一种测试方法。投射测验所采用的材料，可以是一些没有规则的线条；或者是一些有模糊意义的图片；或者是一些有头没尾的句子；或者是一个故事的开头，让被试来编故事的结尾。因为这一材料是模糊的，所以被试对材料的说明与解释往往来自于他的想象。主试通过不同的回答和反应，来推测对方的人格与人生态度。投射法的最大优点在于主试的意图藏而不露，这就创造了一个比较客观的外界条件，使测试的结果比较真实与客观，有助于研究者对被试心理活动的深入了解。其缺点是分析比较困难，需要经过专门培训的主试。

1. 罗夏墨迹测验（Rorschach ink blot test）　罗夏墨迹测验由瑞士精神科医生、精神病学家罗夏（H. Rorschach）创立，因利用墨渍图版而又被称为墨渍图测验，现在已经被世界各国广泛使用。罗夏墨迹测验由 10 张经过精心制作的墨迹图（图 3-1）构成。主试向被试提供墨渍图，一般的指导语是"你看到或想到什么，就说什么"，应避免一切诱导性的提问；只是记录被试的自发反应，主试不仅要尽量原原本本地记录被试的所有言语反应，面且要对他的动作和表情进行细心的观察和记录。此外，要测定和记录呈现图版之后到做出第一个反应的时间，以及对这一张图版反应结束的时间。主试从四个方面对被试的反应计分：①反应的部位（被试对墨渍图的反应着重在什么部位，是全体，部分、小部分、细节或空白）；②反应的决定因素（被试进行反应的决定因素是墨渍的形状还是颜色，把图片看成静态的还是动态的）；③反应的内容（被试把墨渍看成什么）；④反应的普遍性（被试的反应和一般人相同，还是不同）。

图 3-1　罗夏墨迹测验图例

2. 主题统觉测验（thematic apperception test, TAT）　主题统觉测验是默里（H.A.Murray）和摩根（C.D.Morgan）于 1935 年为性格研究而编制的一种测量工具，简称 TAT。全套测验共有 30 张内容模糊的人物图片（图 3-2），其中有些是分别用于男人、女人、男孩和女孩的，有些是共用的。测验时让被试根据图片内容按一定要求讲一个故事，故事的叙述应该包含四个基本维度：①图片描述了一个怎样的情境；②图片中的情境是怎样发生的；③图片中的人物在想什么；④结局会怎样。被试在讲故事时会将自己的思想感情投射到图画中的主人公身上。默里提出的方法是要从故事中分析一系列的"需要"和"压力"。他认为，需要可派生出压力，而且正是由于需要与压力控制着人的行为，影响了人格的形成和发展。因此，通过主题统觉测验，可以反映一个人的人格特点。

图 3-2　主题统觉测验图例

四、人格与心身健康

人格是人的心理行为的基础，它在很大程度上决定了个体如何对外界的刺激做出反应以及反应的方向、程度、效果。因而人格会在一定程度上影响一个人的活动效率、社会适应以及心身健康状况。临床心理学研究表明，人格对心理因素相关疾病的发病率、疾病种类、病程长短、预后效果等均有明显的影响。心理生理疾病和心理障碍都是与心理因素相关疾病，其中心理生理疾病也称为心身疾病，属于躯体疾病范畴，而心理障碍属于心理疾病范畴。

（一）人格与心身疾病

1. 心身疾病的概念　心身疾病（psychosomatic disease）又称心理生理疾病，包括狭义和广义的概念。所谓狭义心身疾病，是指心理社会因素造成的一类有病理形态学或生化改变的躯体疾病，例如，原发性高血压、支气管哮喘、溃疡性结肠炎和神经性皮炎等，强调病理学和生化的临床改变。广义心身疾病是指心理社会因素在其发病过程中起了重要作用的一些躯体疾病或障碍，这些躯体疾病或障碍可以有也可以没有病理形态学的改变，例如，心因性阳痿、心因性厌食、书写痉挛、口吃等，又称为心身障碍（psychosomatic disorder）。

2. 相关理论与研究　心身医学研究发现，许多心身疾病都有相应的人格特征模式。美国心理学家邓巴（Dunbar）提出了"疾病的人格特异性理论"。该理论认为，患有同一疾病的病人具有类似的人格特征，某些人格类型的人易患特别的心身疾病。通过了解一个人的心理概貌，就可以预言他（她）将患何种心身疾病。

专栏3-6　人格与躯体疾病

躯体疾病与人格间存在一定的对应关系。美国精神病学家弗劳依特·林曾经研究过如何仅靠了解患者的人格特征，就能相对准确地诊断他们的心身疾病。他询问了其他医生介绍来的400余名病人，他们分别患有哮喘、腰痛、关节炎、糖尿病、高血压、消化性溃疡等14种疾病。然而林医生在和病人谈话之前并不知道他们患病的资料。他告诉病人用不着描述自己的躯体症状和治疗经过，只要求他们表露自己的性格。在谈话期间，将病人的身体掩盖，以防止林医生和其他研究者看到任何有关疾病的躯体征兆。期间还有两个监督人员在场，以证实病人并没有由于疏忽而向研究者暴露了自己身体情况。实验时排除了无意中暴露了自己身体状况的病人。最终的研究结果表明，他们对甲亢诊断的正确率是100%；对胃溃疡和风湿性关节炎的诊断正确率是83%；对冠心病诊断的正确率是71%；对哮喘、肥胖症、高血压及溃疡性结肠炎诊断正确率是60%~67%。不作任何身体检查，只通过15至20分钟谈话，能作出这样的诊断，可以认为是比较精确的。有趣的是，在一个病例中，林医生作出的诊断完全不同于病人会谈前的诊断，但最终详细的复查证明林医生的诊断是正确的。

库里和基塞（Cooley & Keesy）的调查表明，对于内向型性格的人来说，生活事件与躯体疾病之间的相关系数为0.64；而对外向型性格的人，其相关系数仅为0.33，两者之间差异极为显著。通过多变量方差分析发现，内向思维型的人其相关系数为0.71，内向感觉型的人为0.68，显示性格类型的确与躯体疾病之间存在某种关系。1976年美国霍普金斯医学院的专家们以182名志愿者（学生）作为研究对象，将其性格分为甲、乙、丙三类，目的是探讨人格特征与发病率之间的关系。通过长达16年的追踪研究发现，在新环境中，谨小慎微的甲型性格人的患病率为25%；以冷静、主动、敏锐、聪明、愉快以及能说会道为特点的乙型性格人的患病率为26.7%；而那些性格怪僻，表面上小心翼翼，但时有冲动、多愁善感、才华横溢、奋斗目标不定的甲型性格人，其患病率高达

77%，而且以癌症居多。

Sifneos 认为，心身疾病的病人具有一些共同的人格特征。多数心身疾病的患者都具有"述情障碍"倾向，其人格的共同特点是不能把自己的情感语言化、客观化，或在与他人的交往中不能表达出自己的情感。而日本的池见则认为，心身疾病的患者除具有"述情障碍"的倾向外，还具有体感丧失症的倾向。即这种人缺乏对身体的关注，不考虑身体条件勉强去从事自己难以胜任的活动。他们做事认真顽强，工作勤勤恳恳、有求必应，有自我牺牲的精神，对社会呈现出过度顺应的状态。

（二）人格障碍

人格障碍（personality disorder）又称病态人格、变态人格或人格异常，是指从儿童或者少年时期发展起来的没有认知和智能障碍的前提下出现的人格明显偏离正常。主要表现在情绪动机和意志行为方面显著异常，使其形成了特有的行为模式，从而严重地影响着人际关系和社会功能，不能适应正常的生活环境。

第二节　大学生人格发展的特点及其影响因素

一、大学生人格发展的特点

大学阶段是个体人格形成、发展的关键时期。人格是社会文化的产物，不同的社会文化成就不同的人格。相关研究表明，我国当代大学生在人格发展方面具有以下特征。

（一）具有崇高的理想和信念

大学阶段是大学生人生观、世界观形成时期。大学生追求人生价值的自我完善，既重视物质利益，又崇尚精神文明；既强调个人的发展，又关心国家的命运，能将个人前途与国家的未来相联系，热爱祖国，具有为中华民族的伟大复兴而努力奋斗的责任感和使命感。

（二）能够正确的认识自我

大学生已具有良好的自我意识，能够客观、全面、辩证地看待自我、分析自我，接受一切属于自我的东西，从而形成对自己积极的看法；能够理解理想与现实的差别，有明确的奋斗目标和愿望，并为之而努力。自我同一性确立。

（三）认知能力逐步完善

大学生通过各阶段的学习和成长，已具备良好的观察力、记忆力、思维力、想象力等，他们头脑清晰，思维灵活敏捷，并能使各种认知能力有机结合发挥其最佳效能。

（四）对社会环境有较强的适应能力

社会适应能力是个体通过适应性的改变，与社会达到和谐状态的一种能力。大学生对外部世界有着浓厚的兴趣，并具有从事多样化的社会活动的能力和愿望，他（她）们能够积极主动地参与到各种形式的社会实践活动中去，在社会化过程中不断地自我成长，融入社会、接纳社会。

(五)富有进取心

大学生具有较强的进取心和责任感,他们努力学习,不甘落后,具有竞争意识,具有开放性的思想观念,勇于创新,自我独立性较强。

(六)情感丰富多彩

大学生在情绪情感上稳定性与波动性、外显性与内隐性、冲动性与理智性并存,情感内容丰富多彩,积极的情绪、情感体验在学习、生活中占主导。

二、影响大学生人格形成的因素

人格形成受多种因素影响,主要包括生物学因素、社会文化因素、家庭环境因素、儿童早期经验以及学校教育等因素。

(一)生物学因素

生物学因素是人格形成和发展的自然基础,为人格的成形和发展提供了可能性,其中遗传是主要的生物学因素。临床研究表明,在精神疾病中,精神分裂症、躁狂抑郁症等疾病具有显著的遗传性。

弗洛德鲁斯等人(Floderus et al., 1980)对瑞典的 12 000 名双生子进行了人格问卷测验,结果表明同卵双生子在外向和神经质上的相似性要明显高于异卵双生子,在这两项人格特征上具有较强的遗传性。

20 世纪 80 年代,美国明尼苏达大学对成年双生子人格的形成进行了比较研究(1984,1988),有些双生子是一起长大的,有些是分开抚养的,平均分开时间是 30 年。结果发现:无论是在相同的抚养环境下,还是在分开抚养的环境下,同卵双生子人格相似性显著高于异卵双生子。

因此,心理学家认为:①遗传是人格形成不可缺少的因素;②遗传因素对人格的作用程度随人格特质的不同而异。通常智力、气质这些与生物因素相关较大的特质受遗传因素影响较大;而价值观、信念、性格等与社会因素关系密切的特质受后天环境的影响更大一些,遗传对人格的作用在生命历程的早期,比环境因素大。③人格的形成是遗传和环境两种因素交互作用的结果,遗传因素影响人格的发展方向以及形成的难易。

专栏 3-7　基因、环境和反社会人格障碍

Cadoret 研究小组于 1995 年报告了对人格障碍与遗传、环境之间关系的研究。研究者募集了 95 个男性被试,102 个女性被试,这些被试都是在出生几天后被领养的。领养机构提供了他们生父母的资料,这样研究者就可以确定哪些父母本身就患有反社会型人格障碍。这些数据为评估基因对于这种障碍的影响提供了可能性。研究者们同时通过访谈从寄养的家庭中采集信息,以此来确定被试成长的养父母家庭环境是否不利,譬如其养父母是否存在婚姻、法律、吸毒、酗酒等一系列问题,通过这些数据可以评估反社会人格障碍形成的环境影响。

研究结果验证了两类影响是有意义的:一般来讲,生父母被诊断为反社会型人格障碍的个体或者处于不利生长环境的个体更容易患上反社会型人格障碍。

（二）社会文化因素

人既是一个生物个体，又是一个社会个体。人在胚胎时期，环境因素的影响就已经开始，而且这种影响会在人的一生中持续下去。社会文化因素是影响个体人格形成的最大、最广泛的环境因素。

每个人都生活在特定的社会文化环境之中，社会的文化背景、社会制度、经济地位等都会对人格的形成和发展产生深刻的影响。社会文化塑造了社会成员共同或相似的人格特征，这些特征具有维系社会稳定的功能，同时又使每个人能够稳固地融入整个文化形态之中。

社会文化对人格形成的影响力体现在对人格的塑造功能上，这表现在不同文化的民族具有其固有的民族性格。例如米德等人（Mead et al.）考查了新几内亚的三个民族的人格特征，结果发现来自同一祖先的不同民族，由于居住地不同，生活方式各不相同，其人格有很大的差异。居住在山丘地带的阿拉比修族，崇尚男女平等的生活原则，成员之间相互友爱、团结协作，没有恃强凌弱，一派亲和景象；居住在合川地带的孟都古姆族，生活以狩猎为主，男女之间有权利、地位之争，对孩子处罚严厉。这个民族的成员表现出攻击性强、冷酷无情、嫉妒心强、妄自尊大、争强好胜等人格特征。居住在湖泊地带的张布里族，男女角色差异明显，女性是社会的主体，男性处于从属地位，这种社会分工使女人表现出刚毅、支配、自主、快活的性格特征，而男性则有明显的自卑感。

社会文化环境塑造了社会成员的人格特征。但是，当个人极端偏离其社会文化所要求的基本特征，不能融入社会文化环境之中，就会被视为行为偏差或心理疾病。

专栏 3-8　父母对子女的控制，是关怀还是嫌弃？

有一个关于父母与孩子的"接受－厌弃理论"，它的一个主要观点是从儿童自身感受的角度来分析父母的作用。方法是考察孩子如何感受父母对他们的控制。结果显示，父母都爱自己的孩子，但是孩子却不一定接受他们的爱的方式。同样是一种爱的方式，东西方的孩子在感受时，却大相径庭，这种现象说明不同文化背景是主要影响因素。

美国（Pettengill & Rohner, 1985）和德国（Trommsdorf, 1985）的研究表明，少年儿童把父母的控制看成是嫌弃。他们认为：父母之所以用限制性的管教方式，是由于讨厌和嫌弃他们。孩子之所以产生这种感受是由于在他们的西方文化背景中，规范性的教育方式是宽容的、非限制性的教养。这样，儿童就会把父母限制性的管教视为缺乏爱心的表现。而来自韩国（Rohner & Pettengill, 1985）和日本（Trommsdorf, 1985）的研究结果显示，父母同样的限制性管教却使孩子感受到的是接纳和温暖。因为在东亚社会的文化背景下，孩子们认为父母的严厉是关怀的标志。当缺少父母的控制或具有很大范围的自主性时，他们感受到的是父母的嫌弃。此外，研究还发现，韩国裔的美国青少年的感受与美国青少年一致，而不是与韩国青少年一样。

这个研究说明，社会文化因素影响着人们的观念，影响着人们的行为，最终影响了人们的人格特征。

（三）家庭环境因素

家庭是个体最早接触的环境，因此常被视为"人类性格的加工厂"，它塑造了人们不同的人格特征。家庭虽然是一个微观的社会单元，但对个体人格的培养起到了至关重要的作用。家庭是社会的细胞，家庭不仅具有其自然的遗传因素，也有着社会的"遗传"因素，这种遗传因素主要表现为家庭对子女的教育作用，即父母会按照自己的意愿和方式教育孩子，使他们逐渐形成某些人格特征。

家庭教养方式的影响力在儿童人格形成过程中的影响是巨大的。家庭教养方式一般可以分成三类，这三类方式造就了具有不同人格特征的孩子：第一类是权威型教养方式，这类父母在对子女的教育中表现为过于支配，孩子的一切由父母来控制。成长在这种教育环境下的孩子容易形成消极、被动、依赖、服从、懦弱、做事缺乏主动性，甚至会形成不诚实的人格特征。第二类是放纵型教养方式，这类父母对孩子过于溺爱，让孩子随心所欲，父母对孩子的教育甚至达到失控状态。这种家庭里的孩子多表现为任性、幼稚、自私、野蛮、无礼、独立性差、唯我独尊、蛮横胡闹等。第三类是民主型教养方式，父母与孩子在家庭中处于一个平等和谐的氛围中，父母尊重孩子，给孩子一定的自主权，并给予孩子积极正确的指导。父母的这种教育方式使孩子形成了一些积极的人格品质，如活泼、快乐、直爽、自立、彬彬有礼、善于交往、富于合作、思想活跃等。

西蒙斯（Symonds）研究认为：儿童人格的发展和他（她）与父母之间的关系息息相关，孩子的人格是在与父母相互作用中逐渐形成的，例如富于感情的父母会示范并鼓励孩子采取更富情感性的反应，因此有利于孩子的利他行为的形成而不是攻击行为。研究发现，儿童在批评中长大，就学会了责难；在敌意中长大，就学会了争斗；在虐待中长大，就学会了伤害；在支配中长大，就学会了依赖；在干涉中长大，就学会了被动与胆怯；在娇宠中长大，就学会了任性；在否定中长大，就学会了拒绝。相反，儿童在鼓励中长大，就增长了自信；在公平中长大，就学会了正义；在宽容中长大，就学会了耐心；在赞赏中长大，就学会了欣赏。

普朗明在《天性与教养》中对人格的天性与教养进行了研究，提出了共享环境（shared environment）和非共享环境（unshared environment）在儿童人格形成中的影响。共享环境即子女们在同一家庭成长中所享有的共同环境，非共享环境是指在同一家庭成长却不被子女们共同享受的环境，如性别差异、排行顺序或特定社会事件而被父母区别对待等。研究结果表明，重要的不是家庭单位，而是每个孩子在家庭中的独特经验，即孩子在家庭中的非共享环境对其人格发展具有重要影响。

由此可见，家庭对儿童人格的形成具有强大的塑造力。其中，父母教养方式的恰当性会直接影响孩子人格特征的形成。父母在养育孩子的过程中，表现出自己的人格，并有意无意地影响和塑造着孩子的人格，形成家庭中的"社会遗传性"。

专栏3-9 XYZ——三种家庭教养模式

土耳其心理学家卡其策巴希（C. Kagitcibasi）1990年依据家庭中两代人之间的"独立－依赖"关系，归纳出了三种典型的家庭模式。

1. X型 家庭中父母与子女在物质与情感上的关系都是相互依赖的，亲子关系的取向是顺从，属于集体主义模式。如韩国和日本的母亲总是热心于保持与孩子的交互作用，母亲千方百计地要把自己与孩子"焊接"起来，她们认为母子的亲密关系是儿童健康发展的重要条件。在家庭教养中，母亲总是力图创造一种"关系上的协调"，但是她们却难于培养孩子的心理独立性。

2．Z型　家庭中两代人之间在物质和情感上都是相互独立的,亲子关系的取向是独立,属于个人主义模式。如美国和加拿大的母亲认为母子间的分离与个体化是孩子人格健康发展的条件。所以,母亲尽力把自己与孩子分离开,以培养孩子的独立自主性,母亲在家庭关系中创设的是一种"个体上的协调"。但是,这也会带给双方情感上的孤独与失落。

3．Y型　将上述两种模式辩证地综合在一起,强调在物质上的独立,在情感上的相互依赖。中国与土耳其的家庭近似这种模式。如土耳其的青年既忠于家庭,又注重本人才能的自我实现。在具有集体主义文化基础的发展中国家,大规模的城市化和现代化背景下,家庭人际关系有可能向Y型转化。

（四）儿童早期经验

人生早期所发生的事情对人格的影响,历来为人格心理学家所重视。麦肯依(Mackinnon,1950)有关早期童年经验对人格影响的研究发现:"早期的亲子关系定出了行为模式,塑成一切日后的行为。"斯皮茨(Spitz)在对孤儿院里的儿童所进行的研究中发现,早期被剥夺母亲照顾的孩子,长大以后在各方面的发展均受到影响。许多孩子患了"失怙性忧郁症",其症状表现为哭泣、僵直、退缩、表情木然,并且有人提出弃子行为会使儿童产生心理疾病,孩子会形成攻击、反叛的人格。

艾斯沃斯(M.Ainsworth)通过陌生情境进行婴儿依恋的研究,她将婴儿依恋模式分为安全依恋、回避依恋和矛盾依恋三类,并对婴儿时期的依恋对其人格的发展影响进行了长达数十年的追踪研究。结果表明,早期安全依恋的婴儿在长大后有更强的自信与自尊,确定的目标更高,表现出对目标更大的坚持性、更小的依赖性,并容易建立亲密的友谊。

需要强调的是,人格发展尽管受到童年经验的影响,幸福的童年有利于儿童发展健康的人格,不幸的童年也会使儿童形成不良的人格,但两者不存在一一对应的关系,比如溺爱也可能使孩子形成不良的人格特点,逆境也可能磨炼出孩子坚强的性格。另外,早期经验不能单独对人格起作用,它与其他因素共同决定着人格的形成与发展。早期儿童经验是否对人格造成永久性影响因人而异,对于正常人来说,这种影响会随着年龄的增长、心理的成熟化而逐渐缩小、减弱。

（五）学校教育因素

学校是学生社会化的主要场所,对学生人格形成与发展具有重要影响。

学校是一种有目的、有计划、有组织地对学生施加影响的教育场所。教师、班集体、同学与同伴等都是学校教育的基本构成因素,各个因素及各因素之间的 相互关系对学生人格的形成和发展发挥着各自的作用,产生着不同的影响。

首先,教师对学生人格的发展起着指导定向的作用。教师的人格特征、行为方式与思维模式会对学生产生巨大的影响。每个教师都有自己独特的教学风格和人格魅力,会形成独特的教学氛围,在不同教师的课堂上学生有不同的行为表现。洛奇(Lodge)在一项教育研究中发现,管理班集体的教师性情冷酷、刻板、专横,学生的欺骗行为增多;管理班集体的教师友好、民主,学生欺骗行为减少。心理学家勒温(Lewen)等人也研究了不同管理风格的教师对学生人格的影响作用。他们发现在专制型、放任型和民主型的管理风格下,学生表现出不同的人格特点。

其次，教师的公平公正性对学生有着至关重要的影响。一项有关教师公正性对中学生学业与品德发展的研究结果表明：学生极为看重教师对他们是否公正、公平，教师的不公正表现会导致中学生的学业成绩和道德品质的降低。著名的"皮格马利效应"就说明了受到老师关注和期望的学生，会朝着老师期望的方向发展。

另外，学校是同龄群体聚集的场所，同伴群体对学生人格具有巨大的影响。班集体是学校的基本组织结构，班集体的班风、学风、班级的舆论和评价对于学生人格的发展具有"弃恶扬善"的作用。在儿童阶段，师生关系、亲子关系占有绝对的主导地位，对儿童人格的发展产生巨大的影响。青少年阶段，同伴群体形成的亚文化影响力甚至会超过了师生关系和亲子关系。老师与家长的某些教育效果，会在同伴群体的亚社会环境中弱化或失去作用。因为对青少年来说，师生关系和亲子关系是一种权威性的关系，具有不可选择的强制性；而同伴关系是一种平等关系，完全是一种可选择的自由性的关系，更能满足精力旺盛的青年自由尝试新角色、新想法、新行为的强烈欲望。但是随着社会的开放、观念和价值取向的多元化，同伴群体存在着许多不适当，甚至是不健康的因素，这必然对学生人格的形成和发展产生不利影响，对此学校和家长应加以注意和防范。

第三节　大学生常见的人格缺陷及其调适

一、大学生常见的人格缺陷及其表现

人格发展缺陷是指介于健康人格与病态人格（即人格障碍）之间的一种异常人格状态。大学生的人格发展缺陷常常是人格发展不良或人格偏离，人格障碍或异常人格比例较少。

大学生中人格发展缺陷常见的表现有自卑、懒惰、害羞、狭隘、虚荣、拖延、自我中心以及环境适应不良等。

（一）自卑

自卑是自我评价过低的心理体验，在心理学上又称为自我否定意识。主要表现为对自己的能力、学识、品质等自身因素评价过低而产生轻视自己的心理现象。自卑常常表现为心理承受能力脆弱、经不起较强的刺激、谨小慎微、多愁善感、常产生猜疑心理、行为畏缩、瞻前顾后等现象。瑞士心理学家阿德勒认为，每个人都有自卑情结，严重的自卑心理会给生活带来很多危害。我国有相当一部分大学生存在自卑心理。进入大学后，有些大学生发现"强中自有强中手"，尤其是当学习、社交、文体等方面显露出某些不足时就会陷入怀疑自己、否定自己之中，产生自卑心理。造成大学生自卑心理的原因很复杂，既有个人生理与心理方面的原因，也有家庭、学校和社会因素的影响。有些大学生因为五官、容貌、身材、体质等方面有某种缺陷或觉得不满意，而引起"自惭形秽"的心理；有些大学生会因为家庭经济贫困、囊中羞涩而行为畏缩，不愿参加任何集体活动；有些大学生因为得不到同学和老师的肯定而产生猜疑心理；有些大学生因为求职屡屡失败而心理承受能力弱；有些大学生因为学业上的失败而怀疑自己的能力甚至轻视自己，这都是导致自卑感形成的根本原因。失败和自卑往往互为因果，失败引起自卑，自卑又会导致失败，常常造成恶性循环。

（二）懒惰

懒惰是一种闲散、慵懒、拖拖拉拉、松松垮垮的精神状态，是很多大学生为之感到苦恼而又难以克服的一种人格发展缺陷，是意志活动无力的表现。懒惰常常表现为：缺乏大学生应有的积极进取精神和青春活力；什么都不想做，什么也做不了，眼高手低；对什么事都不感兴趣、打不起精神，整天心情不好、犹豫不决、顾此失彼、得过且过。处于懒惰状态的大学生常为此感到不安、内疚、自责、后悔，但又觉得无力自拔，心有余而力不足。造成懒惰现象的主要原因是因为他们有依赖性、想得多而做得少，或无所事事，缺少上进心、缺乏毅力所致。他们永远是理想的巨人、行动的矮子。懒惰是心理上的一种空洞，一种没有危机感的心理状态，青年大学生处于这种状态是非常可怕的。长此以往，习惯成自然，消磨意志，侵蚀健康。

（三）害羞

害羞这一心理缺陷在大学生中并不少见，尤其是在女大学生身上更是常见。很多大学生害怕与陌生人打交道，在大庭广众之下发表自己意见时会手足无措，见到老师难为情，不敢向老师请教，见到异性更是紧张得语无伦次。害羞是一个人自我防御心理过强的结果，表现为过于胆小被动，过于谨小慎微，过于关注自身，自信心不足。大学生特别注意自己在别人心目中的形象，总觉得自己时时处在众目睽睽之下，于是敏感拘束，说话做事总是三思而后行，权衡利弊，因此搞得神经紧张、坐立不安。一般来说，害羞现象人人都有，即使是经验丰富的人也会有这种心理。但如果过分地羞怯，尤其害羞成了一种习惯则是有害的，不但导致压抑等消极心态的出现，也会影响正常的工作、生活和人际关系。因此可通过有意识地调节来改变。

（四）狭隘

受功利主义影响，大学生中的狭隘现象有增无减。表现为凡事斤斤计较、耿耿于怀、好嫉妒、好挑剔、容不得人、心胸狭隘等。如云南大学生物系学生马加爵仅仅因为同学怀疑他打牌作弊而将三名同窗好友杀死在宿舍，就是这种人格缺陷的典型表现。心胸狭隘往往影响人际关系，伤害他人感情，也常给自己带来烦闷、苦恼，影响自己的情绪和在他人心目中的形象，于人于己有百害而无一利。狭隘人格多见于性格内向者，尤其是女性。狭隘不是与生俱来的，而是后天习得的，可以通过自我调节而改变。

（五）虚荣

虚荣是指过分地看重荣誉、他人的赞美，自以为是。可以说虚荣心普遍存在于每一位大学生身上，尤其是女生身上。这是正常的，但一旦过分则会有害无益。虚荣心往往与自尊心、自卑感联系在一起，没有自尊心就没有虚荣心，而没有自卑感也就不必用虚荣心来表现自尊心，虚荣心是自尊心和自卑感的混合物。虚荣心强的大学生一般性格内向、情感脆弱、多愁善感，虽然自惭形秽却又害怕别人伤害自己的尊严，过分介意别人的评论与批评。与人交往时总有一种防御心理，不允许些许侵犯，常常会千方百计地抬高自己在别人心目中的形象。但他们捍卫的往往是虚假的、脆弱的、不健康的自我，以致无暇丰富、壮大真实的自我。

（六）拖拉

拖拉是指可以或应该完成的事而不及时完成，今天推明天，明天推后天。正所谓：春天不是读书天，夏日炎炎正好眠，秋多蚊虫冬又冷，一心收拾待明年。拖拉是不少大学生的通病。导致拖拉的原因，一是试图逃避困难，二是目标不明确，三是惰性作怪。拖拉一方面耽误学习、工作，另一方面并没有使人因此而轻松些，相反往往会导致心理压力，引起焦虑，总觉得有事情没完成，干别的事也难以安心，还会贻误时机。当拖拉形成习惯就会形成拖延症。

(七)自我中心

自我中心是指考虑问题、处理事情都以自我为中心,将自我作为思考问题的出发点与归宿。表现为一切以自己为出发点,目中无人,甚至自私自利,遇到冲突时,认为对的是自己而错的是他人。随着自我意识的发展,大学生越来越感到自己内心世界的千变万化、独一无二,他们越来越多地把关注的中心投向自我,尤其是那些有较强自信心、自尊心、优越感、独立感的学生比较容易出现自我中心倾向。当这种倾向与一些不健康的思想意识(如个人主义、自私自利思想)和心理特征(如过强的自尊心、唯我独尊等)结合时,就会表现出过分的、扭曲的自我中心。过多自我中心的人往往以自我为核心,想问题做事情从我出发,不能设身处地进行客观思考,颐指气使,盛气凌人,不允许别人批评。这种人往往见好就上,见困难就让,有错误就推,总认为自己是对的,别人是错的,因而他们常不能赢得他人的好感和信任,人际关系多不和谐。日常生活中,自我中心者面对的最大压力主要是人际关系不良,表现为自我保护能力较强,不擅与人沟通,但却偏偏非常在意他人对自己的看法。

(八)环境适应不良

环境适应不良主要是指大学生对自己面对的新的大学学习、人际关系、异性交往等方面表现出的不适应。表现为强烈的失落感、孤独感、无助感,不能适应环境的改变而出现焦虑、不安、失眠、抑郁、烦躁等现象。

专栏 3-10 致命的悲观

路易斯是某运输公司的调车员,他工作认真,做事勤快。致命的缺点就是悲观,常以消极的眼光看待遭遇的一切。有一天,路易斯不小心把自己关在了一辆冰柜车里。他在冰柜里拼命地敲打着、叫喊着,可全公司的职员早已下班给同事过生日去了,根本没有人在。

路易斯的手掌敲得红肿,喉咙叫得沙哑,也无人理睬,最后只得绝望地坐在地上喘息。他愈想愈害怕,心想冰柜里的温度在零下20℃以下,多待几刻钟就会被冻死,现在公司没人,这下肯定必死无疑了,于是他只好用发抖的手,找来纸笔,写下遗书。

第二天早上,公司里的职员陆续来上班,当他们打开冰柜时,发现路易斯倒在里面。他们将路易斯送去急救,但他已没有生还的可能。大家都很惊讶,因为冰柜里的冷冻开关并没有启动,这巨大的冰柜里也有足够的氧气,而路易斯竟然给"冻"死了。

二、大学生常见人格缺陷的调适

(一)正确认识自我,悦纳自我

对于大学生来说,正确地认识和评价自己,悦纳自己是人格成熟的表现。在学习、生活中要认识到每个人的成长都是从不完美到完美,由不成熟到成熟,任何人都不可能是完美无缺的。我们在接受自己优点的同时,也要同样接纳自己的缺点,用正确的态度看待自我,客观地分析自己,肯定自己的长处,建立自尊、自信,促进自我的完善和发展;而一个不能悦纳自己、对自己各方面不满意的人,会拒绝接纳自己,进而产生自责,这种消极的心态对心理健康是极为不利的。

（二）增强应对挫折的能力

每个人在成长的过程中，都会经历到各种各样的挫折。挫折是普遍存在的，关键在于我们如何去认识和对待它。挫折会给人打击，带来伤痛和失落，但也能磨炼人的意志，激发斗志，使人奋发向上。大学生在学习、生活中遇到各种压力、困难和挫折是在所难免的，要能够正确对待得失，不患得患失，勇于面对现实，敢于接受挫折的挑战，调整心态，增强心理调适能力，学会用坚强的意志来支配和调节行为，不断提升应对挫折的能力。提升应对挫折的方法包括自我鼓励，情绪转移、宣泄，替代补偿等方法。

（三）增强自信心

自信是对自己正确评价后所产生的一种坚定的自我信任感，是相信自己有能力实现目标的心理倾向，是推动人行动的强大动力。自信是大学生重要的心理品质之一，它可以帮助大学生发现自己的长处，激发潜能，产生积极进取的成就动机，特别是在挫折面前，自信可以激励人产生战胜困难，勇往直前的勇气和决心。自信心是一个人走向成功，实现人生价值必不可少的个性品质。提升自信心的方法：关注自己的优点和成就，多与自信的人在一起，多进行积极的自我心理暗示，树立自信的外部形象，体验成功。

（四）增强人际交往和沟通能力

人际交往是人与人之间相互联系、相互沟通、相互作用的一种特有的行为方式。人们在生活、工作、学习中时刻在与他人进行沟通、交流，形成彼此心理与情感上的联结。美国著名的心理学家戴尔·卡耐基（Dale Carnegie）曾经说过：一个人的成功，只有15%是由于他的专业技术，而85%则要靠人际关系和他的做人处事的能力。对于大学生来讲，建立融洽、和谐的人际关系也是大学生面临的人生课题。良好的人际关系是建立在良好的人际交往和沟通能力基础上的，因此大学生掌握一定的交往技巧，不断提高人际交往和沟通能力，真诚、友善、宽容地与人交往，才能有效地克服孤僻、羞怯、妒忌、猜疑、自卑等社交心理障碍，促进大学生人格的健康发展。

（五）增强情绪调控能力

大学生正处于青年初期，具有青年人共有的情绪情感特征，他们情感丰富，情绪体验强烈，情绪具有明显的两极性和不稳定性。这些情绪上的特点决定了大学生在生活、学习过程中容易产生各种情绪困扰。据全国大学生心理健康状况调查（2006）显示，焦虑、抑郁已成为大学生群体常见的情绪障碍。因此，增强大学生对情绪的调控能力对增进大学生心理健康具有重要意义。大学生情绪调节的有效方法：增加积极情绪体验，保持乐观向上的生活态度，保持愉快、乐观、开朗的情绪状态，合理宣泄不良情绪等。

三、大学生健康人格的塑造

（一）健全人格的模式

什么样的人格才是健康人格？目前在心理学界并没有一个统一的标准。20世纪50年代以来，对健康人格、健康心理方面的研究越来越多地得到关注。一些心理学家根据他们的临床经验，运用心理测验、会晤等方法，对被认为具有高健康水平的人进行了研究，提出许多健全人格模式。其中具有代表性的有以下三种：

1. 奥尔波特（Gordon W.Allport）"成熟、健全人"模式　美国著名人格心理学家奥尔波特在哈佛大学长期研究高心理健康水平的人，并把他们称作"成熟者"。从他们身上归纳出六

个特征:

(1)自我广延的能力:健康成人参加活动的范围极广,他们有许多朋友,许多爱好,并且在政治、社会活动方面也颇为积极。

(2)与他人热情交往的能力:健康成人与别人的关系是亲密的,但没有占有感或嫉妒心,且富于同情心。他们能容忍自己与别人在价值与信念上的不一致。

(3)情绪上有安全感和自我认可:健康成人能忍受生活中不可避免的冲突和挫折,经得起一切不幸遭遇。他们对自己也具有积极的意向。

(4)表现具有现实性知觉:健康成人看待事物是根据事物的实在情况,而不是根据自己希望的那样来看待事物。

(5)具有自我客体化的表现:健康成人对自己的所有和所缺都十分清楚。他们理解真正的自我与理想的自我之间的差别。他们也知道自己看待自己与别人看待自己之间的差别。

(6)有一致的人生哲学:健康成人需要有一种一致的定向,为一定的目的而生活,有一种主要的愿望。意识形态、哲学、生活的预感或前景都能对人的一切行动产生创造性的推动力。

2. 罗杰斯(C.N.Rogers)"机能健全人"模式 美国人本主义心理学家罗杰斯认为具有健康人格的人所表现的是真实的自我,他们认为幸福并不在于全都满足,而在于积极参与和持续的奋斗。"机能健全人"的人具备下列特征:

(1)能接受一切经验:机能健全的人对任何经验都是开放的,与心理疾病患者不同,他们认为一切经验都不可怕。他们不拒绝失败的经验,一切经验将正确地被符号化,从而达到意识,因而他们的人格更广泛、更充实、更灵活。

(2)自我与经验和谐一致:机能健全的人的自我结构能与经验相协调、并且能够不断地变化,以便同化新经验。机体在评定事物价值时,总是以自己的机体经验为依据,不大容易受外界力所左右。

(3)个性因素都发挥作用:机能健全的人较多地依赖对情景的感受,不怎么依赖智力因素。他们常常根据直觉来行动,使行动带有自发性。他们的行为既受理性因素引导,也受无意识的情绪因素制约,所有的人格因素都在一起起作用。

(4)有自由感:机能健全的人能够接受一切经验,他们的生活充实而信任自己,因而有很大的行动自由。他们相信自己能够掌握自己的命运,在自己的生活中有很大选择余地,感觉自己所希望的一切都有能力达到。

(5)具有高创造性:机能健全的人在他们所做的一切事情中都体现出创造性,他们的自我实现伴随着独创性和发明性。自我实现强调个体创造性的活动。

(6)与他人和睦相处:机能健全的人乐意给人以无条件的关怀,他们的生活与其他人高度协调,同情他人,受到他人的欢迎。

3. 马斯洛(A.H.Maslow)"自我实现人"模式 美国心理学家马斯洛认为,具有最健康的人格的人是自我实现的人。所谓"自我实现"就是个人的潜能得以实现,所有的能力得到运用。马斯洛从"自我实现者"身上归纳出15种特点:良好的现实知觉;对人、对己、对大自然表现出最大的认可;自发、单纯和自然;以问题为中心,不是以自我为中心;有独处和自立的需要;不受环境和文化的支配;对生活经验有永不衰退的欣赏力;神秘或高峰体验;关心社会;深刻的人际关系;深厚的民主性格;明确的伦理道德标准;富有哲理的幽默感;富有创造性;不受现存文化规范的束缚。

(二)培养大学生健康人格的方法和途径

健全的人格是大学生心理健康的基础,大学阶段正是个体人格形成的关键期,在此阶段塑造出适应时代、适应社会的人格素质是非常重要的。

健康人格的塑造需要社会、学校、家庭和大学生自身的共同努力。

1. 社会方面　大学生是国家的未来和希望,肩负着中华民族伟大复兴的历史重任。大学生的心理健康问题受到全社会的广泛关注和重视。一方面,社会正确的舆论导向对大学生形成正确的世界观、人生观、价值观起着极其重要的作用,是保证大学生形成良好人格的前提条件。另一方面,创建良好、和谐的社会环境和心理环境,促进大学生健全人格的形成和发展。环境是大学生人格成长的外部因素,优化社会环境,打造有利于社会进步、发展,有利于大学生成长、成才的主旋律,培养大学生的社会责任感和历史使命感,借助社会的强大力量帮助大学生树立心理健康意识,增强心理调适能力和社会生活的适应能力。

2. 学校方面

(1)营造和谐向上、积极健康的校园文化环境,促进大学生健康人格的发展:和谐的校园人文环境有利于陶冶学生的情操、培养学生良好的心理状态,有利于内化、美化学生的心灵,有利于培养学生完善的人格。因此,校园的全面布局、各种文体娱乐设施都应从美学角度去规划、实施,具有美的风格特点,师生员工的形象和言行举止都应具有美的品位,使人生活在其中,有美的感受、美的体验,产生对美的向往和追求。校园文化通过一定的物质环境和精神氛围,使大学生在思想观念、心理素质、行为方式、价值趋向等诸方面,对积极健康的文化产生认同,从而实现大学生人格的塑造。

(2)加强大学生心理素质教育,预防人格障碍的形成:针对目前高等院校学生人格障碍的低龄化和高发率倾向,学校可通过开设心理健康教育课程,加强大学生的心理健康教育,预防人格障碍的发生。通过大学生心理健康教育课程的开设,使学生系统地学习和了解心理健康教育的理论,使学生学会自我认识、自我调节、自我控制,进而达到自我完善的目的。

(3)充分发挥学校心理咨询机构的作用,提高学生对健全人格重要性的认识:针对大学生存在的心理问题,各高校设立了心理咨询机构,配备相应的专、兼职心理咨询人员进行咨询。针对不同的个案、有的放矢地采取措施,做到及早发现及早诊断,进行有效的控制和矫治。

3. 家庭方面　研究表明,在造成大学生人格缺陷的各因素中,最直接、最基本的就是家庭因素。这就要求父母在家庭教育中,注意以下几个方面:

(1)采取民主性的家庭教养方式:父母对孩子不同的教养方式,形成孩子不同的性格。其中民主型的教养方式最有利于孩子健康人格的形成。当父母对子女采用积极、开放、民主的教养方式,营造民主、和谐的家庭氛围,尊重、信任孩子,鼓励和支持孩子,主动与孩子沟通,做孩子的朋友,就会使孩子形成独立、合作、乐观、开朗的性格。

(2)父母要尊重、关爱子女:孩子是独立的个体,有独立的人格和自尊心,在家庭中父母要用言行让孩子感受到父母的关爱和尊重。

(3)减少消极因素的影响:在一些特殊家庭中,如单亲家庭、重组家庭、父母不和睦家庭,父母应考虑到家庭不利因素和变故会对孩子人格形成和发展构成负面影响,尽量采取措施减少对孩子的不良影响。

4. 大学生自身方面

(1)树立积极向上的人生观:人生观是对人生的看法和态度。不断进取的人生观,会令生活充满意义感和价值感。一个人有了正确的人生观、价值观和世界观,就能对人生和社会抱有正确的看法,拥有积极的人生态度;当遇到困难或挫折时,能够高瞻远瞩,正确地分析事物,采取适当的态度和行为,稳妥地处理事情。一个人若能树立积极进取的人生观,就会以一种乐观的姿态来面对生活,这就为人格健全打下了良好的基础。否则,如果不思进取,就会陷入空虚无聊的生命浑噩之中,甚至产生人格障碍。

(2)发掘自身人格优势,优化人格结构:积极心理学家塞利格曼(Seligman)等人提出,每个人都有自己与众不同的人格优势,如果我们善于在日常生活中运用这些优势,将会最大限度地增进我们的幸福体验。所有优势中,宽容、感恩、爱与被爱、希望、乐观这些人格特质占据着重要地位。例如:希望、乐观被证明对于应对方式的选择具有重要影响;在面对压力事件时会倾向赋予事件积极意义,主动寻求社会支持,表现出更好的心理调节能力。因此,大学生应该发掘自身的人格优势,对自己的人格品质进行优化组合,形成积极的人格。

(3)建立和发展良好的人际关系:人类的交往是人的一种本能行为,任何人都需要与他人进行交往以获得心理上的满足。建立和发展良好的人际关系是大学生肯定自我价值的需要,是心理健康发展的必要前提。在交往过程中,大学生才能更好地认识自己和他人,通过他人的反应、态度和评价发现自己的长处与不足,找出自己与他人的差距,才能扬长避短,从而发展自我,完善自我。如果长期缺乏人际交往,过度自我封闭,就会产生心理问题,严重的会导致人格障碍,不利于大学生自身的成长和发展。

(4)乐观向上的生活态度:乐观在词典里的解释是精神愉快,对事物的发展充满信心,与悲观相对。大量研究表明乐观能帮助个体在压力下保持健康。与悲观者相比,乐观者对生活的满意度较高,形成抑郁的可能性较低。

塞利格曼(Seligman,1998)认为乐观是一种认知风格,乐观者认为消极事件是可以控制的,采取乐观的归因方式,将失败事件的发生归因为暂时的、局部的原因,这样乐观者不容易产生消极情感,对未来充满希望。而悲观者则在主观感知上降低了消极事件的可控性水平,即当消极事件实际上可控时,悲观者倾向于认为是不可控的。因此面对主观上认为不可控制的事件,悲观者易于采取悲观的归因方式,将事件的原因归为持久的、整体的原因。这样便容易产生消极情感,导致自我评价降低、对外界环境缺乏控制力,产生无价值感、无助感,甚至产生抑郁。例如考试失利时,乐观的人会说考试没考好是因为题难度过大,或者考试时有噪声,所以不能集中注意力,或者自己的一时粗心大意;而悲观的人会说自己的专业课没学好,自己比别人笨等。

(5)增进积极情绪体验:研究表明,增加积极的情绪体验有利于个体积极人格品质的形成和发展。具有积极情绪的个体,在遇到负性的生活事件时能够在主观上正确地认识、客观地评价、行为上积极地应对。这些良好的心态和积极的行为特征久而久之会逐渐稳定下来,构成个体积极而健康的人格特征。激发积极情绪的途径有:①记录愉快生活事件。愉快生活事件会引发满意、快乐和自豪等积极情绪体验;②多角度思考探寻事件的积极意义。积极的思维方式引发积极的认知结果,带来积极的情绪体验;③积极的内部自我对话提升自我效能感。积极的内部自我对话和积极暗示能唤醒潜意识,增强意识的动力作用,从而提升个人自尊、自信和自爱能力,继而经常体验到积极的情绪;④建立合理认知。合理的认知观念是保持良好情绪的有效方法;⑤动作改变。研究发现动作改变将会改变情绪状态,有利于更好地控制情绪。

(6)增强心理弹性:Richardson在研究个体的心理弹性品质时提出了心理弹性理论。美国心理学会将心理弹性定义为：个人面对生活逆境、创伤、悲剧或其他生活重大压力时的良好适应，它意味着面对生活压力和挫折的"反弹能力"。也称为复原力、抗逆力。该理论认为，在面对压力、困境、负性生活事件等外在影响时，原本处于心理平衡状态的个体为了继续维持平衡，就会调动自身的各种保护性因素来应对。当这些保护性因素无以应对时，原本的平衡就会发生瓦解，随后个体会有意识或无意识地开始重新进行整合，个体在困境中获得了应对能力的发展，增强了弹性。

大学生增强心理弹性，有利于应对生活中的挫折和压力，有利于健康人格的形成。

（7）增强意志力：意志在人格特征中占有非常重要的地位。坚强或软弱的人格特征主要是以意志的发展水平为标志。因此，培养坚强的意志是人格塑造的重要内容和途径。除此之外，意志的锻炼还将直接促进其他人格特征的培养，无论是人格的择优还是汰劣，都是一个艰苦、长期的过程，其间意志力的强弱对人格塑造起着促进或阻碍作用。

（8）协调人格结构：人格健全的大学生应该有统一的人生观和价值观。在心理结构的各个部分，如需要、动机、理想、兴趣、信念和世界观之间，在知、情、意之间，在个性倾向性、个性心理特征与心理过程之间，都应保持一种动态的平衡和协调。具体应该是：自信而不自负，自谦而不自卑，勇敢而不鲁莽，果断而不冒失，稳重而不犹豫，谨慎而不怯懦，豪放而不粗俗，好强而不逞强，活泼而不轻浮，机敏而不多疑，忠厚而不愚昧，干练而不世故等。

以上几条要完全做到并不容易，但是大学生可以以此为努力的方向和目标，坚持不懈。随着年龄的增长、知识的积累、经验的丰富、实践的参与，大学生的个性将逐步趋向完善。

（梁立夫）

【本章小结】

人格是大学生心理健康教育中的重要内容。它是构成一个人思想、情感及行为的特有模式，一个区别于他人的稳定而统一的心理品质。本章主要介绍了人格的结构、特征和类型，人格的测量以及人格与心身健康的关系；其次介绍了大学生人格发展的特点及影响因素；最后介绍了大学生常见的人格缺陷及其调适以及塑造大学生健康人格的方法和途径。

【拓展阅读】

额叶与人格——基于盖奇个案的脑损伤研究

1848年，一位名叫菲尼亚斯·盖奇的铁道工人在施工现场不幸遭遇意外，爆炸的巨大冲击力将一根长约3.5英尺（107cm左右）的钢筋从左侧插入他的面颊，穿过大脑额叶，从头顶穿出。令人难以置信的是，盖奇居然奇迹般地存活了下来，并且看上去并没有什么明显的后遗症，他能说能动，记忆也完好无损。可是，盖奇的外科医生却发现，虽然他大多数心理功能是正常的，但他的人格却出现了异常的变化。据这位医生的记录，盖奇的行为变得"不连贯，有时候一直不停地说脏话（他之前不是这样），对自己的行为很少掩饰，而且不顾及周围人的感受，对别人的建议缺乏耐心，有时候显得很固执，情绪也阴晴不定"。总之，大难不死的盖奇"智力和表现都像个孩子，然而情绪上却像一个强势的男人"。他的情感世界从此变得波澜不惊，似乎再没有什么可以让他快乐或难过。由于他总是犯错误，无法正确履行自己的职责，他的职业生涯至此也一塌糊涂。

　　在盖奇之后，还有不少类似的个案被报道。在这些记录中，只要事故涉及的部位是额叶，伤者很多功能往往依旧正常，但与伤前相比会显得不够兴奋和情绪表达不足。总体上说，人们遭受额叶损伤后（包括脑叶白质切除术这样的外科手术）都会表现出缺少理解他人情绪、控制自己冲动以及调节自己感受的能力。

　　功能性磁共振成像（functional magnetic resonance imaging, fMRI）研究证实，前额叶在情绪调节和社会交往中起到重要的作用。前额叶在与人的交往过程中会表现出高激活性，这种过程需要对他人的负性和正性情绪做出敏感反应，这或许可以解释这部分脑区的损坏会导致社会交往方面的严重问题，就像盖奇在事故之后的表现一样。

【心理测验】

A型性格问卷

　　请根据您的情况回答下列问题。凡是符合您的情况就在"是"字这一行的○里打个对号；凡是不符合您的情况就在"否"字这一行的○里打个对号。每个问题必须回答，答案无所谓对与不对、好与不好。请尽快回答，不要在每道题目上太多思索。回答时不要考虑"应该怎样"，只回答您平时"是怎样的"就行了。

	是	否		是	否
1. 我总是力图说服别人同意我的观点	○	○	15. 排队买东西，要是有人加塞，我就忍不住要指责他或站出来干涉	○	○
2. 即使没有什么要紧的事，我走路也快	○	○	16. 我觉得自己是一个无忧无虑、悠闲自在的人	○	○
3. 我经常感到应该做的事太多，有压力	○	○	17. 有时连我自己都觉得，我所操心的事远远超过我应该操心的范围	○	○
4. 我自己决定的事，别人很难让我改变主意	○	○	18. 无论做什么事，即使比别人差，我也无所谓	○	○
5. 有些人和事常常使我十分恼火	○	○	19. 做什么事我也不着急，着急也没有用，不着急也误不了事	○	○
6. 在急需买东西但又要排长队时，我宁愿不买	○	○	20. 我从来没想到过要按自己的想法办事	○	○
7. 有些工作我根本安排不过来，只能临时挤时间去做	○	○	21. 每天的事情都使我精神十分紧张	○	○
8. 上班或赴约会时，我从来不迟到	○	○	22. 就是逛公园、赏花、观鱼等，我也总是先看完，等着同来的人	○	○
9. 当我正在做事，谁要是打扰我，不管有意无意，我总是感到恼火	○	○	23. 我常常不能宽容别人的缺点和毛病	○	○
10. 我总看不惯那些慢条斯理、不紧不慢的人	○	○	24. 在我认识的人里，个个我都喜欢	○	○
11. 我常常忙得透不过气来，因为该做的事情太多了	○	○	25. 听到别人发表不正确的见解，我总想立即就去纠正他	○	○
12. 即使跟别人合作，我也总是想单独完成一些更重要的部分	○	○	26. 无论做什么，我都比别人快一些	○	○
13. 有时我真想骂人	○	○	27. 当别人对我无礼时，我对他也不客气	○	○
14. 我做事总是喜欢慢慢来，而且思前想后，拿不定主意	○	○	28. 我总觉得我有能力把一切事情办好	○	○

	是	否		是	否
29. 聊天时,我也总是急于说出自己的想法,甚至打断别人的话	○	○	45. 无论做什么事,即使看着别人做不好我也不想拿来替他做	○	○
30. 人们认为我是个安静、沉着有耐性的人	○	○	46. 我常常为工作没做完,一天又过去了而感到忧虑	○	○
31. 我觉得在我认识的人之中值得我信任和佩服的实在不多	○	○	47. 很多事情如果由我来负责,情况要比现在好得多	○	○
32. 对未来我有许多想法和打算,并总想都能尽快实现	○	○	48. 有时我会想到一些说不出口的坏念头	○	○
33. 有时我也会说人家的闲话	○	○	49. 即使领导我的人能力差、水平低、不怎么样,我也能服从和合作	○	○
34. 尽管时间很宽裕,我吃饭也快	○	○	50. 必须等待什么的时候,我总是心急如焚,缺乏耐心	○	○
35. 听人讲话或报告如讲得不好,我就非常着急,总想还不如我来讲	○	○	51. 我常常感到自己能力不够,所以在做事遇到不顺利时就放弃不干了	○	○
36. 即使有人欺侮了我,我也不在乎	○	○	52. 我每天都看电视,不然心里就不舒服	○	○
37. 我有时会把今天该做的事拖到明天去做	○	○	53. 别人托我办的事,只要答应了,我从不拖延	○	○
38. 人们认为我是一个干脆、利落、高效率的人	○	○	54. 人们都说我很有耐性,干什么事都不着急	○	○
39. 有人对我或我的工作吹毛求疵时,很容易挫伤我的积极性	○	○	55. 外出乘车、船或跟人约定时间办事时,我很少迟到,如对方耽误我就恼火	○	○
40. 我常常感到时间已经晚了,可一看表还早呢	○	○	56. 偶尔我也会说一两句假话	○	○
41. 我觉得我是一个非常敏感的人	○	○	57. 许多事本来可以大家分担,可我喜欢一个人去干	○	○
42. 我做事总是匆匆忙忙的,力图用最少的时间办尽量多的事情	○	○	58. 我觉得别人对我的话理解太慢,甚至理解不了我的意思似的	○	○
43. 如果犯有错误,不管大小,我全都主动承认	○	○	59. 我是一人格暴躁的人	○	○
44. 坐公共汽车时,我常常感到车开得太慢	○	○	60. 我常常容易看到别人的短处而忽视别人的长处	○	○

注: 张伯源编制

全量表共60项测试题,分为时间紧迫-催促(TH)、竞争-敌意(CH)、测谎(L)三个分量表。

第2、3、6、7、10、11、21、22、26、29、34、38、40、42、44、46、50、53、55、58项回答"是",以及在第14、16、19、30、54项答"否"的,在TH分量表上得1分。

第1、4、5、9、12、15、17、23、25、27、28、31、32、35、39、41、47、57、59、60项答"是"和第18、36、45、49、51项答"否"的,在CH分量表上得1分。

第8、20、24、43、52项答"是"和在第13、33、37、48、56项答"否"的,在L分量表上得1分。

如 L ≥ 7 分, 视为无效。如 L < 7 分, 则将 CH 与 TH 分数相加, 得分之和若为 27, 属于中间型, 18 分以下为 B 型性格, 36 分以上为 A 型性格; 19~26 分为中间偏 B 型, 28~35 分为中间偏 A 型。

【思考与练习】

1. 什么是人格？人格有哪些特征？

2. 人格有哪些主要类型？如何了解一个人的人格？

3. 人格对健康有何影响？

4. 大学生人格发展的特点是什么？存在哪些缺陷人格？

5. 大学生人格形成的影响因素有哪些？

6. 结合课程内容, 你认为应该如何促进大学生人格健康发展？

第四章 大学和大学学习

【导读】

学习是一项终身课题,是人生成长的必由之路,更是大学生的主要任务,同时也是大学生的压力源之一。怎样才能在学业上获得成绩,成为了大学生的永恒话题。古代文人写下了不少劝读、劝学的诗文,如颜真卿的"三更灯火五更鸡,正是男儿读书时。黑发不知勤学早,白首方悔读书迟",刘过的"力学如力耕,勤惰尔自知。但使书种多,会有岁稔时",都是激发人们的学习动机、磨练坚韧的意志品质,督促后人勤奋好学的诗文。

为了帮助大学生适应大学学业生活,本章内容试图帮助学生理解的重要议题是:

- 什么是学习?
- 大学学习的特点是什么?
- 大学学习什么?
- 影响大学生学习的因素有哪些?
- 如何提高学习效率?
- 如何应对考试?

通过本章的学习,希望能有助于大学生形成自己的学习风格,学会学习,以迎接职业生涯。

第一节 概　述

学习(learning)是指通过练习或经验而促使行为发生相对持久的变化的过程。大学学习受到本人动机、学习风格的影响,也受制于大学环境,两者的交互作用决定了学习效率。对于身处在大学校园中学习的学生,学习效率更多地取决于自身的调整。

大学生的学习主要是通过阅读、听讲、观察、思考、研究或探索、实践或实验、考试等获取知识、形成技能的过程。

一、大学和大学学习的特点

我国高等教育发展迅速,近半数青年在投入职业生涯前都会进入高等教育机构学习。

教育部 2016 年首次发布《中国高等教育质量报告》。报告称,2015 年,中国在校大学生规模达到 3700 万人,位居世界第一;各类高校 2852 所,位居世界第二;毛入学率 40%,高于全球平均水平。因此,大学生要对大学和大学学习的特点有所了解。

（一）什么是大学?

大学是从事高等教育和研究、获取不同学科学历和学位的机构,我国的高等教育分为专科生教育、本科生教育和研究生教育。

《中华人民共和国高等教育法》中明确指出:大学的任务"是培养具有创新精神和实践能力的高级专门人才,发展科学技术文化,促进社会主义现代化建设。"

国内外许多著名学者也都对"什么是大学"提出了自己的观点:大学"是一个传授普遍知识（universal knowledge）的地方"（纽曼,《大学的理想》）;大学是"可供学子们做思想与知识交流,并从中进行文化保留、传播和创造的智者之家（TheUniversity is the home of the intellect）"（赫钦斯,《美国的高等教育》）;大学是"包容各种学问的机构",也是"研究高深学问者也"（蔡元培）;"所谓大学者,非谓有大楼之谓也,有大师之谓也"（梅贻琦）。

简而言之,大学是研究者之家,是教育和传授知识的场所,是学生学习之处。

（二）大学学习的特点

大学是青年人步入社会前的重要训练场所之一,大学学习的特点与大学培养目标密不可分,它主要包括如下特点内容。

1. 自主性　自主性是大学学习的重要特征之一,是终生学习的基础,也是职业生涯成功的前提。大学生必须学会"学习知识的方法"。

大学是学习广博知识的场所,虽然学生不可能攻读所有可选学科,但生活在具有各种知识的人群之中,耳濡目染,受其熏陶,必将获益匪浅,领会知识的大框架,领会知识所基于的原理,领会知识各部分所涵盖的范围,其闪光之处和不为人注意的地方,以及它的重点和次要部分。接受"自由教育",养成一种自由、公平、冷静、克制和智慧为特征的终生思维习惯（纽曼,《大学的理想》）。

达尔文曾经说过,我所学到的任何有价值的知识都是由自学中得来的。面对科学知识的迅猛发展,"我们不能一劳永逸地获取知识了,而要通过终生学习,建立一个逐渐积累的知识体系。大学生要学会利用教师的引导,学会利用学校所提供的软件与硬件环境,逐渐掌握学习技能,学会学习,为终生学习奠定基础。"（联合国教科文组织）

2. 实践性　实践是知识的运用,包括技能训练、实验、实习。人的天赋就像火花,它既可以熄灭,也可以燃烧起来。而迫使它燃烧成熊熊大火的方法只有一个,就是劳动,再劳动（高尔基）。读万卷书,行万里路,学习不能闭门造车,实践也是学习。实践活动帮助学生发现问题,促进学习,验证所学理论,强化所学知识。中国大学生会读书和应试能力强,但在动手能力方面需要加强。

3. 广博性和专业性　知识是人类社会历史经验的总结,是个体习得的结果,知识以思想内容的形式为人们所掌握。大学学习内容具有广博和专业性。

自主性学习强调的是方法,广博与专业性则是强调大学学习的内容。广博是指学科涉及的领域广,学习内容多,不仅包括专业学习,还包括社交技能、品德养成、信念、法律知识、身体锻炼和个人爱好。宋代文学家苏轼所说的"博观而约取,厚积而薄发"恰当比喻了大学学生的特点。

"吾少也有志于学,不幸而早得与吾子同年,吾子之得,亦不可谓不早也。吾今虽欲自以为不足,而众已妄推之矣。呜呼!吾子其去此,而务学也哉!博观而约取,厚积而薄发,吾告子止于此矣。"《稼说送张琥》

广博也不仅限于书本学习,它包罗人生的方方面面,包括培养学生具有优秀的非智力因素。大学生的智力水平保持在平均水平之上,按卡特尔的智力理论,与遗传相关的流体智力达到最高的程度之后会随着年龄的增长而下降,而晶体智力会随着有关经验和知识积累而增长。因此,个人学业和事业成功的决定因素,更多地取决于非智力因素,其中特别是学习动机、情绪控制、交流和沟通能力。

专业性是指涉及学生所在学科系的专业知识。大学会为学生开设必修和选修两类课程,选修科目多属于通识教育,课程评估要求低,而必修课主要是专业基础或专业课程。

在广博与专业的关系上,大学本科教育(指非职业教育院校)以通识教育为主,既传授知识,也肩负人的培养。耶鲁大学校长雷文写到:任何一所大学的校长的压倒一切的目标是吸引和培养第一流的师生,以及保持图书收藏和其他研究资源的优势。但对于耶鲁大学的校长来说,还要加上二条:致力于优异的本科教育,以及培养在学术、专业和公众生活中的领袖人物。《大学的工作》也提出大学"研究学问固然要紧,而熏陶人格尤其是根本"(张伯苓)。纽曼认为,大学要"培养良好的社会公民"。

俄罗斯莫斯科国立罗蒙诺夫大学产生过8位诺贝尔奖得主,校长维安萨多夫尼奇指出:"所有高等教育的人,都应该掌握自然科学的基础知识。""先进科学技术的掌握需要以广泛的通识教育为基础,如果学生不了解各领域最基本原理的话,也很难专业化。"这与北京大学提出的"加强基础、淡化专业、因材施教、分流培养"相辅相成。

4. 目的性　不同学校有着自己的培养目标,哈佛大学学生抱着"为增长智慧走进来,为更好地为祖国和同胞服务走出去"。早稻田大学的建校宗旨是"保全学术之独立,有效利用学术,造就模范国民"。南开大学的校训是"允公允能,日新月异"。

总体上,大学学习主要有两个目标:为学生的职业生涯做好准备,获取学位和学会学习;大学生要用所学知识为人类、社会和国家做出贡献。

5. 探索性和质疑精神　国家富强需要优秀的人才,大学肩负着科技兴国的责任,大学要培养学生探索未知事物、运用知识解决问题的能力,为今后一部分学生的深造或从事科学研究提供帮助。

探索性的前提是学习质疑。科学素养的形成要素之一是质疑精神。中国学生聪明好学,但欠缺质疑精神,不敢挑战他人观点和捍卫自己的学说,表现为创造性能力不足。改变这种状况需要改变儒家等级制度的观念,进行有广度和深度的思考,主动提问,参与讨论,多听极富质疑精神的教师授课,观摩学术讨论会等。

大多数学生能够适应大学学习,大学的培养模式给学生带来推理与判断的训练,诺贝尔奖获得者,除了和平奖和文学奖外,主要是由受过大学系统教育的人获得,非学历教育者越加罕见。

(三)大学学业成就

在大学学业成就方面,当代主流大学摆脱了唯学分的框架,转向多元评价,更加关注大学生的学习与发展。按布鲁姆的理论,将学习分为认知、情感和精神层面三个主要方面,学业成就分别包括了知识、价值观和态度以及技能或恰当的行为。美国通识教育和美国承诺国家领导委员会（National Leadership Council for Liberal Educationand America's Promise）提出，大学学业成就不仅包括获得学位，更应包括应对未来的生活、工作和公民活动所必备的知识和能力。该委员会提出学业成就涉及四个方面：

（1）关于人类文化以及自然世界的知识；

（2）智力和实践能力，包括调查分析能力、批判性和创造性思维、写作和口语表达能力、量化分析能力、信息技术、团队合作和问题解决能力等；

（3）责任意识，包括跨文化的知识和理解力、伦理知识、公共知识等；

（4）综合学习能力，包括通识教育和专业教育的学习成果。

大学学业成就的实质是掌握学习和掌握应对未来生活与工作的知识。

二、学习过程

学习过程是连续获取知识和信息、发展智力的过程。它分为感知、理解、巩固和运用四个阶段。

1. 感知阶段　这是学习过程的开始，通过直接或间接感知两种形式来获取材料。

2. 理解阶段　在这个阶段，学生通过思维和想象对感知阶段所获取的材料进行编码、加工、分析、比较、综合、判断、推理，形成概念，理解实质。

3. 巩固阶段　在理解、消化的基础上巩固和加深认识，这个阶段是学习过程中十分重要和必要的环节。

4. 运用阶段　将感知、理解和巩固后的知识运用于实践中，尝试解决问题，形成技能或技巧。

一个学习过程的结束意味着下一个新知识学习过程的开始。

三、学习的心理学理论

（一）行为主义学习理论

行为主义认为学习是强化和重复塑造行为的过程。在语言学习领域，著名的听说法（audio-lingual）是行为主义在教学上的应用。行为主义理论中，教师是课堂的主导，学生被动机械的学习。班杜拉认为，人的行为获得也可以由观察他人的行为或行为结果而获得，强调"观察学习"和"替代性强化"。

斯金纳的强化论及程序教学理论对教育技术理论发展产生了巨大的推动作用，表现为：①从重视"教"到重视"学"；②媒体作用的改变；③行为目标和标准参照评价；④开展全面教学改革；⑤程序教材的系统开发过程。

（二）认知主义学习理论

该理论认为，学习是学习者内部心理结构的形成和改组，而不是刺激与反应联结的形成或行为习惯的加强或改变。它关注学习者认知结构的组织和重新组织，通过对学习者认知结构所作的假说来解释和说明学习过程，强调学习内容的逻辑结构与学习者已有的认知结构之间的联系与相互作用。

（三）建构主义理论

建构主义理论认为，知识不是通过教师传授获得，而是学习者在一定的情境背景下，借助其他人（包括教师和学习伙伴）的帮助，利用必要的学习资料，通过意义建构的方式而获得。学习是由学生自己主动建构知识的过程，对外部信息进行主动地选择、加工和处理，从而获得自己的意义。学习意义的获得，是每个学习者以自己原有的知识经验为基础，对新信息重新认识和编码，建构自己的理解。在这一过程中，学习者原有的知识经验因为新知识经验的进入而发生调整和改变。

（四）学习反馈环路

德国数学家维纳提出了控制论的思想，他指出，"控制就是根据过去操作情况去调整未来的行为"。

从控制论的角度来看如上三种学习观所强调的学习过程，即行为主义者强调的是学习刺激在效应器（R）和感受器（S）之间引起的行为变化，亦即 R-S；结构主义者强调的是学习刺激由感受器传输给脑神经（O），形成认知结构的过程，亦即 S-O；实用主义者强调的是心理活动对学习刺激适应过程中所引起的效应器官的功能活动，亦即 O-R。

第二节　提高学习效率

学习是一种复杂活动。心理学家潘菽教授指出："任何知识的学习过程，都包含一系列复杂的心理活动，其中有一类是有关学习积极性的，如注意、情感、情绪、意志等；另一类是有关认识过程本身的，如感觉、知觉、记忆、想象与思维等。前者与个性心理特征及学习动机密切相关，它对认识过程及其效果有很大的影响，后者则直接涉及学习本身。"前者主要指非智力因素，后者即为智力因素。

智力因素和非智力因素、外环境、学习方法等因素会影响学习效率，控制这些影响因素，就能提高学习效率。认识影响学习的因素，主动适应大学学习是本节的重点。

一、影响学习的因素

影响学习的因素主要来自内部和外环境。

（一）内部因素

1. 智力　智力水平的高低直接制约着学生掌握知识和技能的水平和速度，也影响其对知识技能的运用。不同的人，智力结构也不同，有些人记忆力强，有些人思维力强。但一般来说，大学生的总智力水平在人群平均水平之上，就能够满足大学学习需要。

2. 非智力因素　非智力因素是除智力或能力因素之外，不直接参与但直接制约认知过程的心理因素，主要包括动机、需要、兴趣、信念、理想、情感、意志和性格等。

非智力因素在学生的智力和学习活动，以及社会交往活动、道德教育中起着重要的作用。它对学习过程起到始动和指向、维持和调节、强化、补偿作用。

"志不立，天下无可成之事"，"勤能补拙"和"笨鸟先飞"都说明了非智力因素的作用。法国化学家、细菌学家巴斯德说："告诉你使我达到目标的奥妙吧，我唯一的力量就是坚持精神。"爱迪生的名言"天才是一分灵感和九十九分血汗"也强调了非智力因素的作用。

（1）学习动机：学习动机是引发、驱动学习活动并实现相应的目标的学习心理驱动力与倾向。它是一种学习的需要，以学习的意向、愿望、兴趣或态度等形式推动学习。学习动机不足是困扰大学生学习的最主要原因。

学生当意识到学习的目的或社会意义时，产生学习自觉性。求知欲是学习动机中最现实和活跃的成分，是带有情绪的意向。学习兴趣是具有积极情绪的学习动机，浓郁的学习自觉性、求知欲、学习兴趣和态度是推动学生学习并持之以恒的动力。总之，学习动机是大学学业成功的关键因素。

学习动机因来源不同分为两种。内在动机来自需要，推动学习的目标为学习活动本身，是喜欢学习和探究的过程。外在动机推动学习的目标是学习的结果与意义，来源于社会环境。内在动机会产生强烈和持久的学习愿望和兴趣，而外在动机更容易培养或变化，也能转化为内在动机。

学习动机与学习效果一般情况下是一致的，但是，根据 Yerks-Dodson 定律，适合任务性质的动机水平才能提高活动效率，因此有些情况下，学习动机与学习效果并不一致。

学习动机受到学生基础知识、智能、学习方法和习惯、身体状况等中介因素的影响，学习效果好或差对增强或减弱学习动机有作用。家庭、学校和社会的期望、年龄和人格也会影响学生的学习动机。

（2）性格：独立型和内向型性格的学生在学习过程中善于独立思考，学习踏实、细致，对知识往往有深入的理解和掌握；但容易忽视在交往过程中主动接受他人的积极影响；而顺从和外向型性格的学生往往习惯于简单盲从，不善于深入思考理解，常常浮躁不踏实，却能够注意在交往过程中主动接受他人思想。只有在两者间取长补短，才能真正实现高效率的学习。

（3）情绪：情绪对于学习是"双刃剑"，积极的情绪有助于改善学习效率，更容易取得学业成就，但也可能陷于个别课程而无暇顾及其他。学习焦虑是指在学习过程中由于担心学习失败产生不良后果或担心目标不能实现而产生的一种情绪反应，是学业压力的最常见表现。保持适度的焦虑能够提高学习效率。

3. 学习方法和学习观念 大学学习不同于高中学习，更强调自主学习，强调动手实践和探索问题，积极的学习观念和适宜的学习方法影响学习和学习效率。

4. 生理因素 学业上的性别差异更可能是智力结构和人格差异的结果，以及课程性质所致。一般来说，女性较男性更擅长于记忆、顺从、易受暗示；男性在抽象思维、空间知觉、动手能力方面占优势。女性在记忆多的课程，如文科、医科等，似乎成绩更好些；而男性在工科、理科及操作性课程中更游刃有余。此外，营养不良、体弱多病和疲劳均会降低学习效率。

5. 沟通能力 拥有较强的沟通能力，会与教师和同学们打交道的学生，往往能掌握更多的信息，遇到学业压力，更能主动求助。大学教师喜欢那些善于沟通的学生或者主动求问的学生。沟通能力对以后步入社会也很有助益。但是，如果学生学习动机欠缺呢？至少从学业成就讲，可能就不是助力因素了。

专栏 4-1　流体智力与晶体智力

美国心理学家卡特尔（Cattell, RB., 1965）与霍恩（Horn, JL., 1976）将人类的智力解释为两种不同的形态。一种形态称流体智力（fluid intelligence, Gf），是一种以生理为基础的认知能力，凡是新奇事物的快速辨识、记忆、理解等能力均属 Gf。Gf 的发展与年龄有密切关系。一般在 15~20 岁后 Gf 的发展达顶峰，30 岁以后将随年龄的增长而降低。Gf 属于人类的基本能力，受教育文化的影响较少。另一种形态称晶体智力（crystallized intelligence, Gc）。Gc 则是以学得的经验为基础的认知能力。凡是运用既有的知识与学得的技能去吸收新知识或解决问题的能力，均属 Gc。Gc 显然与教育文化有关，与年龄的变化没有密切的关系；有些人甚至因知识和经验的积累反而随年龄增长而升高。Gf 更多地用在适应新环境的情况下，Gc 往往用于完成某种固定的任务。

（二）外部因素

1. 学校　学校学习的软硬件水平、师资质量和校园文化影响学生的学习。学校的办学宗旨若是围绕促进学生的发展，就能有利于学生的学习。学校因素涉及学校的规章制度、办学目标、教师的数量与水平，实验室设施，教室的数量，班级大小等。

大学教师的指导对学生的学业或非学业有着重要意义。有些学校为促进师生交流，规定任课教师必须兼任学生的辅导工作，指导学生适应学校的学习生活，并将辅导时间列入工作量。

每所大学、每个学院都有自己的学风，良好的学风对于学生提高学习效率有着重要的意义。它可以创造某种学习氛围和学习环境，通过举办讲座或活动激发学生的学习动机，或对学生形成一种无形的约束力，抑制不良学风的滋生和蔓延。同学间的相互模仿、竞争，会令一个班或同宿舍的同学出现成绩普遍偏高或低的现象。

2. 家庭因素　家庭因素中父母职业、期盼、经济状况、教育方式、亲和程度会影响孩子学习习惯、学习条件、学习动机等。家庭因素的作用复杂，一般来说，它通过压力和学习动机而影响学生学习。能够保持适度的压力、并与学习动机一致的是积极的家庭因素。

丰富的物质条件能够让孩子接受更好的教育，但是，如果孩子依赖于这种条件和安逸生活，或对未来没有压力感，就产生不了强烈的学业动机。

据《西京杂记》记载，匡衡，字稚圭。勤学而无烛。邻舍有烛而不逮。衡乃穿壁引其光。以光映书而读之。邑人大姓文不识。家富多书，衡乃与其佣作而不求偿。主人怪问衡。衡曰愿得主人书遍读之，主人感叹。资给以书。遂成大学。

匡衡的故事说明家境贫寒也限制不了人们求学的欲望，穷则思变，会让人产生强烈的学习动机。

二、提高学习效率的原则

有效学习的前提是要树立正确的学习观,主要是充分认识大学学习的特点,重点是要树立自主学习意识和有奠定广博学习内容的想法,正所谓"知行合一"。自主学习观是让自己掌握知识和胜任职业生涯的工具,而有意识地拓宽知识广度,厚积薄发,将为今后的成长奠定坚实的基础。

在树立正确学习观的基础上,有效的学习策略具有积极意义,主要包括形成积极而稳定的学习动机、开发或展现智慧、提升非智力因素、掌握学习方法和提高学习效率(时间管理),以及维持身心健康。

(一)形成积极而稳定的学习动机

宋朝著名的理学家、思想家、哲学家、教育家、诗人朱熹在《朱子语类》中讲道:"为学须先立志。志既立,则学问可次第着力。立志不定,终不济事。"高尔基说:"一个人追求的目标越高,他的才力就发展得越快,对社会就越有益。"学习动机与个人的进取人格是密不可分的,人格是进取还是退缩与动机水平关系密切。因此,上进心强不强对学习效率影响很大。上进心强、抱负水平高,将持续地推动学习活动高效率地进行,而良好的高效率学习又会给学习动机带来自我强化的作用。反之,缺乏上进心且抱负水平低,只能使学习处于被动状态,甚至恶性循环。

对于喜欢学校和专业的学生,更要让兴趣转化为动机,并不断强化。对专业和学校有看法的学生,应主动调整,培养学习兴趣,规划职业生涯,参加学校学术活动,这会有助于其形成良好的动机。但有些同学可能另有计划,转专业或向海外发展也是可选方案。

(二)开发或展现智慧

尽管智力水平受遗传影响,但学生可以开发和挖掘智力潜力,让知识转化成智慧,这里包括记忆力、注意力、观察力的改善,锻炼创造性思维和想象力。

(三)提升非智力因素

在智力水平固定、环境一致的前提下,非智力因素的改善是影响学习的决定因素,包括自我效能(感)、稳定而积极的情绪、坚韧的意志品质、健全的人格,以及前面提到的学习兴趣、动机等。

(四)掌握学习方法和提高学习效率(时间管理)

培养良好的学习习惯,拥有较高的学习效率,对人一生的发展都大有益处。大学生经历过残酷的入学考试,每个人都有自己的学习方法,但这不妨碍吸取他人的高效学习方法,并灵活运用以适应不同学科或知识的学习。

及时复习,整理笔记就是一个好的学习习惯。孔子说:"学而时习之,不亦说乎"(《论语》)。

主动学习是大学学习中非常重要的环节。罗宾逊设计的 SQ3R 阅读法,以及 Carman 和 Adams(1985)提出的 LISAN 听课法都是基于主动学习而设计的。

(五)维持身心健康

学习的物质基础是人的大脑,科学用脑能提高学习效率,而长期用脑过度,会造成疲劳。

（六）创造和维持适合学习的环境

有人的地方就需要沟通或交流，沟通技能的改善能减少学习的阻碍，更容易实现学习目标。学习有关章节，处理好同学间、师生间、亲属间的关系，让宿舍、班级、社团关系融洽，形成学习氛围。学生可以通过积极参加各种活动，享受参与过程，积累经验，发展自我效能。

第三节　大学生常见的学习心理问题及其调适

一、大学生常见的学习问题

根据王卫红等人的调查，大学生的学习以被动学习为主，缺乏自主学习；学生能做好笔记、掌握读背结合的记忆方法、联想记忆术、理解记忆、区分出知识重点、归纳知识等；但在预习、复习等方面存在较多问题。大学生的考试焦虑发生率在 10%~15%。吉林大学心理学家车文博等人在 2003 年调查了全国 13 所大学共 2007 名大学生，发现造成大学生心理压力感的主要来源有学业、学校环境、情绪、择业和人际等方面，其中学业压力排在首位。此结果与国外相关调查结果相似，即考试、竞争、时间、教师、课堂环境和就业等是学生的主要压力源。2002 年悉尼大学学生咨询中心年度报告指出：每年有 6.44%~14.32% 的求询者因学习问题请求咨询。

二、考试相关的心理问题

【案例导读】

某大学二年级学生张军面对咨询师，还没有开口说话，眼睛里已经充盈着泪水。张军叹了口气，说出了自己的问题。原来，张军在大一时已经有三门课程"被挂起来"（即不及格）。在刚结束的本学期期末考试中，他感觉可能又会有一门功课不及格。按学校新规定，累积四门功课不及格的学生将不能获得学士学位，他觉得自己的大学梦将从此终结。他认为对不起父母的养育之恩，痛恨自己不认真学习，而将大量时间用于社团活动、上网聊天。自从大一出现三门功课不及格后，自己也知道要努力学习了。常常到了深夜，还在加班加点地学习，但效率低，似乎什么也记不住。"一回遭蛇咬，十年怕井绳"，现在特别怕考试，一见试卷，脑袋就发晕，出虚汗，复习过的知识回忆不起来，交卷后才想起正确答案。张军倍感沮丧、失望，想法多多，甚至想到轻生……。

张军的经历主要归结为学习问题。首先，升入大学时的兴奋令他迷失了方向，忙于社会实践而忽视了最重要的学业，造成考试失败，进而出现考试焦虑。其次，张军的学习方法不适应大学学习，长期加班学习也造成学习倦怠，从而影响记忆。最后，在没有弄清学校新政策实施细则前，他误认为自己将失去学位，从而失去奋斗目标。上述各种挫折，最终造成张军产生抑郁情绪和轻生想法。

学习问题是大学生常见压力源之一，如何避免这类问题的发生？在介绍学习技巧之前，先让我们了解一下大学学习的特点。

在大学中，约有 10%~15% 的大学生对考试存在着不同程度的焦虑。而医学院学生的中重度考试焦虑占到 23.4%。即便是科学巨匠，也不能无视考试，为通过考试，爱因斯坦不得不向同学借笔记，彻夜复习。

可能引起学生考试焦虑的原因有：考试的重要程度（如四、六级大学英语考试）、学习方法差、学习效率低（学习疲倦、疾病、时间管理不当，营养或睡眠不足），有过挫折经历、成就动机过于强烈、外部竞争、评奖学金、免试读研究生、或由亲友期望产生的压力。悉尼大学学生心理咨询中心的温迪女士介绍，中国的父母经常将电话打到学校，询问孩子的学习情况，这在西方很少见到。

克服考试焦虑应做到以下几点：

1. 考试前的准备

（1）做好心理准备：端正认识。要对考试的重要性、难度和自己的应考能力有清晰认识。由于大学知识结构深、广，为复习带来困难；但大学考试属于水平测试，与高考等选拔考试不同，难度低，只要按教师授课计划和笔记准备，一般不会走错方向。同时，对考试成绩的预期要适度。考试成绩不会像中学那样易于得到高分，要有心理准备。选课前要搜集信息，了解课程结业成绩的构成，如考试是否是平时成绩、测试、考试，以及论文成绩的综合结果。对新修课程，要向高年级同学了解一般骨干课程的考试难度和要求。

保持适度的心理张力，有利于集中注意力复习。学生过高估计考试的难度，会助长其焦虑情绪。

（2）认真准备与复习：考试信心来自于自己对知识的掌握。要尽快适应大学的学习，掌握学习方法。

1）重复是记忆之母：中国谚语讲"一天不练手脚慢，两天不练丢一半，三天不练门外汉，四天不练瞪眼看"。有效重复要合理分配时间，及时复习与经常复习结合，整体复习与部分复习结合，尝试背诵与自测结合，寻找自己合适的学习时间和学习环境，学会过度学习（学10遍记住，要再学5遍，即150%，即为过度，其学习效果最佳）。

2）搞好师生关系，利用好老师助学，利用学校提供的条件：教师能指导学生的考前复习，帮助求询的学生制订切实可行的复习计划，合理安排复习时间以及指导学生把握应试技能。

3）考试前要有充足的休息：即所谓"大考大玩，小考小玩，不考不玩"。做些喜爱的运动，使自己的心身放松，进入一种"假消极状态"。心理学家认为这种"假消极状态"最有利于激发人的心理潜能，有利于发挥自己的水平。

2. 考试中　情绪过度紧张会直接影响考场发挥，复习过的知识因此被阻塞在大脑中，无法回忆和再现。注意力分散会读错题。放松心情，深呼吸，从易到难，关键字回忆，情景搜索，这些都是缓解考试紧张的好方法。这样就可以在考试时尽可能地发挥自己的水平，而不要过多地去想结果。

3. 考试后　针对考试中的问题，及时总结经验，聪明人不犯第二次错误。对于可能出现的考试失败，要采取补救措施。此时，找到任课老师，将你的顾虑告诉他们，不要忘记告诉老师你的姓名、学号和联系方法。对于考试中受到严重打击、面临退学风险的学生，要了解学校的考试规定和制度要求，向心理咨询中心的老师求助，不放弃向任课教师、学校申诉,争取机会。

自信训练能帮助克服考试焦虑。考试焦虑的学生在考前总是不知不觉地对自己具有消极的暗示,这种暗示往往会降低学生的自信心,使其复习时精力不集中,从而减少应有的努力程度。为此,要想办法对学生进行自信训练,帮助学生发现自己的优点,做出肯定的自我评价,从而增强学习的信心。

学业失败也不意味人生失败。苏秦逆境中发奋图强,成为战国时期纵横列强的战略家的故事可以借鉴。《战国策·秦策》写道:(苏秦)说秦王书十上而说不行,黑貂之裘弊,黄金百斤尽,资用乏绝,去秦而归。赢滕履跷,负书担橐,形容枯槁,面目黧黑,状有愧色。归之家,妻不下絍,嫂不为炊。父母不与言。苏秦喟然叹曰:"妻不以我为夫,嫂不以我为叔,父母不以我为子,是皆秦之罪也!"乃夜发书,陈箧数十,得太公《阴符》之谋,伏而诵之,简练以为揣摩。读书欲睡,引锥自刺其股,血流至足。

三、学习心理问题的调适

(一)主动培养学习动机和兴趣

兴趣并不是与生俱来的,而是在实践中培养和形成的。捷克教育家夸美纽斯在《大教学论》中说:"求知的欲望应当彻底在学生身上激发出来。"大学生要培养学习兴趣,激发学习热情,主要途径有:一是正确认识学习兴趣。正确认识不同层次的学习兴趣,自觉主动将自己的学习兴趣志向结合起来,培养稳定的兴趣。二是学会接受外界的理性刺激。一个大学生在学习过程中既要善于接受外界的感性刺激,又要学会接受外界的理性刺激,以此来激发培养自己的学习兴趣。三是处理好学习中的苦与乐的辩证关系。学习是件辛苦的事,需要耐得住其中的寂寞。学习既要凭兴趣,又不能唯兴趣学,要靠苦去学。"苦"与"乐"是学习中的两个动因,缺一不可。只有与"苦"结合起来的"乐",才能真正成为稳定的学习动机。

1. 培养学习兴趣　俗话说:"兴趣是最好的老师。"学习有了兴趣,就可以使自己在知识的海洋中忘我畅游,就能在学习中集中精力,深入思考,真正提高学习效率。孔子在《论语》中说:"知之者,不如好之者;好之者,不如乐之者。"在大学中,要广泛参加讲座、学术报告会,与老师或学长交谈,深入了解专业,来培养学习兴趣。

2. 如何形成积极的学习动机?

(1)首先要明确学习目的,增强社会责任感,或思考自己未来的职业生涯。

(2)积极参加校园有意义的活动,与教师交谈,在网上查找信息,激发强烈求知欲。

(3)根据不同学科的特点和自己的优势,制订适合自己和学科特点的学习计划。

(二)改善记忆

记忆几乎是学习的代名词,记忆是对过去经历过的事物的再现和回忆。记忆存在个体差异,但通过记忆训练,每一个人都可以提高记忆能力。"业精于勤荒于嬉,行成于思毁于随。"(韩愈)。根据记忆研究的成果,心理学家总结出一些记忆技巧,详见专栏4-2。

专栏 4-2 记 忆 方 法

1. 理解记忆法 这是一种在积极思考、达到深刻理解的基础上记忆材料的方法。其基本条件是对材料的理解和进行思维加工。人们记忆这类材料时,一般都不采取逐字逐句强记硬背的方式,而是首先理解其基本含义,即借助已有的知识经验,通过思维进行分析综合,把握材料各部分的特点和内在的逻辑联系,使之纳入已有的知识结构,以便保持在记忆中。理解记忆的全面性、牢固性、精确性及迅速有效性,依赖于学习者对材料理解的程度。理解记忆的效果优于机械记忆。德国著名心理学家艾宾浩斯在做记忆的实验中发现:为了记住 12 个无意义音节,平均需要重复 16.5 次;为了记住 36 个无意义音节,需重复 54 次;而记忆六首诗中的 480 个音节,平均只需要重复 8 次!

2. 联想记忆法 美国著名的记忆术专家哈利·洛雷因说:"记忆的基本法则是把新的信息联想于已知事物。"一般来说,互相接近的事物、相反的事物、相似的事物之间容易产生联想。

3. 多通道记忆 古书《学记》中有这样一句话:"学无当于五官,五官不得不治。"意思是说,学习和记忆如果不能动员五官参加活动,那就学不好,也记不住。宋代学者朱熹说:读书要"谓心到、眼到、口到。心不在此,则眼不看仔细,心眼既不专一,却只漫浪诵读,决不能记,记亦不能久也。三到之中,心到最急,心既到矣,眼、口岂不到乎。"人从视觉获得的知识,能记住 25%,从听觉获得的知识能记住 15%,两者结合能记住 65%。

4. 强化记忆的技巧 讨论有助于记忆。在个人学习的基础上,二三个同学在一起进行讨论。肖伯纳认为,你有一个苹果,我有一个苹果,相互交换后,各自仍然只有一个苹果;但是,你有一种思想,我有一种思想,交换(讨论)后,各自就有两种思想。

5. 其他强化记忆的方法 包括在某一段时间内只学习特定内容的突击记忆,模拟教师备课与讲课的教学记忆;眉批强化记忆;限时记忆。采取卡片、日记或工作备忘录、录音机、电脑等手段是重要的助忆或学习方法。

历史上有许多著名人物,表现出超强的记忆力。《三国演义》中的张松,有过目不忘的才能。我国文学大师茅盾能随时背诵 120 回的《红楼梦》。他们为什么具有如此惊人的记忆呢? 记忆的物质基础是人脑,而人脑中有 100 万个以上的相互联系的神经细胞。据估计,人们能记住的信息容量能达到 1015 比特。有如此庞大的记忆容量,就不难成为记忆超常者。

(三)创造思维的培养

创造过程是问题解决的过程,离不开创造思维。创造思维是思维活动的高级过程,是在个人已有经验的基础上,发现新事物、创造新方法、解决问题的思维过程。在思维形式上是发散思维与集中思维的统一,更偏向于发散思维。后者是从多角度、多方位探索创造性答案的种种非常规、反常规的思考方法,包括侧向思维(联想、类比推理)、逆向思维、多路思维、直觉思维、多项思维机制的运用、灵感思维。创造性思维的特点具有新颖性、灵活性和综合性。大学生创造思维的培养详见专栏 4-3。

专栏 4-3　大学生创造思维的培养

1. 求知欲和培养好奇心　求知欲是引导人们从事创造性活动的敲门砖。负责研制世界上第一颗原子弹的美国物理学家奥本海默，看到祖父带给他的一块矿石，激起他强烈的求知欲，从此爱上科学。

"好奇心造就科学家和诗人。"（法朗士）它也是我们探索自然奥秘的动力。达尔文小时候对打猎、采集标本等兴趣盎然，最终创立进化论。比尔盖茨在中学时就非常喜爱操作计算机，到了大学更是沉醉于程序设计，推出 MS-DOS，并最终创办微软公司。

2. 兴趣广泛，努力拓宽知识面　爱因斯坦和海森堡就酷爱音乐，并有很高的造诣。巴甫洛夫喜欢读小说、划船、集邮和种花。

灵感是创造过程中达到高潮阶段的最富创造性的心理状态，出现灵感并非偶然。华罗庚指出，科学的灵感，决不是坐等可以等来的。如果说，科学上的发现有什么偶然的机遇的话，那么这种"偶然的机遇"只能给那些学有素养的人，给那些善于独立思考的人，给那些具有锲而不舍的精神的人，而不会给懒汉。因此，大学生要广泛吸纳知识，涉猎多学科领域知识，努力形成平衡合理的知识结构。

3. 勤思、好问　孔圣人讲："学而不思则罔，思而不学则殆。"爱因斯坦讲："学习知识要善于思考，思考，再思考，我就是靠这个方法成为科学家的。"巴尔扎克强调："一个能思考的人，才真是一个力量无边的人。"美国华盛顿大学教授埃德蒙·费希尔是1992年诺贝尔生理学或医学奖得主，忠告中国学生"少学习，多思考"。"我的成就，当归功于精微的思索。"（牛顿）

4. 锻炼质疑精神　学生质疑争辩，自由讨论，能够充分表现学生个性和能力，有利于培养学生独立思考、敢于突破、勇于开拓的精神。爱因斯坦就认为自己是"一个离经叛道的怪人，一个孤独的流浪汉。"

5. 培养自信，勿胆怯　美国道尔顿中学以毕业生能全部升入哈佛和耶鲁等世界一流大学闻名，学校认为："培养天才孩子的秘密在于发挥孩子的潜能，培养孩子的自信，使其成为一个独特的、无可替代的、充满创造性的人"。胆怯是创造活动的最大敌人。德国物理学家普朗克首先提出"能量子假说"，但由于胆怯，而失去了与"牛顿的发现相媲美"的成功机会。过分自我批判也是不自信的表现，物理学家埃伦菲斯特具有非凡的评价和批判能力，常受邀参加学术会议，并发表有价值的评价，深受其他学者重视，但他将这种批判能力用在自己身上，泯灭了自己的创造才能。

1. SQ4R 阅读法　美国麻省理工学院的罗宾逊教授在儿童时代的学习成绩不佳，记不住单词而常受同学嘲笑，他对自己说："我相信，通过努力，我也能达到他们的水平。"他总结出了一套学习方法，帮助他实现自己的梦想。这套学习方法就是 SQ4R。它将读书学习分为五个步骤，分别是概览（survey）、提问（qestion）、精读（read）、背诵（recite）、复习（review）和联系（relate）。详见专栏 4-4。通过持之以恒的练习，SQ4R 方法能提高读书效率和学习成绩。当然，你可以根据不同学习材料和目的调整 SQ4R。

专栏4-4　SQ4R阅读法

1. 概览　在精读前,迅速浏览整个章节。浏览的仅限于主题和各类标题,以及每章节开始的简介和章节尾的总结。概览使你对所读章节的内容有粗略的印象。

2. 提问　在概览之后,为了将注意力集中于精读,自己要尝试提出问题。问题来自章节的标题。例如,在读"记忆过程"时,提出"记忆分为哪几个过程?""如何定义这几个过程?""每个过程有什么特点?"等。提问有助于产生阅读兴趣,并将新知识与学过的旧知识联系起来。

3. 精读　阅读时,要尝试回答前面提出的问题,通过主动、批判地阅读寻找答案。精读从一个标题开始,读到下一个标题止,细细"咀嚼"。你可以标出重点、做眉批或做记号,以加强印象。

4. 背诵　在读完一个标题后,要停下来,暂时离开书本,默默地回味并尝试用自己的话回答问题。最好能做个简短笔记,总结出精读内容的重点。如果未能总结出所读内容的重点,就要回到这个标题的开始,重新精读,一直到能背出重点为止。完成一个标题后,在读下一个标题时,还要重复提问 - 精读 - 背诵。

5. 复习　通过重复提问 - 精读 - 背诵阅读完整个章节的内容后,开始作复习,读笔记。通过背诵或回答问题检查记忆效果。最好能找个伙伴,对所学习内容进行提问,用你自己的语言回答和讨论问题。

2. LISAN听课法　LISAN是由五个英文词组 Lead、Ideas、Signal words、Actively listen 和 Note-talking 的大写字头组成,分别表示:导引、重点、标识、积极聆听和做笔记五个步骤。LISAN是课堂有效听课和记笔记的一种方法,能将注意力控制在听讲方面,避免精力分散(专栏4-5)。

专栏4-5　LISAN听课法的步骤

1. 导引　如同SQ4R,在听课前,主动为自己提出问题,以问题为前导,使自己参与到教师授课过程中,避免被动听课。问题可来自教师的指导,或阅读作业。

2. 重点　教师每次授课都有若干个重点,构成教学核心。通常,每介绍一个重点,接下来都要举例说明。听课时要问自己,"重点是什么?""有什么依据?"。

3. 标识　有些词会提示教师要讲什么。例如,"以下三方面将说明……原因"、"对比之下,相反的观点是……"、"现在让我们看个例子,以支持……观点"、"因此,结论是……"、"最重要的是……"。当然,不同教师有自己的用词习惯,在听课时,要善于捕捉。

4. 积极聆听　课堂上要看着教师听课,因此要选择合适的座位,尽可能靠近教师,能看见教师,听清楚教师讲什么,提问时能被教师看见。要利用上课前或下课后的一点时间,请教教师在上节课或阅读中产生的问题。

5. 做笔记　听课时,笔记只记录要点。要仔细听课,选择性地记笔记,一定要避免什么都记。如果什么都记,你就不知道教师在讲什么。

根据调查,大多数的学生都能做好笔记,之后就放置一边,没有复习,直到考试前才翻出来使用。这就失去了记笔记的意义。如何有效地发挥笔记的作用呢? Kjewra 和 King 建议:下课后尽快翻阅笔记,填充课上留下的空白部分或不完整的内容,将笔记填充完整;寻找重点之间的联系;试着发现概念之间的关系;努力探寻新旧知识之间的联系;汇总笔记。做摘要或重新组织;根据授课笔记,编辑问题,确信你能回答。

LISAN 能帮助你主动听课,并做好笔记。但学习没有到此为止,接下来必须完成复习、重构、扩展和思考新的问题。这种深度学习能加深你的理解,建立联系,有助于加强记忆。

3. 康奈尔笔记法 该方法是 20 世纪 50 年代,由康奈尔大学教育学教授 Walter Pauk 设计创造,主要应用于大学学习,为浓缩和组织笔记提供了系统性格式。在国内它也称为 5R 笔记法。具体内容包括:

(1)记录(record):在听讲或阅读过程中,在笔记栏内尽量多记有意义的论据、概念等讲课内容。

(2)简化(reduce):下课以后,尽可能及早将这些论据、概念简明扼要地概括(简化)在线索栏和摘要内。

(3)背诵(recite):把笔记栏遮住,只用线索栏中的摘记提示,尽量完满地叙述课堂上讲过的内容。

(4)思考(reflect):将自己的听课随感、意见、经验体会之类的内容,与讲课内容区分开,写在卡片或笔记本的某一单独部分,加上标题和索引,编制成提纲、摘要,分成类目。并随时归档。

(5)复习(review):每周花十分钟左右时间,快速复习笔记,主要是先看线索栏,适当看笔记栏。

(四)高效的时间管理

时间对任何人都是公平的。有时需要学会一心二用。爱因斯坦曾在专利局工作,他能用 3~4 小时的时间完成全天工作。专利局规定,上班期间不干私活。于是,他在剩余时间,就用手掌大的纸片进行数学计算与推导。另外,他能在同一时间,既哄孩子,又进行他的科研工作。时间管理的原则,用歌德的话讲,就是"今天所做之事勿候明天,自己所做之事勿候他人。"要高效率地利用时间,就要做到以下几点。

1. 学会拒绝 满足同事和朋友的请求,友情可佳、可赞,但不要影响我们完成自己重要的事情。

2. 学会求助 追求完美,争强好胜是了不起,但未必是最佳选择。人拥有的时间、能力和学识都有限,要提高效率,需要求助(教)于人。有时需要与同学分享克服困难的荣誉,同时减少疲惫和压力。

3. 巧妙安排,挤时间学习 等人、坐车时读读随身带的书。

(五)拥有健康的学习情感

情感不是天生的,而是经后天实践实现的。大学生在学习过程中会不自觉地产生情感,但这种情感最初表现为低级形式的情绪:如一门学科很新奇,但在学习过程中不断发现其难度,这时便会产生紧张,暴躁,恐慌等情绪,导致智力发展不正常。此刻,如何把低级的情绪升华到高级的情绪,是学习坚持下去的关键——我们可以通过深刻了解这门学科知识的特点、社会功能,找到理解这门学科的方法,使情绪具有理智感。

另外,学习情感与学习兴趣也是相辅相成的,学习兴趣提高了可以增强学习情感;反之,学习情感增强又能促进学习兴趣的发展,两者有机结合,就会在潜移默化中提高我们的学习效率。

(六)培养良好的意志

爱因斯坦说:"钢铁般的意志比智慧和博学更重要。"要想提高我们的学习效率,就要注意培养自身的学习意志,这就要求大学生树立科学的世界观,人生观,价值观和人生志向,根据社会需要和自身的具体情况,制定切实可行的远景目标、近期目标,有计划地按目标努力实现自己的愿望,并对可能遇到的困难充分估计,总结克服困难的措施和办法。在学习过程中经常给自己设置一些难题,不断克服困难,在困难中磨练自己,提高自己的意志。

(七)形成良好的性格

良好性格的形成是长期的过程,影响性格形成的条件是复杂的。培养良好的性格品质要注意:第一,从点滴小事做起,从今日做起。"天下之难事必作于易,天下之大事必作于细。"第二,努力学习,提高思想、道德、文化素质以科学的理论武装自己,以高尚的道德熏陶自己。第三,模仿榜样,加强自省,每个学生的身边一定会有比自己学习效率更高的同学,要积极同他们讨教,共同进步。第四,要对自己的性格特征做到心知肚明,既要看到自身性格特征对学习的积极一面,也要看到其消极一面,经常参加一些课外活动和社会实践,培养坚韧不拔、持之以恒的意志。

(八)克服学习中焦虑情绪

学习焦虑在大学生中是比较常见的,正常的适度的焦虑为学习所必须,但若焦虑过度,则会降低我们的学习效率。正确认识和评价自己的能力,确立切合自身实际的抱负和期望,增强自信和毅力,不怕困难和失败,保持适度的自尊心,降低对胜败的敏感度,保持情绪的稳定,掌握适合自己、切实有效的学习方法,学会让自己放松,这些都有助于避免或克服严重的学习焦虑。

(九)保持清晰的思维

1. 锻炼大脑(张弛有度)　记忆力可以通过训练提高。列夫托尔斯泰说:"背诵是记忆力的体操"。美国国际长寿中心主席罗伯特·巴特勒说"不妨多玩玩猜字谜,多些阅读、辩论。"印度人编制了一套方法,促进大脑神经细胞生长,如练习同时用双手做事(两手同时拍两个球);想出牙刷或橡皮圈的25种用途;用非利手做事;闭上眼睛在屋里走动,把注意力集中于感觉家具的位置、有没有其他人;往衣橱(或照片)里看上几分钟,关上门,回忆里面的一切,看看能记住多少。

2. 锻炼身体,保持身体健康　锻炼身体,防止和控制高血压、糖尿病,有利于大脑健康。锻炼对大脑神经递质会产生影响。经过一阵剧烈的运动后,神经递质的水平会发生改变,去甲肾上腺素、血清基、内啡肽的分泌会增加。坚持经常性的身体锻炼,能保证大脑能源物质结构与氧气的充足供应,促进大脑神经细胞发育,有利于提高大脑皮层活动的强度、均衡性和灵活性,以及分析综合能力。有氧运动能使更多血液输送到大脑,带来更多的葡萄糖和氧。美国加州大学精神病及神经学助理教授克丽丝汀·亚菲研究了6000名65岁以上的妇女,发现每星期多步行1.6公里,认知能力衰退的概率就降低13%。

3. 保持饮食均衡,大脑运转正常　(专栏4-6)。

专栏 4-6　营养与思维

　　大脑所需要的营养物质有脂类、蛋白质、糖类、维生素和矿物质等。脂肪占脑重的50%-60%，支持脑的复杂、精巧的功能。糖为大脑提供能量。蛋白质能提高大脑皮质神经兴奋和抑制的功能。维生素是维持大脑脂类、蛋白质、糖类代谢的必需元素。大脑活动也离不开矿物质，钙、镁、铁、锌有利于记忆，缺碘会造成严重破坏婴幼儿认知功能，而高铅和高铝会损害认知功能，从而影响记忆和学习。哪些食品中含有上述营养物质呢？牛奶富含蛋白质、钙、必需氨基酸和维生素 B1。鸡蛋的蛋黄中含丰富卵磷脂，能满足大脑所需的乙酰胆碱。鱼类食品中含有蛋白质、钙、不饱和脂肪酸，能防止脑血管硬化，促进脑神经细胞的活动。花生中富含卵磷脂和脑磷脂。小米、玉米、辣椒、橘子和菠菜等人类和蔬菜中含有丰富的维生素、葡萄糖，豆类和绿色蔬菜中的叶酸对记忆非常重要。总之，在日常饮食中，只要保持营养均衡，不偏食，就能保证大脑的营养所需，而在过度用脑时，注意适度补充健脑食品。此外，还要戒除吸烟和饮酒等不良行为。

　　4. 充分休息，放松心情，保证睡眠　　充足的睡眠使人保持良好的精神状态，让大脑有充分的时间为记忆编码，舒解心理压力。压力在短期内能促进记忆，但长期承受强大的心理压力，如高考等，大脑负责记忆的海马会因得不到充足的葡萄糖，而降低记忆的储存能力，大脑可能再也不听你使唤了。只要将生活节奏稍微放慢，你可能就会发觉自己的思维清晰许多。因此在生活中让自己悠闲一些，多关心家人与朋友，多培养几种爱好，对记忆力有好处。比尔盖茨为做自己喜爱的事，可以三天三夜不睡觉；但需要时，他随时随地都能休息。良好的睡眠离不开良好的生活习惯，如维持相同的入睡和起床时间。晚饭少食，可饮用热牛奶加蜂蜜，饭后散步半小时，泡热水澡或泡脚，睡前看枯燥无味的书等，也有助于睡眠。此外，按摩耳垂中间的睡眠穴也有助于睡眠。如果担心上课迟到，可以使用闹钟来帮助自己按时起床。

（十）利用网络资源学习

　　网络学习是基于网络的一种学习方式，具有自主和便捷的特点，同时能学习到其他学校的知识，实现个体化学习。如慕课（Massive Open Online Course, MOOC）是大规模开放的在线课程，有些学校或企业开放了免费或收费资源。因为网络资源庞杂，因此需要认真鉴别信息的可信度和科学性。登录学术团体、正规学校的主页，能获取较为可信的信息。收费机构的信息也有可靠的保障。

（钱　明）

【本章小结】

　　大学学习的特点，决定了大学生一定要"学会学习"，这能受用终生。大学生在学习内容上要注重广博性，除了学习各种知识外，还要学习待人接物和控制情绪，培养非智力因素。文中介绍的影响学习的因素供学生思考，提及的各种提高学习效率的方法供学生借鉴。每位学生要根据自己的特点和习惯，形成自己的学习风格。学习方法是形式，但学习动机的形成是大学生学习适应和获得学业成功的关键。

【拓展阅读】

1. 韩愈的《古今贤文·劝学篇》。

2.《礼记》中的《学记》。

3. 胡佩诚 . 认识你自己 : 大学生心理健康珍藏 . 北京 : 北京大学医学出版社,2011.

【心理测验】学习动力自我诊断量表与评分标准

测验指导语:这是一份关于大学生学习动力的自我诊断量表,一共有 20 个问题。请你根据自己的实际情况,逐一对每个问题做"是"或"否"的回答。为了保证测验的准确性,请你认真作答。

题目	是	否
1. 如果别人不督促你,你极少主动地学习。	1	0
2. 你一读书就觉得疲劳与厌烦,只想睡觉。	1	0
3. 当你读书时,需要很长的时间才能提起精神。	1	0
4. 除了老师指定的作业外,你不想再多看书。	1	0
5. 在学习中遇到不懂的知识,你根本不想设法弄懂它。	1	0
6. 你常想:自己不用花太多的时间,成绩也会超过别人。	1	0
7. 你迫切希望自己在短时间内就能大幅度提高自己的学习成绩。	1	0
8. 你常为短时间内成绩没能提高而烦恼不已。	1	0
9. 为了及时完成某项作业,你宁愿废寝忘食、通宵达旦。	1	0
10. 为了把功课学好,你放弃了许多你感兴趣的活动,如体育锻炼、看电影与郊游等。	1	0
11. 你觉得读书没意思,想去找个工作做。	1	0
12. 你常认为课本上的基础知识没啥好学的,只有看高深的理论、读大部头作品才带劲。	1	0
13. 你平时只在喜欢的科目上狠下功夫,对不喜欢的科目则放任自流。	1	0
14. 你花在课外读物上的时间比花在教科书上的时间要多得多。	1	0
15. 你把自己的时间平均分配在各科上。	1	0
16. 你给自己定下的学习目标,多数因做不到而不得不放弃。	1	0
17. 你几乎毫不费力就实现了你的学习目标?	1	0
18. 你总是同时为实现好几个学习目标而忙得焦头烂额?	1	0
19. 为了应付每天的学习任务,你已经感到力不从心?	1	0
20. 为了实现一个大目标,你不再给自己制订循序渐进的小目标。	1	0
分数合计		-

结论的解释:

1. 20 道题目可分成 4 组,它们分别测查你在四个方面的困扰程度:

• 1~5 题测查你的学习动机是不是太弱;

• 6~10 题测查你的学习动机是不是太强;

• 11~15 题测查你的学习兴趣是否存在困扰;

• 16~20 题测查你在学习目标上是否存在困扰。

假如你对某组(每组 5 题)中大多数题目持认同的态度,则一般说明你在相应的学习欲望上存在一些不够正确的认识,或存在一定程度的困扰。

2. 计分方法：

从总体上讲，假设选"是"记1分，选"否"记0分，将各题得分相加，算出总分。

3. 结果解释：

● 总分在0~5分，说明学习动机上有少许问题，必要时可调整。

● 总分在6~10分，说明学习动机上有一定的问题和困扰，可调整。

● 总分在14~20分，说明学习动机上有严重的问题和困扰，需调整。

注：本测验的结果仅供参考。

【思考与练习】

1. 你期望的大学和现实的大学有差异吗？这种认识对你的心理有何影响？

2. 你对大学学习的特点认同吗？对哪些方面还有建议？

3. 本书介绍的影响学习的因素中，哪些方面对你有启发？

4. 当你学习动机不足时，如何专注于自己的学习？

5. 你自己的学习风格或特点是什么？根据本章提及的学习效率的技巧方面的内容谈如何提高自己的学习效率。

6. 图示康奈尔笔记法，并标注各表格的含义。

7. 你有网络学习经历吗？请列举出科学可信的网络学习资源。

第五章 大学生情绪管理

第一节 情绪的概述

一、情绪的概念

广义的情绪（emotion）包括情感（feeling），是指人们对客观事物的态度体验，是个体在受到某种刺激时所产生的一种身心激动状态。狭义的情绪是指个体受到生活环境中的刺激时，个体的需要是否获得满足而产生的态度及其体验，是个体对生活事件的心理反应，也是个体适应其所处环境中挑战的一种形式，它是大脑对客观世界的一种反映形式。情绪产生的根源在于客观现实本身，客观事物的不同特点及客观事物与个体之间的不同关系，使人在情绪上抱有不同的态度，有愉快、悲哀、愤怒、恐惧、忧愁、赞叹等不同形式。情绪与情感有一定的区别：情绪是人及动物所具有的一种心理活动，而情感却是人类特有的心理活动，如审美感、道德感等；情绪更多地与生理需要相联系，而情感则更多地与社会需要相联系；情绪发生较早，而情感发生较晚；情绪具有情境性、暂时性和冲动性，而情感则有稳定性、持久性和内隐性。尽管情绪与情感有区别，但两者是密不可分的，都是对需要是否满足产生的体验。一般而言，情感的产生会伴有情绪的反应，而情绪的变化又常受情感的支配。事实上，情感（feeling）是情绪过程的主观体验，是情绪的感受方面。因此，广义的情绪包括情感。

情绪与认识活动不同在于以下几个方面：①情绪具有独特的主观体验形式，它不是有机体对现实对象和现象本身的反映，而是由客观现实与人的需要之间的关系所引起的喜、怒、悲、惧等感受；②情绪活动有明显的生理变化，如内脏功能的变化（消化、呼吸、循环及内外分泌器官的活动），脑电与皮电活动的变化，外部表情（包括面部表情、声色表情、身段表情等）的变化；③情绪活动有独特的生理机制。美国心理学家伊扎德（C.E.Izard）认为，为情绪下定义应包括生理基础、表情行为和主观体验等三个方面的特点。情绪与有机体的需要紧密联系着，它是以需要为中介的一种反映形式，客观世界的某些刺激并不全都能引发人的情绪，只是与人的需要有直接或间接联系的事物，才使人产生情绪态度。通常，那种能满足人的某种需要的对象，会引起正性的情绪体验如满意、愉快、喜悦等；反之妨碍或干扰需要得到满足的事物，就会引起负性的情绪体验如不满意、痛苦、忧愁、恐惧、愤怒等。情绪在种族发生上具有明显的生物学适应价值，情绪体验与人的活动行为具有密切的联系，它是有机体在社会环境中，特别是在人际交往中发展起来的，具有很强的社会特性。它可协调人的社会交往和人际关系。情绪影响着人的心理生活的各个方面，且贯穿着整个人生。

二、情绪的分类

情绪分类的方法较多,依分类标准而定。不同的心理学家根据各自的标准将情绪分成不同的类型。如20世纪70年代初,美国心理学家伊扎德(Izard CE.)用因素分析的方法提出人类的基本情绪有11种,即兴趣、惊奇、痛苦、厌恶、愉快、愤怒、恐惧、悲伤、害羞、轻蔑和自罪感等。而有些心理学家根据情绪的演化过程或刺激类型将情绪分为六类。第一类是原始的基本情绪,常常具有高度的紧张性,它们表现为快乐、愤怒、悲哀与恐惧四种形式。第二类是由感觉刺激引发的情绪,常常是温和的或强烈的,它们表现为疼痛、厌恶和轻快。第三类是与自我评价相关的情绪,这主要取决于评价标准,表现为成功感与失败感、骄傲与羞耻、内疚与悔恨等。第四类是与别人有关的情绪,经过一定的时间,这类情绪常常转化为持久的情绪倾向或态度,主要表现形式是爱与恨。第五类是与欣赏有关的情绪,它们是惊奇、敬畏、美感和幽默。第六类是最为持久的情绪状态,即心境。根据情绪是否使人感到愉悦将情绪分为负性情绪和正性情绪。正性情绪是一系列使人感到愉悦的基础情绪的集合,它反映了个体积极的情感体验,比如快乐,喜悦,激动和满意等;负性情绪是由一系列让人感到不愉悦的基础情绪组成,它反映了个体消极的情感体验,如恐惧、敌对和紧张等。根据情绪的状态可分为心境、激情、应激。虽然情绪的分类方法有很多,但一般认为基本情绪有四种:恐惧、愤怒、悲伤、快乐。

(一)恐惧

恐惧是人和动物共有的情绪之一,指的是个体在面临并企图摆脱和逃避某种危险情境而又无力应付时产生的情绪体验。恐惧发生时常有逃避行为并伴随着一些异常激动的表现,如心慌、毛发竖立、惊叫、预示危险的面部表情和姿态等。引起恐惧的刺激因素是多种多样的,诸如陌生可怕的事物突然出现,遇到凶猛的动物、身体突然失去平衡,熟悉的环境发生了意想不到的变化等都可能引起恐惧的发生。恐惧的产生及其程度不仅仅是由于危险情境的存在,更重要地是与个体是否缺乏处理可怕情境的能力有关。当危险情境极度威胁到个体的生命、自身又无能为力时,就会产生极度的恐惧。一个初次出海的人遇到惊涛骇浪时会感到恐惧无比;而一个经验丰富的水手对此可能已经司空见惯了,不再恐惧。

(二)愤怒

愤怒是指由于外界干扰使愿望实现受到阻碍、目的无法达到,从而逐渐积累紧张感而产生的情绪体验。当愤怒产生时可能不能自我控制,甚至可能出现攻击行为。愤怒的程度取决于干扰的程度、干扰的次数以及挫折的大小。愤怒的引起在很大程度上取决于对障碍的意识程度——如果一个人完全不知道是什么人或什么事阻碍了他达到目的,愤怒并不产生;如果很清楚地意识到了障碍,并认为它是不合理的、恶意的,则会很容易产生愤怒,甚至于对干扰对象表现出攻击行为。愤怒的程度和攻击的方式与个体的人格及其心理特征有关。

(三)悲伤

悲伤(sadness)也称悲哀(sorrow),指与喜欢、热爱的对象失去、破裂或理想和愿望破灭相联系的情绪体验。悲哀的程度取决于所失去东西对自己的价值和重要性、通常深切的悲哀是由于失去亲人或贵重东西所引起。另外,主体的意识倾向和个性特征对人的悲哀程度也有重要影响。悲哀根据其程度的不同,可分为遗憾、失望、难过、悲伤、极度哀痛等。较强的悲哀时常会表现出失眠、食欲消失、抑郁、失望、焦虑、急躁、孤僻等情绪和行为反应。悲哀有时伴随哭泣,使紧张释放、心理压力缓解。但悲伤并不总是消极的,有时在一定的思想和信念的支配下,人们能化悲哀为力量,可把这种消极情绪转化为积极、增力的情绪,进而转化为前进的动力。

(四)快乐

愉快、满意、欢乐的情绪,是一种感觉良好时的情绪反应,一般来说是一个人盼望和追求的目的达到后产生的情绪体验。由于需要得到满足,愿望得以实现,心理的急迫感和紧张感解除,快乐随之而生。与悲伤不一样的是,快乐的感觉通常都是短暂的,但又无处不在,如美酒佳肴带来的感官快乐、功成名就带来的精神快乐,行善助人带来的道德快乐等。快乐的程度取决于多种因素,包括所追求目标价值的大小,在追求目标过程中所达到的紧张水平,实现目标的意外程度等。

(五)复合情绪

复合情绪是由基本情绪的不同组合派生出来的,在以上这四种基本情绪的基础之上派生出众多的复杂情绪,如厌恶、羞耻、悔恨、嫉妒、喜欢、同情等。

三、情绪产生的理论

情绪产生的理论有许多种,不同心理学派基于不同的角度对情绪进行了一定程度的理论与实验研究,由于其观点不同,强调的问题不同,采用的研究方法的不同,导致的结论也有所不同,并因此提出不同的情绪理论。本章节仅对其中的一些理论做简单的介绍。

(一)詹姆士-兰格理论

詹姆士-兰格理论或许是引起心理学家们长期争议的最为著名的情绪理论。美国心理学家詹姆士(James W.)和丹麦生理学家兰格(Lange C.)分别于1884年和1885年提出了观点基本相似的理论,而詹姆士是其主要的和最清楚的阐述者。詹姆士提出了一种"反常识"的理论,按一般常识对情绪的看法是:哭泣是因为伤心,笑是因为快乐,发抖是因为害怕,也就是说情绪的产生,首先是我们内心觉察到了某种事实,然后引起某种精神上的感受(情绪),接着是身体上的表现。而詹姆士的观点则恰恰相反,他对情绪的解释是:人快乐是因为笑,人伤心是因为哭,人恐惧是因为颤抖。詹姆士认为情绪并非由外在刺激所引起,而是由于身体上的生理变化所引起。兰格还特别强调情绪与血管变化的关系。这一理论对机体的生理变化与情绪发生的关系做出了解释,认为情绪的产生过程是:刺激情境→生理变化→对生理反应的知觉→情绪体验(图5-1)。强调了自主神经系统在情绪产生中的作用,并因此也称为情绪的外周学说。

引起知觉的刺激情境 → 刺激引起生理反应 → 对生理反应的知觉 → 产生情绪体验

图5-1　詹姆士-兰格情绪理论示意图

(二)坎农-巴德理论

美国生理学家坎农(Cannon W.R)及其弟子巴德(Philip Bard)对詹姆士-兰格理论提出了质疑,认为情绪体验的产生并不是在生理变化之后,情绪起于生理变化的论点是错误的,情绪产生的中心不在外周系统而是在中枢神经系统的丘脑,并提出了情绪的丘脑学说。该学说认为由外界刺激引起感官的神经冲动,通过感觉神经传至丘脑,再由丘脑同时向上向下发出神经冲动,向上传到大脑产生情绪的主观体验,向下传到交感神经引起机体的生理变化,也就是说情绪体验的产生与生理变化是同时发生的(图5-2)。

图5-2 坎农-巴德情绪理论示意图

(三)沙赫特·辛格理论

美国心理学家沙赫特(Schachter S.)提出情绪的产生是受认知过程、环境刺激、生理反应三种因素所制约,但决定情绪的主要因素是认知,强调个体对其生理变化与刺激性质两方面的认知,都是形成情绪经验的原因。沙赫特和辛格(Schachter S. and Singer, 1962)曾特别设计了多项实验对其理论进行了验证,证明情绪状态是由认知过程、环境刺激、生理反应在大脑皮层中整合的结果,即环境中的刺激因素通过感受器向大脑皮层输入外界信息;同时生理因素通过内部器官、骨骼肌的活动也向大脑输入生理变化的信息;认知过程是对过去经验的回忆和对当前情境的评估,来自这三方面的信息经过大脑皮层的整合作用之后,才产生某种情绪体验(图5-3)。

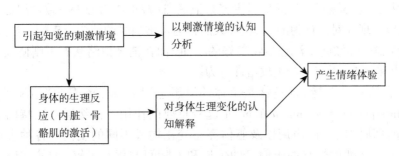

图5-3 沙赫特-辛格情绪理论示意图

四、情绪的作用

情绪是生物进化的产物,是客观环境是否符合自身的需要而产生的态度体验。具体来说有如下几方面的作用。

(一)情绪是适应生存的工具,能激发行为动机

情绪活动是动物存在的本能反应,这些反应可以追溯到低等动物在趋利避害时的体验,它是机体生存和适应的重要保障。情绪能激发人的认知和行动的动机,使人处于唤醒和激活状态。在生存竞争中,情绪体验有助于动物规避周围的危险,增加生存的机会,或提高适应环境的行为能力。例如,当动物面临天敌时会因为恐惧而逃避。人类之所以能在远古恶

劣的环境里生存下来，正是得益于恐惧。恐惧强化了求生的欲望，也可激发身体的潜能；恐惧使人学会了敬畏、学会了规避、学会了抱团，因而可能躲过种种危险；恐惧保证了人类的生存，也促成了社会的进步。由于恐惧寒冷和黑暗，原始人学会了钻木取火，由于恐惧雷电，人类制造了避雷针；由于恐惧野兽，人们发明了冷兵器；由于恐惧瘟疫、风雪和洪水，人类学会了医药、盖房、修堤坝等。时至今日，因为恐惧战争与死亡，人们学会了谈判、妥协与和平共处。再如，悲伤不仅是一种消极的负面情绪，也具有自我保护的正面功能，强烈的悲伤情绪减缓了功能的运转，增加了养精蓄锐的机会；当然，超出一定程度和持续时间的悲伤会导致个体心理功能和免疫功能的削弱，使人易患消化系统疾病、心理学血管疾病等心身疾病。各种情绪的发生，都在提醒着个体和社会去了解自身或他人的处境和状态，以求得良好的适应。

（二）情绪具有心理活动的组织作用，成为人际交往的手段

情绪是脑的高级功能，是独立的心理过程，有自己的发生机制和活动规律。作为脑的一个监察系统，情绪对其他心理活动具有组织作用，包括对活动的促进和瓦解两个方面。正性情绪起协调、组织作用；而负性情绪起破坏、瓦解或阻断作用。研究证明，情绪能影响认知操作的效果，其影响效应取决于情绪的性质和强度。愉快强度与操作效应之间的关系呈倒"U"字型，即中等唤醒水平的愉快和兴趣为认识活动提供最佳的情绪背景，过低或过高的愉快唤醒均不利于认知操作。就负性情绪而言，痛苦、恐惧的强度与操作效果呈直线相关，情绪强度越大，操作效果越差。

情绪的组织功能也体现在情绪对个体的记忆和学习上，对其决策有着重要的意义。情绪对认知过程的影响既有积极的一面，也有消极的一面，这取决于人们认知过程的心境状态，心境的积极状态和消极状态会以不同的方式影响认知的各种过程。如研究表明，与心境一致的材料比与心境不一致的材料更容易记忆，这被称作为心境一致性记忆效应。情绪的组织功能也表现在对人行为的影响上，人的行为常被当时的情绪所支配。当人处在积极、乐观的情绪状态时，倾向于注意事物美好的一面；而在消极情绪状态下则使人产生悲观意识，失去希望和渴求，更容易产生攻击性行为。

情绪具有信号性功能，即情绪是个体的思想意识的自然流露，情绪和语言一样，在人际沟通（interpersonal communication）中起着重要的作用。情绪通过独特的无言语沟通形式，即由面部肌肉运动、声调以及躯体姿态变化构成不同的表情。各种表情都具有一定的信号意义，这种信号有助于信息的传递和人际间的相互了解，即使在语言互不相通的情况下，凭借表情，人们也能相互交流。其中面部表情是最重要的情绪信息媒介。在许多情境中，表情能使言语交流的不确定性和模棱两可的情况明确起来，成为人的态度、感受最好的注释；在人的思想或愿望不宜言传时，也能够通过表情来传递信息。表情信号的传递不仅服务于人际交往，而且常常成为人们认识事物的媒介。例如当面临陌生的情境时，人们常常会从他人面孔上搜寻表情信息，然后再采取行动，这种现象被称作为情绪的社会性参照作用（social referencing of emotion），它有助于个体的社会适应。情绪的沟通交流作用还体现在构成人际之间的情感联结上，如婴儿对母亲的依恋就是以情感为核心的特殊的情感联结模式。友谊、亲情和恋爱等也都是以情感为纽带的联结模式。

第二节 大学生情绪特点及其影响

一、大学生情绪特点

大学生正处于个体的青年时期,在这个时期,个体处于从青年期向成年期的关键转变时期,虽然生理水平已近成熟,但心理水平仍尚处于发展之中。研究表明,青年期个体的情绪往往具有不稳定性,易从一个极端走向另一个极端;青年期个体的情绪还具有强烈性,常常表现出强烈的兴奋、激动或消沉、泄气;同时,青年期个体的情绪还具有可调节性,随着青年人思想修为、文化水平及心理成熟水平的不断提高,他们逐渐发展出较强的自我意识,具备了一定的控制情绪和反省自身弱点的能力。而处于青年时期的大学生作为青年人中的一个特殊群体,其知识素养、社会地位、身心状况等因素决定了他们的情绪表现除了具有青年期个体的一般特点外,还具有其自身复杂而显著的特点。

(一)稳定性与波动性并存

随着年龄的增长,知识经验的积累,文化水平的提高,大学生个体对自己的情绪已具备了一定的控制能力,情绪状态趋于稳定。但随着社会生活节奏日渐加快,竞争日益激烈,各种生活事件如学习成绩的波动、身体状况的变化、人际交往的成败以及家庭的变故等均易引起大学生情绪的波动。大学生在不断追求自我完善的过程中承受了越来越多的压力,当压力超过自身的承受底线时,同成年个体相比,大学生的情绪容易从一个极端跳到另一个极端,情绪跌宕起伏,表现出不稳定、易波动的特点,如时而欢欣鼓舞、兴高采烈,时而静如死水、郁郁寡欢,在冷静与冲动、积极与消极之间不断变化。但如此极端、强烈的情绪活动在大学生身上容易事过境迁,情绪活动会随其认知标准的改变而改变。这种情绪特点与大学生阶段身心发育程度有关,是在社会、家庭、学校三者的共同影响下逐渐形成的。

(二)理智性与冲动性并存

相对一般青年期个体而言,大学生在经历外界刺激后往往能理智分析并采取较为恰当的行为应对,基本能做到自我调适与控制、三思而后行,这是大学生情绪的理智性特征。然而,由于当代大学生具有诸如单纯、敏感、理想化及自尊心强等心理特征,在面对和处理事情时其情绪体验往往比较强烈,富于激情,特别是遇到个人无法处理的紧急、突发事件时表现得更为明显,容易冲动、莽撞行事。冲动爆发的情绪活动一旦失控,往往造成可怕的结果,如因为一些鸡毛蒜皮的小事而大发雷霆、与他人发生冲突,因感情受挫而自杀等都是大学生情绪冲动性的具体体现。

(三)积极性与消极性并存

大学新生一般情绪是积极的,因为他们觉得自己没有辜负"十年寒窗",没有辜负老师和家长的殷切希望,他们自觉未来充满阳光,在积极的情绪下也同样积极地对待入学后遇到的每一个人和每一件事。可是一段时间过后,在各种诸如学业、生活压力的作用下,大学生们往往又会有些消极情绪产生,源于他们慢慢意识到各种学业压力、集体生活的适应压力、远离父母独立生活的压力及未来就业的压力等。这种消极情绪往往在独立性、适应性较差的学生中表现最为突出。

（四）外显性与内隐患并存

大学生的情绪表达一般比较直接、外露，往往喜怒哀乐形之于色，他们的情绪状况一般能通过其言语、表情及行为进行揣测，这就是大学生情绪外显的特点。但有时大学生情绪的外在表现与其内心体验并不总是一致的，部分大学生会在某些场合及特定问题上隐藏或压抑自己的真实感受，比如在对待学习问题时，其实希望取得好成绩并暗下苦工，却往往倾向于表现出无所谓、事不关己的态度，又如在与异性相处时，明明有好感并希望接近，却偏偏表现出高冷无情、满不在乎的样子。导致大学生压抑情绪的原因主要有二，一是大学生正好处于人格发展的"自我同一性"建立阶段，内心的矛盾冲突较剧烈，习惯选择压抑的心理防御机制；二是由于在充满了诸多问题的现实生活环境中，大学生的很多需要没能得以满足，他们往往选择压抑自己的情绪。需要特别指出的是，上述情绪特点是大学生有意识控制及无意识防御的结果，与表里不一的虚伪是两码事，切勿混淆对待。

（五）独立性与依赖性并存

随着大学生离开父母、家庭进入大学及其自我意识的日益增强，大学生的成人感倍增，他们逐渐获得了一种独立于父母的自主感，其自尊心及自信心也大幅提升。因此，一方面他们在情绪上表现出强烈的独立反应，渴望独立生活，希望师长及社会承认并相信他们已具备独立生活的能力；另一方面，由于受限于社会经验和认识水平，处于青年时期的大学生尚无法完全依靠一己之力去面对及处理学习、生活中的一系列复杂问题，因此，他们对家庭、学校和社会仍然存在明显的依赖情绪。这种尚未完全"断乳"的依赖性与其迅速发展的独立性并存的现象，常使大学生极易产生强烈的情绪冲突。

（六）层次性与复杂丰富性并存

大学生的情绪活动发展过程具有明显的层次性和复杂丰富性。层次性主要体现在不同年龄及年级的大学生中，在大学四年里，大学生的情绪发展将从不稳定、不成熟逐渐过渡到稳定、成熟。一方面，随着年龄的增长、年级的升高，大学生们逐步表现出能积极思考前途和情感、会关心他人和社会的倾向；另一方面，从大一新生对大学校园充满新鲜和热情，到从大二开始随着对校园环境的熟悉和适应、对大学生活的歪曲认识和不良习惯养成，大学生们渐渐对大学生活的热情淡去，部分学生会变得疏于社交，形只影单，直至大学毕业。此外，大学生的情绪活动趋向丰富，高级社会情感逐渐成熟，大学生时期的重要生理心理变化是生理发育日渐成熟、自我意识不断增强，对自身个性、文化、能力及道德修养等方面他们均有了更深入的自我认识，同时也对专业素养、人际交往、就业以及自我发展等方面提出了更高的要求。由于各种高层次需要不断出现且逐渐加剧，于是大学生在情绪上往往表现为情绪活动的内容增多，自我体验及自我尊重需要增多且日渐强烈，自卑、自负等情绪活动明显。此外，不同家庭背景的大学生也有不同的情绪表现，一般来说成长环境较好的大学生情绪较稳定，情绪控制力较强。最后，不同性别的大学生往往表现出不同的情绪特点，这都是大学生情绪复杂性的具体体现。

（七）情绪活动心境化

大学生的情绪活动一旦被引发，即使外界刺激消弭，其情绪状态虽会有所缓和，但其持续时间较成年个体长，往往易转化为心境，从而对之后的各种活动产生持续的影响。大学生的诸多消极情绪，如抑郁、焦虑、自卑等都具有这种心境化的特点。此外，大学生情绪的心境化还与大学生的想象丰富有关。由于大学生富于理想、遇事爱幻想，因此，由刺激直接引发的情绪反应极易被个体的各种想象所影响，个体的想象对其情绪反应的强度及持续时间都起着催化剂的作用。故而大学生常常会陷入某种与想象有关的情绪状态，难以自拔。

二、积极情绪对心理的影响

心理学对情绪的研究已取得重要进展,目前认为情绪是一种主观的体验,根据其所起的作用可以把情绪划分为积极情绪和消极情绪两类,其中,具有提高个体的活动能力,起着促进作用的情绪被称为积极情绪,反之则称为消极情绪或不良情绪。不同的情绪与个体的身心健康、生活质量关系密切。积极情绪也即正性情绪或具有正性效价的情绪,是一种正面的、积极的情绪。在既往的研究中,不同的研究者对积极情绪给出了不同的定义,如Russell认为:"积极情绪就是当事情进展顺利、你想微笑时产生的那种感受";Fredrickson则认为:"积极情绪是个体对那些对其有积极意义的事情的独特即时反应,是一种暂时的愉悦感受";而情绪认知理论则认为"积极情绪是一种在目标实现过程中取得进步或得到他人积极评价时个体所产生的感受"。关于积极情绪的描述性解释众多,但几乎都包含一个共同特点,就是都认为积极情绪是伴随着愉悦快乐感受的一种心理过程。不同研究者在其各自的研究中对积极情绪的具体表现形式进行了枚举,当前得到公认的具体表现形式主要为以下六类,即快乐、爱、兴趣、感恩、满足、自豪。目前的研究发现积极情绪对个体的心理健康存在重要的影响,主要体现为以下几点:

1. 积极情绪可提高个体的主观幸福感　主观幸福感是积极情绪体验中最核心的元素,指个体根据自己设定的标准对其生活质量所做出的整体评价,包括情感体验和生活满意度两个部分。情感体验就是个体生活中的积极情感和消极情感,而生活满意度则是指个体总体上对其生活做出满意程度的判断。研究发现,积极情绪有益于个体养成更好的思维及行为习惯,进而构建积极健康的生理、心理和社会资源。

2. 积极情绪有助于激发个体活动的动机力度　从心理学角度分析,情绪构成个体的基本动机系统。有研究发现,在积极情绪状态下,个体的思考能力增强,反应速度加快,动作灵活敏捷,工作和学习效率都有明显提高。所以,积极情绪不仅被公认为个体工作和学习的必要条件,也是在现代社会生活条件下保障个体工作高效性所必需。

3. 积极情绪对心理认知的扩建作用　现代积极情绪研究的鼻祖之一Fredrickson对传统的情绪理论进行了发展,关于积极情绪的功能,他提出了积极情绪的"拓展-建构"理论并认为积极情绪具有扩建功能。他认为积极情绪可扩展个体短暂的思维行动倾向,并能构建和增强个体的个人资源,如身体、心智及社会协调性等。积极情绪的扩建功能可促进个体充分发挥其主动性,提高个体的认知灵活性,进而产生丰富的思想和行为,并将这些思想和行为迁移到其他方面。而消极情绪则可使个体产生逃避行为,减少个体瞬间思维活动序列,缩小个体的认知范围,所以有研究者认为消极情绪只是有助于保存人类,而唯有积极情绪才能发展人类,激发人类产生新的思想和行为。因此,人类要想得到更进一步的发展,要想发展出更多创新性,就应该有意识地多让自己处于积极情绪状态。

4. 积极情绪有益于个体建立和谐的人际关系　社会交往是个体的基本需要之一,在人际交往中,带有情绪色彩的语调、语速等是传递信息和人际交往的重要手段。情绪的人际交往功能是通过个体的面部、语言和体态表情来实现的。积极的情绪表情,能向对方传递友好的交往信息,能促进人互相接近、了解,进而加深情感和友谊,最终建立起和谐的人际关系。

5. 积极情绪可增强个体应对压力的能力　易于产生积极情绪的个体被称为弹性个体,

他们能从压力和消极情绪中迅速恢复，并做出灵活改变以适应社会环境，酷似弹簧那样能屈能伸、不易毁坏。弹性个体在面对高压任务时，不管是在任务前还是任务后，都易体验到较多的积极情绪，他们在面对压力情境时，一般会通过放松、幽默等防御机制来策略性地培养自己的积极情绪。众所周知，积极情绪是压力的缓冲器，可以帮助个体采用积极应对策略，如赋予压力事件以积极意义、积极再评价等。这些积极策略能进一步帮助个体在压力情境中创造新的应对方式，得到更好的社会支持及持有更乐观的态度，从而增强了个体的压力应对能力。

6. 积极情绪可消除心理紧张　面对快节奏生活工作的压力，个体的消极情绪难以避免。既往的心理学研究已证实，一味纠结于消除消极情绪本身不足以解决问题，需要通过积极情绪的扩建作用来消除由消极情绪造成的心理紧张。消极情绪产生时一般伴随着特定的行动倾向，如愤怒时会伴随攻击行为，恐惧时会伴随逃离行为等。因而消极情绪往往会激活个体高水平的生理唤醒，使有机体生理活动水平暂时处于失衡状态。相关研究表明，积极情绪可迅速使由消极情绪导致的各种心血管系统异常（如血压升高、心率加快等）回归到正常的基线水平。Fredrickson 的研究也证实了这样的观点，他认为积极情绪是可以消除消极情绪的体验和生理唤醒，使个体由消极情绪造成的心理紧张得以释放，从而使机体保持健康活力。

三、消极情绪对心理的影响

情绪是个体的正常心理活动，体现在个体的一切活动中。按所起的作用可以把情绪划分为积极情绪和消极情绪。能削弱个体的活动能力，对身心健康起抑制作用的情绪被称为消极情绪或不良情绪。个体的消极情绪可直接影响其身心健康水平和学习工作效率。大学生处于青春发育后期，情感易波动且复杂丰富。受生理、心理发育及客观环境的影响，大学生的情绪变化颇为明显，波动频繁的消极情绪对其生活、学习、身心健康、人际关系等无不产生危害和影响。

1. 消极情绪会导致个体判断力下降而形成认知偏差　处在消极情绪中看待事物如同戴着有色眼镜看世界，定然产生各种偏差和错觉，使个体容易被各种假象及表象所迷惑，从而影响个体的三观建立。在不同情绪背景下，个体对同一事物的认知也往往大相径庭，自然也会使个体对事物、知识的理解与态度、对教育的反应等存在差异。此外，消极情绪会造成个体的抑郁及自卑，进而对社会产生歪曲认知，最终引起个体心理上的变态和疾病。以马加爵事件为例，据心理学专家分析，马加爵的犯罪行为及其心理问题，与他长期持续强烈、压抑的情绪状态、扭曲的世界观与人生观及其自我中心的性格缺陷密切相关。

2. 消极情绪能干扰学习过程影响才智发挥　积极情绪个体认知活动的助推剂，消极情绪则会干扰学习过程影响才智的发挥。个体乐观开朗、积极向上，其大脑就常常处于激活和兴奋状态，不仅学习效率会倍增，更能进行创造性地学习；反之则会出现思维受阻、反应迟钝、注意力不能集中等，进而导致学习效率一落千丈。此外，情绪还会通过影响学习态度进而影响学习过程，情绪高涨、富于激情时，个体易被促使去探索研究，反之则会消极怠工、懒散度日，最终放弃学习。

3. 消极情绪不利于良好人格的培养　近年的研究结果提示良好个性的塑造影响个体一生的生活和工作质量，而长期的消极情绪易使个体产生消极的认知取向，表现为对事物缺乏积极的认知模式,形成林黛玉式的人格特征,进而使其生活蒙受阴影,不利于提高生活及工作质量。

4. 消极情绪会导致精神痛苦进而影响生活质量 情绪作为个体正常精神活动的一部分,作为个体对客观事物的态度和反应,如同个体需要空气、阳光和水分一样不可或缺,人若无情便如草木一般。但个体若被消极情绪长期困扰,如长期笼罩在抑郁的阴影中,或惶惶不安、如临大敌的焦虑中,或怒火中烧、苦不堪言的愤懑中,人生幸福及事业成功则无从谈起。

5. 消极情绪会影响个体的人际交往 一般来说,一个情绪稳定、笑脸迎人、积极向上的人,周围一定聚集着很多好朋友;而一个经常发脾气、易激惹、负性情绪较多的人,则会使周围的人对他敬而远之。紧张、抑郁、冷漠、自卑、脆弱等情绪本身具有封闭性,会使个体难以接纳别人同时也难以被别人接纳,因此消极情绪较多者一般难以融入集体,他们往往缺乏朋友、孤独寂寞,从而丧失了许多发展机会。

6. 消极情绪容易使个体产生反社会行为,危害社会 在消极情绪状态中,个体容易思维狭窄,做事缺乏理智,若当事人本身性格比较冲动、暴躁,则更容易发生极端事件,如伤人毁物等危害社会安定的反社会行为。

7. 消极情绪具有传染性,容易引发群体心理问题 美国心理学专家詹姆斯的研究提示,只需20分钟,一个人就可以被他人低落的情绪所影响。人具有社会性,是生活在或大或小的集体中的,如果集体中有一个人消极情绪比较多,这常常会对这个集体里的其他成员造成一定影响,如果处理不恰当,甚至会出现群体性的情绪及心理问题。

四、影响大学生情绪的因素

(一)客观因素

情绪是人脑对个体自身的需求与外界刺激之间关系的反映。因此,客观及主观因素均可影响大学生情绪的发生发展过程,其中,外界的客观刺激对大学生情绪反应的引发十分重要,影响大学生情绪的客观因素主要包括家庭因素、学校环境因素及社会环境因素这几个方面。

1. 家庭环境因素 首先,家长若对子女的期望或要求过高,望子成龙的心态过于急切,从某个层面来看,其实是加重其子女的心理压力,导致其产生焦虑烦躁等情绪体验。部分大学生因为恐惧无法满足家长的期待或无法为家庭争气,因而产生极其焦虑及苦闷的情绪反应;也有部分大学生因缺乏家庭的温暖或得不到教师、同学的关爱和理解,因而也出现了冷漠的消极情绪体验。其次,家庭的变故也会影响大学生的情绪反应。进入大学后,部分大学生常常会经历家庭变故,如家庭成员的生老病死、天灾人祸,越来越多的中年离异现象,日益增多的单亲家庭,上述家庭变故都极有可能对心灵脆弱的大学生造成深深的伤害,进而引发情绪问题。此外,家境的贫困也可能影响大学生的情绪。目前我国各地区经济发展水平不平衡逐渐加剧,大学生中来自甘肃、宁夏、贵州、陕西等省的贫困学生比例不断增加,部分大学生会因缺乏必要的生活经济保障而整日忧虑不堪,除了学费、生活费的问题外,部分学生还会存在沉重的家庭负担,如因父母、家人病重无钱医治而整日生活在重重压力和烦恼之中,如此的境遇也极易引发大学生的情绪问题。

2. 学校环境因素 首先,随着我国教育体制改革的不断深化,学习成绩或一纸文凭挂师的粗放式评价系统将一去不复返。新时代的教育理念是重视学生素质教育，将学生培养为德智体全面发展的新世纪人才。然而部分大学生在进入人才济济的大学后，其理想自我与现实自我的差距日益显现，其中学时代的成绩优势逐渐消弭，过去的"三好"学生、尖子生等需重新面临新的挑战。部分大学生期望自己始终立于不败之地，然而现实又时常无法天遂人愿。此时，每个人最需要的是重新认识自我、明确新的定位、寻找新的起点；若一味沉溺于过去的辉煌，不正视现实，那么在遭遇挫折时便极易产生焦躁、苦闷、自卑甚至抑郁等消极情绪。其次，与既往的中小学生活相比，大学生活的最大特点就是要求学生逐渐独立，做到生活及学习上完全自理、自制，然而现如今的大多数学生由于是独生子女，故而父母在教养过程中投入了过多的关注，导致他们存在极其严重的依赖思想，无法独立生活。于是当进入不熟悉的环境，特别是要求生活中一切事务都要独立面对与处理时，部分生活自理能力极差的大学生因从小缺乏锻炼，便无法适应，极易在陌生的环境中手足无措、焦虑烦闷，甚至出现强烈的思乡之情，持续处于抑郁焦灼状态。再次，学习方式的改变也可影响大学生的情绪反应。尽管近年来一直强调中小学素质教育问题，但很多中小学校仍然一味追求升学率，甚至把升学率作为考核教师工作成绩的唯一手段，这使得中学教学模式一如既往，即学生在学习过程中几乎是被动的，完全是在教师的指导下学习，教师主导了学生学习的全过程，如此往往导致学生对教师过度依赖。然而，大学的教学理念更注重的是启发式教学，重视的是教会学生学习的方法，注意培养学习的自学能力与兴趣，也就是说自学在大学生的学习中是占有主要地位的，这要求大学生必须学会独立思考，关注学习的自觉性。但部分学生在进入大学后并不能适应这种学习方式上的转变，还是固执地期待教师填鸭式的教学，因而学习成绩总是得不到提高，时常面临留级或退学的危险，故而极易产生强烈的痛苦感和自责沮丧情绪。最后，大学生的人际关系挫折及情感问题也是影响其情绪的常见原因，大学生人际关系的主要内容是同学之间的交往，同班级或同宿舍的几个学生之间，相处的空间距离是比较小的。由于生活方式、行为习惯、性格脾气之间的差异，大学生在交往过程中难免发生各种矛盾及冲突。由于大学生对人际交往往往具有较为浓厚的理想主义色彩，凡事追求完美、理想化，人际交往的期望值往往过高，因此，一旦其期望无法达到就容易对人际交往持有消极冷漠的态度。如果恰巧存在一些心理困扰，往往会因为无人倾诉、排解，得不到及时的理解、帮助和支持，就更可能产生各种情绪问题。

此外，大学生的生理与心理发育逐渐成熟，其情感欲望逐渐增强，容易对异性产生好感、向往和对爱情的强烈追逐。部分大学生甚至开始考虑恋爱问题，与倾慕的对象建立恋爱关系。然而，由于大学生的理性程度不够，情绪情感虽丰富但却有较大波动性且易冲动，而且由于其承受挫折的能力欠缺，对爱情的认知又过于浪漫、理想化不切实际，因此，一旦情感上遭受挫折，往往因难以接受而垂头丧气、一蹶不振，甚至采取极端行为。

3. 社会环境因素　首先，当今世界竞争大、节奏快，这一方面给大学生们提供了更为广阔的发展机遇和空间，使其必须多维度地塑造自己，以便将自己推入市场，在市场的挑选中立于不败之地；然而，另一方面，如此前所未有的竞争及挑战，又势必容易加重大学生的心理负担和精神压力，特别是对于那些自身实力较弱、缺乏自信或自我评价较低的大学生来说，更容易产生焦虑烦闷或抑郁紧张的消极情绪。他们时常担忧自己在竞争中失利，担心自己不能适应新的社会要求而惨遭淘汰。如此恶性循环，使大学生们终日惶惶不安、焦虑抑郁在所难免。又加上学校为了适应市场的需求，培养出顺应市场需求的优秀人才，对学生的综合素质等方面要求及考核标准更高了，这使得大学生稍有松懈便很容易在竞争中失利，这无形中也成为诱发大学生消极情绪的因素之一。

（二）主观因素

情绪是人脑对自身的需求与外界刺激之间关系的反映。因此，主观及客观因素均可影响情绪的发生发展过程。其中，外界的客观刺激对个体情绪反应的引发十分重要，但归根结底，个体情绪变化的决定性因素还在于自身主观因素的作用。首先，对于那种自我评估不恰当的学生来讲，惯于过低估计自己，内心倾向就是觉得自己比不上别人，别人什么方面都比自己强，在诸如此类的心态背景下，个体自然容易出现自卑、苦恼、抑郁、焦虑等负性情绪体验；反之，惯于高估自己者，内心倾向是觉得自己什么都比别人厉害，自然较容易滋生骄傲自满、沾沾自喜的情绪体验。其次，对于具有不合群、孤僻、心胸狭隘等个性特征的个体来说，喜怒哀乐等情绪不易暴露、深藏于心，由于缺乏与外界的沟通，久而久之，极易产生冷漠、抑郁等消极情绪。第三，对于社会支持较少、缺乏勇气的个体来说，在屡遭挫折或失败，又难以得到别人的理解与支持，而自己又缺乏勇气时，极易采取逃避、退让的消极应对方式以便获得内心的相对平衡，此时产生抑郁、冷漠的消极情绪反应也是难免的。第四，对于情绪自控能力差、社会经验不足且遇事难以冷静处理的个体来说，一旦外界环境不随人愿，便极易产生难以遏制的消极情绪体验。

第三节　大学生常见的不良情绪及其调适

一、大学生常见的不良情绪

大学是人生的重要阶段，大学生在从青年期向成年期转变的过程中，将要面对和应付许多人生必修课，如知识的积累、性格的完善、个人潜力的发挥及职业生涯规划等。由于大学生心理发育水平尚不成熟，情绪调控及行为约束能力欠缺，因此在遭遇各种问题时，极易手足无措，进而产生焦虑、烦闷、自卑、抑郁等不良情绪体验。不良情绪是指当外界客观刺激与个体本身的需求、应对能力等不协调时个体产生的一种负面情绪体验。大学生由于社会经验不足、期望理想化、追求完美、应对能力弱，较成年人更易产生消极的情绪状态。大学生的不良情绪主要表现为外显和内隐两类。

（一）大学生中常见的外显不良情绪

大学生中常见的外显不良情绪主要表现为如下四种：①身心失调，即产生不良情绪时易同时出现恶心、呕吐及涉及人体各个系统的各种躯体症状等。这些躯体症状虽表现在外，易被察觉，但少有大学生能意识到它们是不良情绪的反映，故常未引起足够重视。②神经过敏症状，如习惯性摇头抽搐、皱眉、嘟嘴、做怪相、频繁眨眼、咬嘴唇、口吃、动辄脸红或面色苍白等；③好出风头行为，即无端戏弄或推搡别人、行为戏剧化、过分引人注目、喜欢自夸、欺骗别人等；④人际交往障碍，即在人际交往中，部分大学生常常表现出说话紧张结巴，思维混乱，条理不清，情绪焦虑躁动不安，有时甚至手足无措、语无伦次等情况。这种人际交往障碍若持续存在，则极易导致个体产生心理问题，甚至诱发身体器官功能异常；⑤各种违纪与攻击行为，如说谎、欺诈、恃强凌弱、对他人心怀恶意，经常欺负谩骂他人、毁坏公共财物、不服从师长、喜怒无常、经常逃学、旷课、恶作剧不断等；⑥注意力及思维障碍、学业困难，表现为难以集中注意力，坐立不安，常做白日梦、喜欢幻想，行为冲动莽撞，沉迷于网络或游戏,自制力差,学业困难等。上述均为大学生中常见的不良情绪的外显表现,值得引起重视。

（二）大学生中常见的内隐不良情绪

主要包括如下几种类型。

1. 自卑　自卑是指个体因存在某种生理、心理或社交缺陷而对自己产生过分否定、轻视的一种态度体验。进入大学后,由于学习、生活及社交环境的改变,部分大学生容易在心理上产生较大的失落感,一方面他们对自己的能力评价过低,认为自己一无是处,从而否定、轻视自己,常常担心别人不尊重自己;另一方面,他们对自己的缺点及别人对自己的评价过分敏感,于是常常在公众场合谨小慎微,畏缩拘谨,瞻前顾后,害怕自己表现不佳引来别人的非议。这种针对自我的消极情绪持续存在将在很大程度上影响大学生的正常学习和生活。

2. 焦虑　焦虑是指当个体无法预防和应对即将发生的某种事件时所产生的一种紧张不安或害怕担忧的情绪体验。正常人在面临无法预料的威胁或某种不良后果时,都会产生这种情绪体验。一般来说,适度的焦虑有益于个体的身心健康及学习、工作,只有当焦虑水平过高或过低即失度时,才会对个体的身心健康及生活质量产生负面影响。大学生不良情绪中的失度焦虑,主要指其过高或过低的焦虑两种,被过高水平焦虑困扰的大学生往往感到心烦意乱、紧张不安、惶恐害怕、心神不宁,同时还存在注意力、记忆力下降、思维混乱等表现,此外,还容易产生失眠、头痛、食欲欠佳、肠胃不适等躯体不适症状。反之,处在过低水平焦虑状态下的大学生则往往会觉得整日无所事事、失去了最起码的紧迫感和压力感,如此一来,他们的行为自然较随意和盲目,哪怕是关键的时刻也会随波逐流、放纵自己、懒懒散散、敷衍了事,其结果有害而无利。

3. 抑郁　抑郁是一种持续时间较长的低落的消极情绪体验。一般来说,这种情绪多发生在性格内向、孤僻、敏感脆弱、多愁善感的大学生身上。抑郁的产生主要与其自身某方面的需求长期得不到满足及个体感到无法应对外界压力有关,例如,部分大学生由于对所学专业缺乏兴趣、对未来迷茫或是在遭遇人际关系紧张、感情受挫等问题时,容易表现出愁眉不展、郁郁寡欢、对什么事都提不起兴趣、对生活缺乏勇气和热情、压抑的情绪状态,甚至有的大学生选择把自己封闭起来,任由其自罪、自卑、自责心理滋生,最终产生轻生、自伤等念头和行为,危害极大。

4. 冲动易怒　愤怒是由于外界客观刺激与个体的主观愿望相悖时,个体内心产生的一种激烈的消极情绪反应。由于大学生自身的生理、心理发展水平尚不成熟,大脑神经活动过程的兴奋和抑制功能发展不平衡,处于神经内分泌系统较为活跃的时期,因此其情绪自控及调节能力差,容易起伏,特别是在遇到不顺心的事情时,往往缺乏冷静的分析与思考,易怒易躁,甚至容易出现冲动攻击行为造成不可挽回的损失。

5. 冷漠　冷漠是指个体对外界刺激所产生的冷淡、不关心的消极情绪体验。部分大学生常表现出这种情绪,如有的大学生几乎对周围所有的人和事漠不关心,对同学、师长态度冷淡,对自己的前途未来及国家大事也无动于衷,把自己孤立、游离于各种社会群体之外,独来独往、形单影只。这种冷漠的情绪状态,一般多是个体故意压抑内心情感的一种消极逃避反应。尽管表面看起来平静冷漠,其实内心往往充斥着强烈的压抑、孤寂感。若个体长时间处于这种情绪状态下,心理能量得不到排解和释放,当超过了一定限度时,情绪便有如洪水决堤般爆发出来,最终影响身心健康和社会功能。

6. 骄傲　骄傲是个体因自身存在某种优势所产生的一种自认为了不起、轻视别人的情绪体验。在大学生常见的不良情绪中,骄傲情绪相对突出,比如:存在骄傲情绪体验的大学生,喜欢在人前卖弄才华、自以为是、盛气凌人,不懂得尊重对方的意见,对别人的意见不屑一顾,甚至挖苦讽刺,特别喜欢对别人喜欢挑三拣四或吹毛求疵,以显示自己的非同凡响和别人的平庸无能。具有这种情绪体验的大学生往往容易在胜利面前洋洋自得,趾高气扬,而在挫折面前,也极易灰心丧气,情绪低落,从而影响正常的生活及社交。

7. 嫉妒情绪　嫉妒情绪是自尊心受损时的一种情绪体验,在大学生中普遍存在。具体表现为当看到他人内在素养如学识、能力、品行及外在打扮如外貌、穿着等超过自己时,内心感到痛苦、愤怒不平,而当别人经历不幸或深陷困境时,则幸灾乐祸甚至落井下石。嫉妒是一种不良情绪,它会扭曲人的心灵,妨碍人与人之间正常的交往。

二、大学生常见的不良情绪的调适

情绪是个体心理过程的重要组成部分,影响着诸如认知、意志及行为等其他心理过程的品质与发展。健康成熟的情绪状态不仅是个体心理健康的重要体现、与个体的成长进步密切相关,也是个体社会化和个性发展良好的重要标志。因此,对于当代大学生来说,如果善于调控及管理自己的情绪,成为自己情绪的主人,不但有利于个体身心健康,更能促进自我发展及人格成熟,最终促进个体成长与进步。情绪调适是指采用恰当的方式对个体的情绪进行有效调节与控制,进而使个体获得或者始终保持积极向上的精神面貌,它是个体认识及控制自我能力的重要体现。大学生常见的不良情绪的调适方法主要包括学生、学校两方面。

(一)从学生方面可以从如下几方面进行不良情绪的调适

1. 树立正确的目标　学会制定适合于自己能力的奋斗目标。情绪源于需要,即当个体的需要得到满足时一般会产生积极的情绪体验,反之亦然。然而个体的需要是存在差异的,满足需要的方式也有所区别,因此大学生想要消除不必要的不良情绪,最重要的是要学习制定切合个体实际、符合自身能力及特点的奋斗目标,然后勇于脚踏实地地去实现它,不急不躁,这样就会减少很多不必要的焦虑和抑郁情绪,不仅更容易实现当前的目标,也为实现下一个目标奠定了坚实的基础。

2. 调整认知

(1)鼓励大学生正确认识自己:提高大学生对其自身心理状态包括情绪、能力、需要等的感知能力,当能对自身做出比较客观准确的评价,大学生就能避免妄自菲薄、自高自大或者过于苛求自己了。同时也需要意识到不良情绪的积极意义和价值,以免谈虎色变、一味抵触。

(2)学会"正性思维":理性情绪理论提出,个体的情绪及行为后果C并不由事件A直接决定,而是由当事人对A的认识B所决定。也就是说,积极情绪并不是源于"好事"本身,而是源于个体对事件的积极看法。这提示我们,自己才是一切情绪和行为问题的根源。所以要想拥有良好的情绪状态,每个人需要培养自己积极的心态、学会用多维度认识世界、视挫折为成功的起点、学会感恩、虚怀若谷、习惯看到每个人的优点、正确认识接纳自我、学会体验和珍惜身边的幸福。

(3)学会宽容和理解:能够宽容自己和他人不仅是个体心理健康的表现之一,同时也有助于保持心情愉快。倾向于宽容他人和自己的人,常怀欣赏的心态看世界,容易使他人和自己保持舒畅的心情。而不愿意宽容别人和自己的人,对他人总挑三拣四,对自己苛责不已,使彼此长期处于焦虑、抑郁状态,影响身心健康。当然,宽容绝不是无原则地妥协和委屈自己,而是建立在理解基础上的不苛责。

(4)树立正确的挫折观:经历挫折和失败是个体在改造世界的复杂活动中必然出现的现象,任何人在成长的过程中不可避免地都会遇到各种不同的困难。但这些困难并不是无法克服的,只要不怕失败,把失败视为生活中的挑战,勇于在逆境中奋起,就一定能从失败中学到如何成功的法宝,从而使自己成长地更坚韧、成熟,古往今来,诸如此类的例子不胜枚举,如西伯拘而演周易,屈原放逐乃赋离骚,仲尼厄而作春秋,左丘失明厥有国语等,上述古圣先贤们均是在失败中逐渐看清自己的出路,于是为后人留下了宝贵的历史文化遗产。

(5)培养健全的人格:健全的人格对保持个体良好的情绪状态至关重要,是调整情绪的根本所在。要想培养健全的人格,首先需以丰富的知识和能力为基础,其次要注意培养自身良好的行为习惯和修养水平,再次,注意建立积极科学的人生观、世界观和价值观,这是个体情绪调节中最根本和深刻的内容,也是培养大学生良好心理素质的关键。

3. 学会培养积极情绪

(1)培养广泛的兴趣爱好:兴趣是一种个体心理倾向,是个体积极探索某种事物的动力。当个体做自己感兴趣的事情时,因为乐在其中而专心致志甚至废寝忘食。因此,培养广泛的兴趣爱好对于培养积极情绪状态具有至关重要的意义。培养兴趣的步骤一是要意识到所作所为的价值和意义;二是要勇于实践、体验乐趣。有研究显示,大学生中不良情绪较多者大部分均是没有什么兴趣爱好的,部分学生除了正常上课之外再无他事可做,消极情绪无法转移、无处释放,积极情绪的来源也少之又少。

(2)建立良好的人际关系:良好的人际关系是培养个体积极情绪的重要环节。和志同道合的朋友交往,不但可以一起进行有趣的活动、放松紧张的情绪,还可以互相交流情感、分担烦恼、分享快乐,如此就会乐而忘忧、有益于产生积极情绪。建立良好的人际关系要注意以下几方面:一要遵循真诚互助、相互尊重、彼此宽容的原则;二要端正交友动机、掌握人际交往的有效方法。

(3)合理膳食:合理的膳食不仅能为个体提供所需的营养和能量,也会对个体的情绪产生影响。研究显示,食物之所以能对情绪产生影响,是因为食物中的某些成分可以改变机体内某些与情绪的发生及调节有关的神经递质的水平,一项来自美国的研究提示,食物中的某些营养素正是情绪相关神经递质的前体,机体摄入这些营养素后就有助于合成需要的神经递质,从而影响它们在体内的水平,最终影响个体的情绪。一般认为,三文鱼、北极贝、乳制品、肉类、蛋类及豆制品等一类高蛋白食物对积极情绪的形成有益;碳水化合物、巧克力等能使人心境愉快、感觉舒畅。

(4)积极创造体验愉快及成功的生活经历:愉快的经历有助于个体的身心健康和情绪调节。当个体能客观评估自己的能力,把奋斗目标设定在自己通过努力才能实现的范围内,那么每个人都能体验到成功,也都能在成功的经历中体验到愉快。因此,大学生应为自己制定切实可行的学习及全面发展计划,努力创造成功经历以产生积极情绪、增强个体自信心。此外,也需积极在日常生活及人际交往中去创造和体验成功经历所带来的愉快情绪。积极主动地创造、感受成功经历,能使个体的情绪朝着健康的方向发展,最终促进个体个性及心理素质的全面发展和提高。

（5）积极进行自我激励及自信心训练：自我激励是个体精神生活的动力源泉之一，主要指主动用人生哲理、榜样或正知正念以及自身的长处和优点来激发和鼓励自己，树立自信，以便战胜各种消极情绪。自信心训练是指通过加强个体对其生活、工作和学习的信心，来摆脱其不良情绪的困扰。单纯靠心理医生进行自信心训练是远远不够的，真正的自我激励和自信心训练需要贯穿于个体生活的时时刻刻。首先需看到自己的优点与长处，这是建立自信心的第一步；其次，在做任何一件事时，需尽量全情投入，尽力去做，克服不必要的担心和疑虑；第三，面对挫折是，需克服逃避思想，要激励自己想方设法去解决问题。按此方法训练多次所获得的成功经验自然会增强个体的自信心，最终摆脱因缺乏自信而带来的情绪困扰。

4. 学会排解不良情绪　大学生在其生活中常出现情绪的起伏变化，应学会并掌握如下几种表达、宣泄情绪的恰当方法。

（1）学会通过调节行为进而调节情绪：个体的情绪对其行为存在重要影响，反之，行为对情绪也会产生反作用。调节行为对个体的情绪有以下作用：首先，个体积极的行为可通过转移作用而减轻其消极情绪；其次，行为的转变往往可引起个体认知的转变，进而产生情绪上的转变；再次，个体的积极行为有助于形成乐观积极的个性及情绪。

（2）音乐调节：音乐作为一种艺术形式，可表达个体的情绪情感，不同的音乐可使人产生不同的情绪体验。现代研究发现，音乐可通过把个体从不同的病理情绪中解脱出来而用于治疗各种心理疾病。在国外，音乐调节已经应用到了外科手术及诸如抑郁症、焦虑症、睡眠障碍等精神障碍的治疗上。如失眠时可以听《摇篮曲》《仲夏夜之梦》等乐曲；情绪浮躁时可以听《小夜曲》等宁静的乐曲。每个人均可根据自己的情绪状态，选择相应的音乐来调节其情绪。除了被动接受即听音乐以外，主动音乐形式即唱或即兴创作也能起同样的作用。尤其引吭高歌，是消除紧张、激动情绪的有效方法。当消极情绪积压在心中时，不妨选择适合自己的歌曲来唱唱，无论是优美的旋律、激昂的歌词，还是唱歌时的呼吸运动，都可以缓解不良情绪。

（3）学会倾诉：哲学家培根曾说："若你把快乐告诉朋友，将有两个快乐诞生；若你把忧愁向朋友倾吐，忧愁将被分半"。因此，建议大学生存在不良情绪时，不要憋在心里，应学会向信任的亲朋好友倾诉。有研究显示，与孤僻的人相比，友情丰富的个体能长寿20年。由于现在网络交流在大学生中比较流行，因此在网上结识的可靠朋友也是可以倾诉的对象。

（4）适度痛哭：哭是人类的一种本能行为，是个体不愉快情绪的外在表现。然而，在日常生活中，哭常被当成懦弱的表现，比如男孩子总被教育说"男儿有泪不轻弹"。其实，这不仅是对人性的一种歪曲认知，更是对心理健康的一种严重损害。事实上，爱哭的人不一定就是弱者，不哭的人也不见得就很坚强。从科学的角度理解，个体在情感激动时流出的眼泪中含有高浓度的有害物质，有助于不良情绪的疏解。因此，痛哭其实是释放消极情绪的好方法之一，是保持心理平衡的有效措施，不必谈哭色变。

（5）运动调节：有研究表明，体育运动可以转移个体的注意力、使其情感得到发泄、兴趣发生改变、紧张状态得到松弛、情绪趋向稳定从而消除个体的消极情绪，最终达到心理平衡。因此，常参加体育锻炼是个体调节精力、调控不良情绪的一种好方法。

（二）从学校方面创造条件，加强大学生情绪调适能力的培养和提高

1. 学校适当增加自我情绪调控相关课程的设置　通过演讲、论坛、文艺节目及各种比赛形式，寓教于乐地引导大学生意识到并重视自我情绪管理的重要性，以便其更积极主动的学习各种情绪调控方法、树立培养健康心态及人格魅力的信心。此外,还应该有针对性地指导大学生提高情绪自觉力,注意自身情绪变化,同时指导其学会使用有效的情绪调适方法,采取合适的情绪表达方式,积极调整心态、控制情绪,进而促进大学生顺利地完成在校期间的各种生活学习任务,最终实现其对未来社会的良好适应。最后,学校应加强大学生心理素质教育及配备心理咨询服务机构,不仅有利于培养其乐观积极的心态,也可使部分遭遇心理危机的大学生能够及时得到心理咨询服务,化解心理困境。

2. 学校应尽量优化校园环境、提升大学生学习和生活质量　优美的校园环境和较舒适的生活条件无疑能在一定程度上使大学生处于舒心的情绪状态,从而促进身心健康;反之,则容易造成学生不良情绪滋生,有害于身心健康。因此,高校应该尽量积极改善校园环境,创造有利于学生生活和学习的物理条件,以便促进学生健康情绪管理。其次,需充分发挥校园第二课堂的优势,积极开展多姿多彩的校园活动,以促进学生积极乐观的生活态度和情绪状态。

3. 学校应注意关注个体差异,开展持续性和有针对性的个体情绪疏导　由于个人成长环境、家庭背景及个性等方面存在差异,不同个体在情绪表达和调控方面也会出现差异。学校需注意长期观察这些差异,针对不同个体、不同问题及不同的阶段需采取更恰当的引导方式,促使大学生正视及尊重自身真实感受、寻找情绪发生的原因、找到疏泄情绪的好方法,最终实现自身情绪的良好调控。

4. 学校应注意提高教师素质,以帮助大学生寻找情绪调控的好方法　大学生心理健康水平的高低在一定程度上与高校教师能否正确引导有着极为密切的关系。在新时期,现代教育工作者不仅承担着传授知识及技能的责任,而且还担负着促进受教育者心理健康包括良好情绪培养等重要任务。在教与学的互动过程中,一名优秀的高校教师能通过自身的言行举止、潜移默化地影响学生的思维方式,并将恰当的情绪调控方式渗透到日常的生活、教学及管理中。因此,应通过各种方式积极而全面地加强高校教师队伍建设,全面提升教师队伍的综合素质,并使其意识到大学生情绪管理工作是教师的最基础工作内容之一,促进其积极探索帮助大学生进行良好情绪调控的新方法。

(朱熊兆)

【本章小结】

本章节首先对情绪的一般概念、常见的分类、主要的情绪理论以及情绪的作用做了简单的介绍;其次介绍了大学生人群的情绪特点以及不同情绪对大学生心身的影响,同时简单描述了影响大学生情绪的主要因素;最后,介绍了大学生常见不良情绪的表现以及当出现不良情绪时采取哪些方法进行调适来减少不良情绪及其对心身健康的影响。

【思考与练习】

1. 大学生常见的不良情绪有哪些?
2. 如何调适常见的不良情绪?

第六章　大学生人际交往心理

【案例6-1】　人际关系受挫，大一新生欲退学

　　小敏是一名就读于北京某知名大学的女大学生，从小学习成绩优异，但却一直自卑，看不起自己。她不敢在人多的场合讲话，与别人交谈时常感到浑身不自在，因此常常独来独往，身边的同学大多认为小敏性格孤傲，不愿意与她交朋友。身处异乡的小敏时常感到孤独，每天闷闷不乐。

　　人际交往受挫严重影响到了她的正常生活，最终小敏向学校申请了退学。面对小敏的退学申请，学校以理由不充分为由拒绝，小敏只能继续留在学校就读，但孤独的校园生活每天都让她感到十分痛苦，苦恼不已……

　　人际交往能力是大学生需要具备的重要生存能力。正常的人际交往和良好的人际关系是心理健康发展、学业成功的必要保证。那么如何解决小敏的人际烦恼呢？通过本章的学习，我们将了解造成小敏现阶段苦恼的原因，掌握人际交往的基本知识，学会更好地尊重、理解和关爱他人，妥善处理人际交往中的矛盾和冲突，愉快地与他人合作，从而建立良好的对自身发展有益的人际关系。

第一节　人际交往概述

　　"知己难求"，"人生得一知己足矣"，我们时常会听到这样的感慨。其实，不论什么年龄段的人，都会有这种寻求知己好友的心理需求。我们渴望与更多优秀的人建立友谊，渴望与亲密的人建立一种诉说内心秘密的深层关系。

　　大学生具有强烈的交往需求，既要广交朋友增长见识，又需要融洽的人际关系以获得生活中的理解和支持。然而，很多学生就像开篇案例中的小敏一样，由于自身人格特点和人际交往方式不当等原因，在与同学交往过程中容易产生矛盾冲突，导致人际关系的不和谐，影响学习生活及身心发展。研究表明，良好的人际关系是大学生心理健康、人格完整、体验安全感和幸福感的重要条件之一。

专栏6-1 名家名言——人际交往

"一个人事业上的成功,20%取决于他的专业技术,另外的80%取决于人际关系、处事技巧。"——卡耐基

"如果你能够使别人乐意和你合作,无论做任何事情,你都可以无往不胜。"——威廉·詹姆士

"一个永远不欣赏别人的人,也就是一个永远也不被别人欣赏的人"——汪国真

"人生不要光做加法。在人际交往上,经常减肥排毒,才会轻轻松松地走以后的路"——余秋雨

"我成功的秘诀之一是先为别人创造、建立良好的人际氛围"——杨澜

一、人际关系的概念

人际关系是人与人在相互交往过程中建立的心理上的关系或心理上的距离,它反映了人与人在相互交往过程中物质和精神需求能否得到满足的心理状态。

人际关系概念可以从三个方面理解:①人际关系表明人与人相互交往过程中心理关系的亲密性、融洽性和协调性的程度;②人际关系由认知、情感和行为三种心理成分组成;③人际关系是在彼此交往的过程中建立和发展起来的。

二、人际交往的特点

(一)社会性

社会性是人际关系的基本特点。人是具有社会性的,正如马克思所言:"人的本质并不是单个人所固有的抽象物,在其现实性上,它是一切社会关系的总和。"随着社会生产力的快速发展和科学技术的不断进步,人们生活水平的不断提高,人们对物质和精神需求的不断增加,人际关系的社会属性也不断增强。

(二)个体性

人与人相互交往的过程中,彼此的社会角色也会对人际关系产生影响,但社会角色只是个体与其社会地位、身份相一致的行为方式及相应的心理状态,它是一种不以人的意志为转移的客观关系。因此,社会角色在人与人相互交往的过程中属于次要因素,而交往对象是不是自己所愿意深入接触和喜欢的人则成为主要因素。

(三)直接性

面对面交往是人际关系形成的重要手段。人们在面对面交流时,人与人直接接触交流,能够即时接收到彼此想要传递的信息,并做出回应。在人际关系建立的过程中,双方努力消除陌生感和距离感,彼此相互加深了解,从而建立起心理上的关系或距离。双方在心理上距离疏远时,则会感到抑郁和孤单;在心理距离趋近时,则会感到愉悦。

(四)情感性

人际关系通常以情感为桥梁,情感是人际关系的基础。人们在交往过程中,彼此会产生情感联系。若在相互交往过程中满足彼此物质和精神的需求,则会产生彼此趋近和相互

吸引的情感;反之,则会产生彼此疏远和相互排斥的情感。

（五）复杂性

人是复杂的生物,在人际交往的过程中复杂性主要体现在人际关系是由多种因素共同构成的,这些因素处于一种动态过程之中,个体的个性和行为习惯也对人际关系产生深刻影响。每个人都是独立的个体,个体在互相交往过程中的物质和精神需求各不相同,在交往过程中可能出现两种情况:一种情况是双方心理距离疏远产生抑郁、痛苦、悲观等消极心态;另一种情况是双方心理距离趋近产生开心、幸福、乐观等积极心态。因此,复杂性是人际关系的显著特点。

（六）多重性

所谓多重性是指人际关系具有多因素和多角色的特点。人在不同的社会环境中扮演不同角色,并会因为物质利益或精神需求导致角色的强化或减退;人在面对着不同的人和事,又会显现出不同的性格和行为习惯。人际交往过程中出现的多因素和多角色状况,使人际关系具有多重性的特点。

（七）目的性

人际关系反映了人与人在相互交往过程中物质和精神需求能否得到满足的心理状态。双方在交往过程中不断地向彼此寻求各种物质或精神上的满足,在人际关系建立和发展的过程中,均具有不同程度的目的性。由于社会的不断进步和经济水平的不断提高,人们在相互交往的过程中人际关系的目的性逐渐增强。

（八）多变性

俗话说"士别三日当刮目相看"。每个人每天都是变化的。人会随着年龄、环境、条件的变化而发生改变。老人和年轻人对待同一事物的态度和处理方式会有所差异。老人对待事物可能会更有耐心更沉稳,而年轻人对待事物可能会更加冲动浮躁。个体在人际交往过程中,人际关系也会随着时间、环境和条件的不同而发生改变。

三、人际吸引的条件

人际吸引是人与人情感上相互喜欢、相互需要、相互依赖的状态,是人际关系中的一种肯定形式。人为什么喜欢欣赏别人或被别人欣赏呢? 在人际交往过程中,相互之间的吸引是有一定规律的。

（一）熟悉与邻近

熟悉能增加吸引的程度。研究发现,如果其他条件大体相当,人们会更喜欢与自己邻近的人。熟悉性与邻近性两者均与人们之间的交往频率有关。处于物理空间距离较近的人们,相处机会较多,彼此心理空间更容易接近,因熟悉而产生依赖与吸引力。

（二）相似性

人们往往喜欢那些和自己相似的人。相似性包括:信念、价值观、人格特征、兴趣爱好、家庭背景、社会地位、年龄、经验等。实际的相似性很重要,但更重要的是双方感知到的相似性。

（三）互补性

当交往双方在某些方面互补时,彼此的好感度也会增加。互补可视为相似性的特殊形式。以下三种互补关系会增加人际吸引:需求的互补;社会角色的互补;人格特征的互补。

当双方的需要、角色及人格特征都呈互补关系时,所产生的人际吸引力是非常强大的。

(四)外貌

容貌、体态、服饰、举止、风度等个人外在因素在人际情感中的作用很大,尤其是在交往的初期,好的外貌会给人良好的第一印象。外貌美所产生的光环效应让人们往往以貌取人,即人们心理倾向于认为外貌好的人也具有其他优秀品质。

(五)才能

才能一般会增加个体的吸引力,但如果个体才能对别人构成压力时,会让对方感受到自己的失败和无能从而产生嫉妒心理。有研究表明,才能卓越的人如果偶尔犯一些"小错误",会增加他们的人际吸引力。

(六)人格品质

人格品质是影响吸引力最稳定的因素,也是个体吸引力最重要的因素之一。美国学者安德森(Anderson)研究了影响人际关系的人格品质,他发现人际交往中受人们喜爱程度最高的六个人格品质依次为:真诚、诚实、理解、忠诚、真实、可信。它们或多或少、直接或间接同真诚有关;而最不受欢迎的几个品质如:说谎、虚假也都与真诚度相关。因此,安德森认为,在人际交往中,真诚受人欢迎而不真诚令人心生厌恶。

四、人际交往的类型

(一)按照人际关系形成的途径分类

1. 不可选择型人际关系 不可选择型人际关系是不可以通过人的意志而改变的,它是由血缘和其他社会因素决定的,如:父子关系、母子关系、兄弟姐妹关系及其他亲属关系等。

2. 可选择型人际关系 可选择型人际关系是个体可以通过自己的意志决定自己的交往对象而形成的人际关系,如:夫妻关系、朋友关系等。

(二)按照人际关系形成的纽带分类

1. 血缘关系 血缘关系是由婚姻或生育而产生的人际关系,是不可改变的。血缘关系在人类还没形成社会之前就已经存在了,是最早的社会关系。在人类历史长河里,比较重要的血缘关系有:种族关系、氏族关系、宗族关系、家族关系、家庭关系。在不同的历史时代和不同的社会制度下,血缘关系具有不同的亲密度和功能作用。

2. 地缘关系 地缘关系是指以地理位置为联结纽带,由于在一定的地理范围内共同生活、活动而交往产生的人际关系。在人类历史上,比较重要的地缘关系有:同乡关系、邻里关系、社区关系和城乡关系。在人类历史的长河里战争、侵略、自然灾害等会使人们进行搬迁从而影响人们的地缘关系。

3. 业缘关系 业缘关系是人们由职业或行业的活动需要而建立的人际关系。如:工作上领导与被领导关系、上下级关系、同事关系、伙伴关系、竞争关系;学校里的同学关系、师生关系;军队里的战友关系、服从关系等。业缘关系与血缘关系不同,业缘关系不是在人一出生就决定的,业缘关系可以由人来改变。

随着社会生产力、经济生活水平的不断提高,科技教育的不断进步,在当今社会人与人的相互交往过程中,这种以职业为纽带的业缘关系渐渐占据人际交往中的主导地位。

4. 趣缘关系 因人们的志趣相投而建立的一种人际关系。它是为了满足人们的精神需求而建立的社会关系,是社会发展的产物。人与动物最大的区别就是在基本满足物质生活需求的基础上会产生精神需求,为此,人们形成了各种各样的人际关系。如为了打发时间而聚在一起跳广场舞的老年人;为了寻求刺激而聚在一起去探险的年轻人;为了娱乐而聚在一起玩耍的儿童等。这些聚在一起的群体属于非正式群体,这些群体没有严苛的规章制度,时间松散,只是为了满足人们精神上的需求而聚集在一起。这些人际关系的建立使人们丰富了业余生活,满足了人们精神上的追求,提高了人们的幸福水平。

(三)按照人际关系的心理倾向性分类

1. 主从型人际关系　主从型人际关系表现为一部分人喜欢支配别人,而另一部分人则愿意顺从别人。在这种人际关系中,一方总是非常强势不愿意多做忍耐和退让,常以自我为中心,不愿意听取别人的意见。另一方则委曲求全,没有主见,不会表达自己的观点,顺从别人。

2. 合作型人际关系　合作型人际关系表现为双方有共同的目标,可以相互忍耐和让步,能够配合默契的去完成共同的目标。在这种人际关系中人们可以相处融洽,为了共同的目标而为之努力,可以共同提出意见,双方都能够虚心接受别人对自己提出的缺点。

在这种人际关系中人们会感到心情愉悦,积极向上。合作型人际关系是人际关系中值得提倡的人际关系。

3. 竞争型人际关系　竞争型人际关系表现为双方都为了达到各自的目标,拼尽全力去争取完成各自目标,双方都不会忍耐和让步。在这种人际关系中,良性的竞争会使人们充满斗志、积极进取。双方可以在竞争中不断提高自身素质,更出色地完成自己的目标。但如果是恶性的竞争会使人们丧失理智,可能会触碰道德底线甚至是法律。双方在竞争中会感到愤怒、痛苦等消极情绪,不利于自身的发展也不利于社会的和谐。因此,竞争型人际关系必须要掌握好尺度。

4. 无规则型人际关系　无规则型人际关系是飘忽不定、无法定义的人际关系。在这种人际关系中,无法定义是主从、合作还是竞争关系。双方在相互交往过程中不按常理出牌,很难界定双方的人际关系类型。

(四)按照人际关系的目的性质分类

1. 情感型人际关系　情感型人际关系是人与人在相互交往过程中为了满足精神需求而建立起的人际关系。如父母与子女的关系、兄弟姐妹的关系等。在这种人际关系中人们把情感放在第一位,交往对象为了满足精神需求而建立人际关系。人是有感情的动物,在人际交往过程中情感是人际关系的重要因素。

2. 工具型人际关系　工具型人际关系是人与人在相互交往过程中为了满足物质需求而建立起的人际关系。如职场上的合作关系、商场上的买卖关系等。在这些人际关系中,交往双方把物质利益放在第一位。

3. 混合型人际关系　混合型人际关系是人与人在相互交往过程中既为了满足精神需求又为了满足物质需求而建立起的人际关系。如师生关系,老师教书育人和学生建立了深厚的感情,与此同时学生也交了相关费用。双方在相互交往的过程中不仅满足了物质需求也满足了精神需求,是一种混合型的人际关系。

(五)按照人际关系的性质分类

1. 和谐型的人际关系　和谐型的人际关系是指人们在相互交往的过程中相处融洽、心理距离趋近，能够满足双方的物质或精神需求的关系。在这种人际关系中，人们会感到心情愉悦，交往双方愿意彼此拉近距离相互接触。如朋友关系、爱人关系等。和谐型的人际关系不仅有利于自身的健康也有利于社会的和谐发展。

2. 对立型的人际关系　对立型的人际关系是指人们在相互交往的过程中相处不融洽、心理距离疏远，不能够满足双方的物质或精神需求的关系。在这种人际关系中，人们往往感到愤怒，出现消极态度，交往双方彼此疏远不愿意相互接触，出现敌对态度。对立型的人际关系危害社会的和谐发展，不利于构建和谐社会。在对立型人际关系中人们总是处于紧张焦虑的心情，让人想逃离其中。

五、人际交往的功能

（一）获得信息的功能

在人与人相互交往的过程中，人们会获得各种信息。相比于在书本上学习到的知识，通过人际交往获得的知识更直接、通俗易懂、内容也更加丰富。古人云"读万卷书，不如行万里路。行万里路，如阅人无数。"这是中国古人的一种求知模式，是古人提高自我修养的途径。古人讲究要博览群书，了解各种知识和学说，但这些全是书本上的笔墨。只读书往往是不够的，要有切身体会还要游历山水，去体会各种风俗情调，亲见亲闻便可得到不一样的见解。只是去游历山水，体会大好河山和民俗风情也是不能满足人们的求知欲的，阅人无数便成了一种求知的途径。在人生的旅途中，我们会遇到形形色色的人，和各种各样的人打交道。在交往过程中，我们能认识到更多的人，听到更多的事，交流各自的思想，进而获得更多的信息。

（二）认识自我的功能

人际交往过程中，人们可以通过别人对自己的态度和评价来对自我进行认知。古语有云"夫以铜为镜，可以正衣冠，以史为镜，可以知兴替，以人为镜，可以明得失。"唐太宗李世民喜听与善取各种献议，直谏大臣魏征多次上书进谏。唐太宗以魏征为一面镜子，来监督自己的一言一行与治国之道。当魏征死后，唐太宗亲自吊唁，痛哭失声。叹曰："今魏征没，朕亡一鉴矣。"可见与他人交往认识自我的重要性。在现代社会物欲横流，人们每天面对各种各样的诱惑。人们在与他人交往的过程中，可以通过与他人比较，在他人的眼中对自己的态度和评价中去改变自己的不足，发扬自己的优点，提高自己的自身素质。

（三）自我表现的功能

我们在与他人交往的过程中，往往愿意表达自己的思想，希望他人了解自己、认可自己、信任自己。美国人本主义心理学家亚伯拉罕·马斯洛（Abraham Maslow）1943 年在《人类激励理论》论文中提出了马斯洛需求层次理论。书中将人类需求像阶梯一样从低到高按层次分为五种，分别是：生理需求、安全需求、社交需求、尊重需求和自我实现需求。人在满足生理和安全的需求后，便会追求社会需求和尊重需求。人们在与他人交往的过程中，他人了解自己、认可自己、信任自己让人们感受到了归属与爱，这是人在与他人交往的过程中获得到的精神上的满足。

（四）协同合作的功能

人生来就是一个孤独的个体，有了亲人、朋友、爱人的陪伴才不会孤单。人作为一个独立的单位,在成长的过程中需要人际交往来扮演不同的角色和融入不同的群体。小时候在学校与老师同学相处;长大时到工作岗位与上下级、同事相处;回到家里与亲人相处。在与他人交往的过程中学会与他人协同合作、相互学习、相互扶持、取长补短、相互促进,大家一起为了共同的目标努力完成一个一个人生中的考验。

(五)社会化的功能

社会化是一个贯穿于人的始终的过程,是指个体在与社会互动的过程中,逐渐养成独特的人格,从生物人转变为社会人,并通过社会文化的内化和角色知识的学习,逐渐适应社会生活的过程。人从一出生便受到父母家人的保护和爱意,父母是孩子的第一任老师,父母首先带孩子来认识这个世界。慢慢到孩子长大进入社会,便开始学习与他人相处建立起自己的人生观和价值观。青少年时期是人一生中最重要的时期,这个时期接触什么样的教育、什么样的人都会影响自己观念的建立和道德准则的建立。这个时期,与同龄人接触的影响往往比父母老师的影响大。青少年时期的个体逐渐进入社会,摸索自己在社会上该有的位置,意识到自己的责任与地位,学会与他人相处,学会遵守社会的法律法规与道德准则。这一时期,也是社会文化得以积累和延续,社会结构得以维持和发展,人的个性得以健全和完善的过程。

(六)身心保健的功能

人是感性和理性的结合体,在人与人交往的过程中,人们总是乐意与那些使自己心情愉悦的人交流,那些使自己感到愤怒不安的人,往往避而远之。在人际交往的过程中人为了满足自己的精神需求,愿意分享自己的喜怒哀乐,爱憎恐悲,彼此交流引起共鸣。那些愿意与他人交流、交际面广的人,往往拥有积极心态、乐观开朗、身心更加健康。那些不愿意与他人交流、交际面窄的人,往往拥有悲观心态、性格孤僻。许多精神性的疾病,如抑郁症,有很大一部分原因因为患者不愿意与他人交往,许多事情憋在心里无法排解导致心理出现问题。积极健康的人际交往对人的身心健康有很大的帮助,人们可以畅所欲言、排解内心的苦闷,在他人的帮助和开导之下,人们会觉得心情愉悦,减少了很多身心疾病的产生。

【拓展阅读6-1】

人到底能承受多少孤独呢?1954年,美国心理学家做了一项实验。该实验以每天20美元的报酬(在当时是很高的金额)雇佣了一批大学生作为受试者。

为制造出极端的孤独状态,实验者将学生关在有防音装置的小房间里,让他们戴上半透明的保护镜以尽量减少视觉刺激,又在其头部垫上了一个气泡胶枕。除了进餐和排泄的时间以外,实验者要求学生24小时都躺在床上,营造出了一个所有感觉都被剥夺了的状态。

尽管报酬很高,结果却没有人能在这项孤独实验中忍耐三天以上。最初的8个小时还能撑住,之后,学生们有的吹起口哨有的自言自语,烦躁不安起来。实验持续到第二日,一些人开始产生幻觉,到第三天学生会出现双手发抖、身体疼痛等症状。在这种状态下,即使实验结束后让他们做一些简单基本的事情,也会频繁出错,注意力也无法集中。试验结束三天后,学生们大多恢复到原来的正常状态。

通过这个实验不难看出,人的身心想正常工作运转就需要不断地从外界获得新的刺激。换句话说,人需要沟通和交往。沟通不仅维持着人类社会的存在,更是维持个体身心健康的基本要素,是个体社会化的必由之路。

六、人际交往的心理效应

（一）首因效应

首因效应是指人际交往中给人留下的第一印象，它对印象的形成起到至关重要的影响。首因效应也称为第一印象作用，或先入为主效应，在与陌生人的交往过程中起明显作用。在社会认知中，个体获得对方第一印象的认知线索往往成为以后认知与评价的重要根据。第一印象主要靠对方的性别、年龄、体态、姿势、面部表情、相貌及衣着打扮等来判断一个人的个性特征和行为习惯。第一印象在人与人相互交往过程中尤为重要，如果双方第一印象不好，那么将很难继续交往下去。人们往往先入为主，如果觉得对方第一印象不好，那么就不会有想深入了解的想法。因此，在日常与他人交往的过程中，我们要注意自己的衣着打扮，仪态举止，给别人留下好印象。首因效应具有先入性、误导性、不稳定性的特点。我们在与他人交往的过程中，如果只注重第一印象那么将会对别人的评价过于极端。以貌取人，往往会忽略掉交往对象的缺点，不注重他人的内心；以言取人，往往被花言巧语所迷惑。第一印象固然重要但并不是判断一个人好坏的唯一因素，"路遥知马力，日久见人心。"要想了解一个人，还是要通过不断地接触再做出判断。仅凭第一印象，可能会犯下不可挽回的错误。

（二）近因效应

近因效应由美国心理学家卢钦斯（Luchins）首先提出。近因效应是指当人们识记一系列事物时对末尾部分项目的记忆效果优于中间部分项目的现象。与首因效应不同，近因效应在与熟人或许久未谋面的人进行交往的过程中起作用较为明显。在与人交往的过程中，对他人最新的认知容易占主导位置，忽略了以往对他人的评价。比如许久未谋面的朋友，你对他的记忆停留在最后一次见面的情景。心理学家研究表明，在人与人交往的初期，首因效应影响较大，随着双方愈发熟悉，双方对彼此有更深的了解，近因效应也发挥了同样重要的作用。在日常生活中近因效应也普遍发生，比如小李平常工作非常认真，上司对其也表示赞赏，但最近因为小李家中有事，工作上分了心经常迟到，在一次重要工作中表现较差又与上司发生冲突，上司因此发怒，认为以前小李只是表面功夫做得好，其实是位不认真负责的员工。这就是近因效应在起副作用。近因效应易使人们对他人的认知过于狭隘，不能客观、全面、历史地对他人进行评价。在与他人的交往过程中，我们要避免这一点。

【拓展阅读6-2】

美国心理学家卢钦斯用编撰的两段文字作为实验材料研究了首因效应现象，他编撰的文字材料主要是描写一个名叫吉姆的男孩的生活片段。第一段文字将吉姆描写成热情并外向的人，另一段文字则相反，把他描写成冷淡而内向的人。在实验中，卢钦斯把两段文字加以组合：第一组，描写吉姆热情外向的文字先出现，冷淡内向的文字后出现。第二组，描写吉姆冷淡内向的文字先出现，热情外向的文字后出现。第三组，只显示描写吉姆热情外向的文字。第四组，只显示描写吉姆冷淡内向的文字。卢钦斯让四组被试分别阅读一组文字材料，然后回答一个问题"吉姆是一个什么样的人？"结果发现，第一组被试中有78%的人认为吉姆是友好的，第二组中只有18%的被试认为吉姆是友好的，第三组中认为吉姆是友好的被试有95%，第四组只有3%的被试认为吉姆是友好的。

　　这项研究结果证明,信息呈现的顺序会对社会认知产生影响,先呈现的信息比后呈现的信息有更大的影响作用。但是,卢钦斯进一步的研究发现,如果在两段文字之间插入某些其他活动,如做数学题、听故事等,则大部分被试会根据活动以后得到的信息对吉姆进行判断。也就是说,获得的信息对他们的社会知觉起到了更大的影响作用,这个现象叫做近因效应。研究发现,近因效应一般不如首因效应明显和普遍。在印象形成过程中,当不断有足够引人注意的新信息,或者原来的印象已经淡忘时,新近获得的信息的作用就会较大。个性特点也会影响近因效应或首因效应的发生。一般心理上开放、灵活的人容易受近因效应的影响,而心理上保持高度一致,具有稳定倾向的人,容易受首因效应的影响。

(三)晕轮效应

　　晕轮效应又称"光环效应""光晕效应"。晕轮效应指人们对他人的认知判断首先是根据个人的好恶得出的,然后再从这个判断推论出认知对象的其他品质的现象。晕轮效应最早是由美国著名心理学家爱德华·桑戴克(E.L. Thorndike)于20世纪20年代提出的。他认为,人们对人的认知和判断往往只从局部出发,扩散而得出整体印象,常常以偏概全。一个人如果被标明是好的,他就会被一种积极肯定的光环笼罩,并被赋予一切都好的品质;如果一个人被标明是坏的,他就被一种消极否定的光环所笼罩,并被认为具有各种坏品质。这就好像刮风天气前夜月亮周围出现的圆环,其实圆环不过是月亮光的扩大化而已。据此,桑戴克为这一心理现象起了一个恰如其分的名称"晕轮效应"。晕轮效应是一种快速认识他人的策略、方式,但有时也会影响对他人的认知。从认知角度讲,晕轮效应仅仅抓住并根据事物的个别特征,而对事物的本质或全部特征下结论,是很片面的。个人的整体态度,还会连带影响到跟这个人的具体特征有关的事物上。成语中的"爱屋及乌""厌恶和尚,恨及袈裟"就是晕轮效应弥散的体现。因而,在人际交往中,我们应该告诫自己不要被别人的晕轮效应所影响,而陷入晕轮效应的误区。

(四)投射效应

　　投射效应简而言之就是"以己度人",认为自己具有某种特性,他人也一定会有与自己相同的特性,即把自己的感情、意志、特性投射到外部世界的人、事、物上,并强加于人的一种心理。比如一个人内心阳光乐观单纯,在与他人交往的过程中他也觉得别人也是乐观且的单纯的;如果一个人心机深重,那么他与别人交往也觉得他人对自己的交往是带着功利性的。投射效应是一种严重的认知心理偏差,"以小人之心度君子之腹"就是一种典型的投射效应。我们习惯用自己的标准来衡量他人的认知和行为,在别人与自己价值观和行为准则不同时,便认为他人是错误的和不符合规则的。

　　《庄子》中有这样一个故事,尧到华山视察,华封人祝他"长寿、富贵、多男子",尧都辞谢了;华封人说:"寿、福、多男子,人之所欲也;汝独能不欲,何邪?"尧说:"多男子则多惧,富则多事,寿则多辱。是三者,非所以美德也,故辞。"人的心理特征各不相同,即使是"福、寿"等基本的目标,也不能随意"投射"给任何人。在与他人交往的过程中我们不能总将自己喜欢的东西强加于别人,认为别人也喜欢。我们要理性,客观辩证地对待他人,对他人与自己的认知要一分为二,不可以混淆。这样我们才能客观公平地评价他人,提高自己的人际交往能力。

(五)刻板效应

　　刻板效应,又称"刻板印象"。刻板效应是指对某个群体产生一种固定的看法和评价,并对属于该群体的个人也给予这一看法和评价。人们总是愿意将人进行分类,比如,人们往往认为北方人性格冲动、野蛮,南方人性格温婉、有礼;认为英国人是刻板保守的,认为美国人是自由开放的;认为农民是质朴的,而商人就是精于算计的,这些都是刻板效应的例子。我们经常因为把对某一人群固有的印象当成自己亲见亲闻的,从而形成偏见。在职场中也有这种现象,比如一提到警察,我们的第一反应就是认为是男人;当提到护士时我们的第一反应就是女人。在我们的认知中认为男人独立性强、竞争心强,而女人则依赖性强、细心感性。刻板效应在一定程度上能够帮助人们快速认识这个社会,简化人们的认知过程,利于人们快速地做出判断,与别人沟通更加顺畅。但刻板效应也有其弊端,它会夸大群体成员间的相似性,在对个体认知的过程中,犯以偏概全的错误。为了克服刻板效应,我们应该在与别人交往时,要在深入了解的情况下再对他人进行评价。要亲见亲闻,不能以自己的固有认知来评价别人,要深入到群体当中去了解。

(六)期待效应

期待效应亦称"罗森塔尔效应"或"皮格马利翁效应"。由美国著名心理学家罗森塔尔和雅格布森在小学教学上予以验证提出。期待效应是指人们基于对某种情境的知觉而形成的期望或预言,会使该情境产生适应这一期望或预言的效应。在人与人交往的过程中,如果经常受到赞美鼓励,那么自己也往往向更好的方向发展激发自己的潜力;如果经常受到批评不受重视,人往往破罐子破摔,从此一蹶不振。期待效应其实就是暗示的力量。我们在与他人交往的过程中,不要过分注意他人对自己的看法与评价,要活出自我,不要盲目相信外界的声音,要对自己进行客观的评价。在与他人交往时,也要经常对别人进行鼓励与支持,不要随意对他人进行批评。

【拓展阅读6-3】 古希腊神话故事——皮格马利翁期待成真

塞浦路斯的国王皮格马利翁是一位有名的雕塑家。他精心地用象牙雕塑了一位美丽可爱的少女,并深深爱上了这个"少女",给她取名叫盖拉蒂。他给盖拉蒂穿上美丽的长袍,并且每天拥抱她、亲吻她,他真诚地期望自己的爱能被"少女"接受。遗憾的是,它只是一尊雕像并不能与他互动回应。皮格马利翁渐渐感到绝望,他不愿意再受这种单相思的煎熬,于是他带着丰盛的祭品来到阿弗洛蒂忒神殿求助,祈求女神能赐给他一位如盖拉蒂一般优雅、美丽的妻子。他的真诚与期望最终感动了阿弗洛蒂忒女神,女神决定帮他实现愿望,将盖拉蒂点化成人,让她作为皮格马利翁的妻子长久陪伴他。人们从皮格马利翁的故事中总结出了"皮格马利翁效应",并应用于管理学中,期望和赞美能够产生奇迹。

第二节　大学生人际交往特点及影响因素

一、大学生人际交往的特点

(一)交往需求迫切

许多大学生都是第一次远离自己家乡和父母亲人,刚刚步入大学校园难免会感到孤独和彷徨,面对陌生的城市、全新的环境,大学生往往更加迫切地去寻找志同道合的朋友,更加愿意与他人交往来减轻自己的紧张感。大学生刚刚走出高中校园,对大学生活非常憧憬,加上大学生普遍思维活跃、精力充沛、兴趣爱好广泛，他们对人际交往的需求也普遍偏高。他们非常愿意表现自己，希望得到别人的认可与尊重，大学校园也为他们提供了交往的平台，解决了大学生人际交往需求的迫切。

（二）交往注重平等原则

大学生随着自身社会化的不断发展，自我意识逐渐加强。对于大学生，别人对自己的认可与尊重变得非常重要。大学生逐渐成熟，能够承担自己的社会责任，对公平也要求非常高。大学生拥有自己独立的思想，自身素质也普遍较高。对于交往的公平性，他们有自己的准则。在与同辈相处时，这种注重公平性的交往原则表现得更加突出。虽然大家来自五湖四海，性格和生活习惯等多个方面也各不相同，但是他们在进行交往的过程中大家都下意识地注重平等原则。他们不仅仅是公平地对待每一个人，同时也希望自己能够得到同等的尊重与理解。那些目无尊长、不尊重他人、常常以自我为中心的人往往没有人愿意与他接触并交朋友。

（三）交往注重情感需求

大学生还没有完全地进入社会，相比与在社会上饱经风霜的人多了一些单纯，他们的人际交往更注重情感的需求。年轻人往往是感性、情感丰富的，他们对精神上的需求比物质上的需求大。大学生的主要经济来源主要是家里供给，他们不知赚钱的艰辛，对金钱的追求并不迫切。大学生群体主要交往的对象是师长与同学，交往过程中目的往往很单纯、功利性不强。大学生愿意与自己志同道合的人当朋友，消除自己的孤独，也有对爱情的向往，想追求纯洁的爱情。

（四）交往独立性强

大学生在没离开父母之前，父母或多或少地对自己与别人的交往进行过干涉。比如有些家长把自己的看法强加于孩子，认为孩子应该和学习成绩优异的孩子交往。等到了大学，大学生更加独立，父母对自己的管束也相应变小。大学生有自己选择交往对象的权利，在与别人的交往过程中有着自己的交往准则。大学生可以按照自己的兴趣爱好与行为准则来与别人交往，形成自己的社交圈。加上大学生交往的对象主要以同龄人为主，交流起来更加容易，大家都更愿意注重交往的独立性。

（五）交往的开放性

大学生思想更为开放，更容易接受新鲜事物，加上现在互联网的快速发展，交往不仅仅局限于自己的生活圈子，在网上也可以认识不同的人。网上交往不受地域的限制，更加扩大了大学生的交友圈子。大学生在没上大学之前，老师和父母都不同意自己与异性过于亲密。等到了大学，大学生可以追求爱情，与异性的接触也比以前更加开放。大学生在交往的过程中会接触到五湖四海的人，虽然大家来自不同的地方、性格和习惯也不相同，但这些并不能阻碍大家之间的交往。反而会使大学生的眼界更为开阔，认识各种各样的人。随着大学生不断地深入社会，大学生的人际交往网络也随之扩大。

（六）交往的多元化

大学生与他人交往过程中的多元化主要体现在三个方面：第一方面是交往途径的多元化。随着社会的进步与科技的发展，互联网进入千家万户。大学生接受新鲜事物的能力强，因此交往途径不仅仅只是社团、寝室、班级等现实群体，虚拟社会也成为大学生交往的途径。第二方面为交往对象的多元化。大学生都是来自不同的城市甚至国家，自己接触的不再是自己家乡的人。逐步迈入社会，接触的也不是只有老师和同学，也会接触到社会形形色色的人。第三方面是交往内容的多元化。大学生在还未步入大学校园之前,交往的内容往往与学习、升学、生活琐事有关。等到了大学,交往内容不仅仅是与学习有关,大学生可以花更多的时间在自己的兴趣爱好上面,为了自己的前途也会接触与自己所学专业有关的人。接触社会的时间越长、人生阅历越丰富,交往的内容也会更加丰富。

二、影响大学生人际交往的因素

(一)社会背景
社会背景包括社会地位、社会角色、个人身份、年龄及性别等方面。不同社会背景会影响大学生的人际交往。不在一个生活圈子里,双方都不理解各自的生活习惯和价值观。因此,社会背景必然会对大学生的人际交往产生影响。

(二)文化背景
文化背景包括文明差异、地域文化、交往的语言、风俗习惯、个人的受教育程度及文化素质等方面。不同的地域文化导致不同的生活环境、语言不通、生活习惯和行为也不同。比如出国留学的大学生会经过很长时间的适应才能融入到新的社会,会花更长的时间去融入新的群体与别人建立人际关系。个人的受教育程度及文化素质不同会导致人与人在相互交往的过程中找不到共同话题,影响双方之间的交流。

(三)思想观念
思想观念包括个人的兴趣爱好、理想、信念及价值观等方面。"道不同不相为谋,志不同不相为友。"在大学生人际交往的过程中,大学生往往愿意与那些自己思想观念相似的人来往,来建立良好的人际关系。思想观念是影响大学生人际交往的基本因素。

(四)认知因素
在大学生人际交往的过程中,大学生的自我认知、对他人的认知及对交往本身的认知都会对其产生影响。在大学生人际交往的过程中,大学生应该进行恰当的自我评价,如果对自己的评价过高则会出现骄傲自满、轻视交往对象的现象;如果对自己的评价过低可能出现自卑、与别人交往总觉得低人一等的现象。大学生在对交往对象进行认知时也要保持客观公正,避免错误地对他人进行认知。在对交往本身的认知上,如果大学生在人际交往过程中只是为了满足自身的物质需求,那么在交往中就会充满功利性;如果在交往的过程中常以自我为中心,只为了满足自身的需求,不去关心别人的需求,则不会建立良好的人际关系。

(五)情绪因素
在大学生与别人交往的过程中,情绪因素会影响双方之间的交往。在交往过程中情绪过于激动或过于冷静都会影响双方之间建立情感。如果在交往的过程中过于激动,在交往过程中可能会冲动、给人一种自己不成熟、意气用事的感觉;如果在交往的过程中过于冷静,可能给人一种轻视别人、不把别人放在眼里的感觉。大学生社会经验少、阅历不够丰富,在与别人的交往过程中容易掌握不好情绪,不利于人际关系的建立。

(六)时间因素和空间因素
时间因素是指大学生与交往对象交往的机会与频率。双方交往的机会和频率越多,双方会更加了解彼此,更容易建立良好的人际关系;如果双方交往的机会少、频率低,那么双方对彼此就不会有很深的了解,不利于建立良好的人际关系。空间因素是指大学生与交往对象距离的远近。在大学生活中,大学生往往与寝室的室友关系比较近。因为彼此距离比较近,在生活中接触的机会比较多,更容易建立良好的人际关系。

三、大学生人际交往的原则及技巧

(一)大学生人际交往的原则

1. 平等原则　在大学生人际交往过程中,平等地对待他人是大学生人际交往的基本准则。人没有高低贵贱之分,每个人都是生来平等的。大学生希望在与他人的交往过程中得到平等待遇,双方能够平等相处。尽管每个人的社会背景、文化背景、生活水平都不同,但在交往过程中不能差别对待,应该平等对待每一个人。

2. 尊重原则　尊重是指认可并理解他人本身及他人对待事物的态度和观念。尊重他人是一种高尚的美德,是个人内在修养的外在表现。尊重他人是一个人的政治思想修养好的表现,是一种文明的社交方式,是顺利开展工作、建立良好社交关系的基石。大学生刚刚步入成年,想要得到别人尊重的意识非常强烈。我们在与别人交往的过程中要有礼貌,注意自己的形象并使用礼貌用语,要时刻谨记尊重他人。"爱人者,人恒爱之;敬人者,人恒敬之。"尊重是相互的,你尊重别人,别人也会尊重你。

3. 真诚原则　古人云"以诚感人者,人亦诚。"在人际交往过程中,双方坦诚相待才会变成真正的朋友。真诚是一种美好的品质,大学生在人际交往过程中要真诚地对待他人。

4. 宽容原则　宽容是指宽以待人,容人大量。宽容是善待别人,更是善待自己。宽容给了别人一个反醒改过的机会,给了自己一个无怨的心情。怨恨只能让我们的心灵生活在黑暗之中;而宽容,却能让我们的心灵获得自由,获得解放。孔子的学生子贡曾问孔子:"有没有一个字,可以作为终身奉行的原则呢?"孔子说:"那大概就是'恕'吧。""恕",用今天的话来讲,就是宽容。大学生年轻气盛、容易冲动,在与他人交往过程中难免出现矛盾。退一步海阔天空,人无完人,每个人都有缺点。大学生在人际交往过程中要学会宽以待人,接纳他人。对于他人出现的错误要包容并且帮助他改正,这样才能与他人建立诚挚的友谊。

5. 诚信原则　诚信从古至今都是人们所推崇的道德规范。诚信是对自己所做承诺的坚守,是一种人际间的契约关系。无论是国与国之间的外交、商人之间的交易还是朋友之间的交往都离不开诚信。对于大学生来说,诚信更是尤为重要。如果一个人在大学时代就缺乏诚信,以后便很难立足于社会。北宋词人晏殊,素以诚信著称。他十四岁时,有人把他作为神童举荐给皇帝。皇帝召见了他,并要他与一千多名进士同时参加考试。晏殊发现考试题目是自己十天前刚练习过的,便如实向真宗禀告,并请求他为自己改换其他题目。宋真宗非常赞赏晏殊的诚实品质,便赐他"同进士出身"的美誉。晏殊以诚信待人,终得皇帝赏识。

6. 适度原则　大学生人际交往的过程中,要遵循适度原则。适度原则指我们与他人交往的过程中要保持适当距离与空间。每个人都需要自己的个人空间,如果触碰到了他人的隐私空间,便会使他人觉得不舒服、不安全,甚至开始恼怒,不利于人际交往。尽管我们有着良好的愿望,希望自己所拥有的人际关系亲密度越高越好,但还必须记住"亲密并非无间,美好需要距离"。为了遵守适度原则,大学生在人际交往时要注意以下两个方面:与人交往要尊重别人的隐私；与人交往要注意人际距离。只有掌握恰当的人际距离，才能避免给他人造成困扰。

【拓展阅读6-4】 四种人际空间距离

美国人类学家爱德华·霍尔博士认为，彼此间的自我空间范围是由交往双方的人际关系与他们所处的情境来决定的。据此，他划分了四种距离，每种距离分别对应不同的双方关系。第一种是亲密距离。这是人际交往中的最小距离，甚至被叫做零距离，就是人们常说的"亲密无间"，它的近范围是在6英寸（约0.15米）内。现实生活中，这种距离主要出现在最亲密的人之间。第二种是个人距离。这是在人际交往过程中稍有分寸感的距离，在此距离内，人们相互之间直接的身体接触已不多，其近范围在1.5~2.5英尺，是熟人之间的距离。第三种是社交距离。它和个人距离相比，又远了一步，体现的是一种社交性或者礼节上的比较正式的关系。其近范围是4~7英尺，这是人们在工作场所和社交与他人的距离。第四种是公众距离。这种距离是在公开演说时演说者和听众之间保持的距离，它的范围一般在12~25英尺（3.7~7.6米），其最远范围在上百英尺以外。这是一个基本上能够容纳所有人的"门户开放"空间。在此空间内，人们是可以相互之间不发生任何联系，甚至人们完全可以对处于此空间内的其他人"视而不见"，不与他们交往。在人际交往时，双方之间相距的空间距离是彼此之间是否亲近、友好的重要标志。所以，在人际交往中，选择正确的空间距离非常关键。

7. **互利互惠原则**　大学生在人际交往过程中要学会运用互利互惠原则。每个人在生活中都会遇到困难，互相帮助才能渡过难关。"患难见真情"，在相互帮助过程中双方的关系会越来越亲密。人不能一味的索取，也不能一味的付出。一味的索取会让你失去朋友，一味的付出会使自己心理失衡。因此，互利互惠原则在大学生人际交往过程中起着不可替代的作用。

（二）大学生人际交往技巧

卡耐基在《怎样赢得朋友，怎样影响别人》一书中，总结了在人际交往过程中给人留下良好印象的几条途径，即面容干净，衣着得体；举止大方，坦然自若；以礼相待，文明礼貌；语言幽默风趣又不失分寸；学会控制情绪和换位思考；学会真诚地赞美他人；在交谈中多提别人的名字；做一个耐心的倾听者；谈符合别人兴趣的话题。

第三节　大学生人际交往中常见的心理困扰及其调适

大学生在人际交往中普遍存在一定的心理困扰。大学生作为一个特殊的群体，处于人生的第二个"心理断乳期"，他们非常关注自我个性表达，情绪体验丰富且起伏不定，加之自身社会经验不足，性格发展还不稳定，因而在人际交往中常常存在人际冲突与心理困扰。尽管人际交往中的心理困扰并非完全是破坏性的，但绝大多数情况下会让大学生感到消极的情绪体验，严重时还会使大学生采取消极行为，对自己和他人造成伤害。因此，了解大学生人际交往中常见的问题及心理困扰，对于大学生有效解决和处理人际冲突，建立良好的人际关系具有重要意义。

一、大学生人际交往中常见的心理困扰

（一）自卑心理

1. 大学生自卑心理的表现

（1）成就动机低：成就动机，是个体追求自认为重要的有价值的工作，并使之达到完美状态的动机，即一种以高标准要求自己力求取得活动成功为目的的动机。具有高成就动机因素的学生，往往刻苦努力，能战胜学习及人际交往中的种种困难和障碍，取得优良的成绩。具有自卑感的大学生，往往成就动机较低，他们在人际交往过程中遇到困难就会退缩。

（2）习得性自弃：习得性自弃是指在经历过无法改变的失败结果的体验之后，便不再去努力尝试。这种心态使大学生将自己失败的原因全部归结于自己的能力不济，忽略掉客观因素。很多大学生在人际交往中经历失败后一蹶不振、自暴自弃，对自己失去信心，变得越来越不愿意与他人交流。

（3）压抑情绪：情绪是指人在认识和改造客观世界时，产生的喜怒哀乐等一系列复杂的心理现象，是人对客观事物的主观体验，是个体需要是否得到满足的具体反映。在人际交往的过程中，情绪可以表达自己的态度，是与他人交流的一种方式。情绪的表达有助于人的心理及身体健康。具有自卑感的大学生往往压抑自己的情绪，不敢或找不到合适的途径表达情绪。长时间的自我压抑会使大学生感到委屈孤独甚至患上抑郁症。

（4）固执己见：具有自卑感的大学生往往不愿意与别人深入交流，会把他人提出的建议当作嘲讽，不听取别人的建议，固执己见。大学生刚刚步入社会，思想和行为还不太成熟，难免会犯错。固执己见是自卑的一种外在表现形式，不利于人际交往。

2. 大学生自卑心理的成因

（1）理想自我和现实自我的冲突：大学生经过了高考等层层选拔步入校园，认为自己有能力去完成一些有挑战的事情。同时，大学生缺乏社会经验，对自身能力认识不足而期望值又过高，当理想与现实出现很大的差距时，内心便会产生挫败感。当理想自我和现实自我的差距越来越大时，自卑感就会出现。

（2）目标迷失和就业压力大：大学生活和以往的学习生活差距较大、高中时期生活充满了繁重的课业压力；步入大学校园，课业相比于高中轻松很多，摆脱了老师和父母的管束，有很多属于自己的时间。许多大学生自制力差，从前习惯听从于老师和家长的安排，上大学后突然时间需要自己安排，一时不知所措就会感到空虚无聊，迷失了学习动力和目标。由于在大学生时期没有好好提高自己的素质和能力，毕业时，社会竞争激烈，许多大学生面临就业的压力无法排解，看到自己身边的人已经选择考研、出国或已经找好工作，对比自己一事无成便会产生自卑感。

（3）独立性与依赖性之间的冲突：大学生一方面已长大成人，对自由有着强烈的向往，渴望寻求独立；另一方面缺少社会经验，许多事情不能独立完成，急需建立自己的人际关系网来帮助自己。独立性和依赖性之间如果调节不当，便会使自己感到不安、无助，在与他人交往的过程中会变得自卑，认为自己不能处理好自己的事情。

（二）自负心理

1. 大学生自负心理的表现

（1）自视过高，以自我为中心：一些大学生认为自己家庭条件优越、自身能力强，不屑于

与一些条件差的同学交往,认为与他们交往是放低身价。自己渴望与别人建立友谊,又不愿意平等待人。在与他人交往的过程中,他们常常以自我为中心,不会换位思考。自视过高的大学生往往会被同学孤立,出现人际交往问题。

(2)看轻他人,总认为自己更强:这部分自负的大学生往往认为自己的话就是真理,常常固执己见、刚愎自用,对于别人的建议不屑一顾,即使自己犯了错误也不会承认。这类同学在与他人交往时往往抬高自己、看轻他人,对他人趾高气扬,认为别人一无是处。

(3)过度防卫,内心封闭:自负的大学生在与他人交往的过程中,往往会有戒备之心,认为别人不如自己,或会对自己造成伤害,不愿意与别人打开心扉。

2. 大学生自负心理的成因

(1)父母的过分溺爱。

(2)自我的片面认知:具有自负心理的大学生往往对自己的认知是不全面的,他们只认识到了自己的优点,没有认识或者忽略掉自己的不足。自我认知的片面使自己认为自己是完美的,当看到别人的缺点时,会认为别人不如自己,产生自负心理。

(3)经历的一帆风顺:当生活过于顺利时,便会产生一种自己完美的错觉。经历过挫折的人才会看见自己的不足。一些大学生在成长的道路上过于顺利,没有经历过困难险阻,没有经历过挫折失败,久而久之养成自负的心理。

(三)害羞心理

1. 大学生害羞心理的表现　害羞是人类常见的心理现象,但过分地害羞则会阻碍大学生正常的人际交往。害羞是指一个人过多地约束自己的言行,以致无法充分地表达自己的思想感情。具有害羞特点的大学生,对自己的一言一行非常重视,唯恐出错。这种害羞心理状态导致他们在与他人交流的过程中不敢直视别人的眼睛,常常面红耳赤、肢体紧张、手心冒汗、心跳加速,特别是在陌生的场合,他们生怕出错被人耻笑,只想逃避或尽快结束交谈。如果害羞心理过于强烈,会使大学生封闭自己,不敢与陌生人接触,羞于在公开场合讲话,甚至导致社交恐惧。

2. 大学生害羞心理的成因　主要包括三方面因素:①人格因素;②家庭教育因素;③缺乏自信心。

(四)猜忌心理

1. 大学生猜忌心理的表现　具有猜忌心理的大学生往往生性多疑,精神敏感。他们经常封闭自己,在与他人交往时很少能够打开心扉。他们认为别人与自己的交往是带着一定目的性的,是不真诚的。猜忌心理是大学生中常见的人际交往问题,阻碍了大学生正常的人际交往。

2. 大学生猜忌心理的成因

(1)对周围环境、他人及自己的不信任:大学生之所以在人际交往中产生猜忌心理,最重要的一点就是对周围环境、他人及自己的不信任。对别人的不信任,认为别人是有目的的接触自己。对自己不信任,认为自己没有分辨好坏的能力。长时间的不信任,造成了猜忌的心理。

(2)对以往挫折的过度防卫:"一朝被蛇咬,十年怕井绳",有些大学生在以往与他人交往的过程中遭遇过挫折,这些伤害使得他们不敢轻易相信别人。为了更好地保护自己,他们变得疑神疑鬼,必须时刻保证自己处于安全地带。

(五)嫉妒心理

1. 大学生嫉妒心理的表现　嫉妒心理在大学生人际交往过程中普遍存在,常常发生在熟人之间。在嫉妒别人时,有些人将嫉妒情绪深埋于内心,有些人则直接表现出来。嫉妒会使人变得不可理喻、长时间的嫉妒会造成精神萎靡甚至心理障碍。

2. 大学生嫉妒心理的成因

(1)心理失衡:当自己付出的努力与获得回报不成正比时,大学生便会觉得受了委屈,心理失衡,容易产生嫉妒心理。

(2)失落心理:高考如同千军万马过独木桥,许多大学生认为自己考上了理想的高校,是天之骄子,从前也一直是家里的焦点。进入了大学校园后,发现人外有人,总有人比自己强。别人出尽风头,自己却默默无闻,从焦点变成了陪衬。一时的失落感导致自己不知所措,从而演变成了嫉妒心理。

(3)阅历浅、思想不成熟:大学生刚刚步入成年,阅历浅、思想尚不成熟,对于别人的成功不知道应该怎样理解对待。如果没有人及时引导,很容易产生错误的认知,产生嫉妒心理。随着生活阅历的增加,思想逐渐成熟,许多大学生学会了如何对待别人的成功,就会慢慢的改正自己的嫉妒心理。

【心理测试】　人际关系综合诊断量表

这是一份人际关系行为困扰的诊断量表,共 28 个问题,每个问题做"是"(打"√")或"非"(打"×")两种回答。请你根据自己的实际情况如实回答,答案没有对错之分。

1. 关于自己的烦恼有口难言。(　　)

2. 和生人见面感觉不自然。(　　)

3. 过分地羡慕和妒忌别人。(　　)

4. 与异性交往太少。(　　)

5. 对连续不断地会谈感到困难。(　　)

6. 在社交场合,感到紧张。(　　)

7. 时常伤害别人。(　　)

8. 与异性来往感觉不自然。(　　)

9. 与一大群朋友在一起,常感到孤寂或失落。(　　)

10. 极易受窘。(　　)

11. 与别人不能和睦相处。(　　)

12. 不知道与异性相处如何适可而止。(　　)

13. 当不熟悉的人对自己倾诉他的遭遇时,自己常感到不知所措。(　　)

14. 担心别人对自己有什么坏印象。(　　)

15. 总是尽力使别人赏识自己。(　　)

16. 暗自思慕异性。(　　)

17. 时常避免表达自己的感受。(　　)

18. 对自己的仪表(容貌)缺乏信心。(　　)

19. 讨厌某人或被某人所讨厌。(　　)

20. 瞧不起异性。(　　)

21. 不能专注地倾听。(　　)

22. 自己的烦恼无人可倾诉。(　　)

23. 受别人排斥与冷漠。(　　)

24. 被异性瞧不起。（　　）

25. 不能广泛地听取各种各样意见、看法。（　　）

26. 自己常因受伤害而暗自伤心。（　　）

27. 常被别人谈论、愚弄。（　　）

28. 与异性交往不知如何更好相处。（　　）

1. 记分方法

Ⅰ	题目	1	5	9	13	17	21	25	小计:
Ⅱ	题目	2	6	10	14	18	22	26	小计:
Ⅲ	题目	3	7	11	15	19	23	27	小计:
Ⅳ	题目	4	8	12	16	20	24	28	小计:

打"√"的给1分，打"×"的给0分，总分:

2. 结果解释

（1）如果你得到的总分在0~8分之间，说明你的生活是比较充实且丰富多彩的。你在人际交往中的困扰较少，而且能够在人际交往中得到乐趣。你善于交谈，性格开朗，会主动关心、帮助别人。你的朋友们都喜欢你，并且愿意和你相处。你与异性朋友也相处得不错。你人缘很好，在人际交往中往往能够获得许多的好感与赞赏。

（2）如果你得到的总分在9~14分之间，说明你在人际交往中存在一定程度的困扰。你的人缘一般，和朋友的关系并不牢固，人际交往经常处在时好时坏的起伏波动之中。

（3）如果你得到的总分在15~28分之间，表明你在人际交往上的困扰较严重，你可能不善于交谈，是一个性格孤僻的人。或者常在朋友中有以自我为中心、讨人嫌的行为。

（4）分数超过20分，表明你的人际关系困扰程度严重，而且在心理上出现了较为明显的障碍，人际交往困难已经影响到正常的学习、生活。

3. 分量表得分解释

下面将根据你在每一横栏上的小计分数，具体指出你与朋友相处的困扰行为及其可资参考的纠正方法。

（1）记分表中Ⅰ横栏上的小计分数表明你在交谈方面的行为困扰程度: 如果你的得分在6分以上，说明你不善于交谈，只有在极需要的情况下你才会同别人交谈，你总难于表达自己的感受，无论是愉快还是烦恼;你不是个很好的倾诉者，往往无法专心听别人说话或只对单独的话题感兴趣。

如果得分在3~5分，说明你的交谈能力一般，你会诉说自己的感受，但不能讲得条理清晰;你努力使自己成为一个好的倾听者，但还是做得不够。如果你与对方不太熟悉，开始时你往往表现得拘谨与沉默，不大愿意跟对方交谈。但这种局面在你面前一般不会持续很久。经过一段时间的接触与锻炼，你可能主动与同学搭话，同时这一切来得自然而非造作，此时，表明你的健谈能力已经大为改观，在这方面的困扰也会逐渐消除。

如果你的得分在0~2分，说明你有较高的交谈能力和技巧，善于利用恰当的谈话方式来交流思想感情，因此在与别人建立友情方面，你往往比别人获得更多的成功。这些优势不仅为你的学习与生活创造了良好的心境，而且常常有助于你成为伙伴中的领袖人物。

（2）记分表中Ⅱ横栏上的小计分数表示你在交际方面的困扰程度: 如果你的得分在6分

以上，表明你在社交活动、交友方面存在着较大的行为困扰。社交场合中，你往往感到紧张思绪不能集中，你过多地考虑自己的形象而使自己处于被动孤独的境地。

如果你的得分在 3~5 分，表明你在被动地寻找被人喜欢的突破口。你不喜欢独自一个人呆着，你希望与朋友在一起却又不善于创造条件并积极主动地寻找知心朋友。

如果得分低于 3 分，则表明你对人真诚热情，你的人际关系和谐，在这些问题上，你不存在较明显的持久的行为困扰。

（3）记分表中Ⅲ横栏的小计分数表示你在待人接物方面的困扰程度：如果你的得分在 6 分以上，表明你缺乏待人接物的机智与技巧。在实际的人际关系中，你也许常有意无意地伤害别人，或者你过分地羡慕别人以致在内心妒忌别人。其他同学可能对你采取冷漠、排斥，甚至是愚弄的态度行为。

如果你的得分在 3~5 分，表明你是个多侧面的人，换句话说，是一个处事较为圆滑的人。对待不同的人和事，你采取不同的态度，因而不同的人对你也有不同的评价。你讨厌某人或被某人所讨厌，但你却极喜欢另一个人或被另一个人所喜欢。你的朋友关系某方面是和谐的、良好的，某些方面却是紧张的和恶劣的。你常常情绪不稳定，内心不平衡，处于矛盾状态中。

得分在 0~2 分，表明你懂得尊重别人，敢于承担责任，对环境的适应性强。你常常以你的真诚、宽容以及强烈的责任心等人格特点获得众多的好感与赞同。

（4）记分表中Ⅳ横栏的小计分数表示你跟异性朋友交往的困扰程度：如果你的得分在 5 分以上，说明你在与异性交往过程中存在较为严重的困扰。你有过分思慕的异性或对异性持有偏见，这两种态度都有它的片面之处。也许是你不知如何把握好与异性同学交往的分寸而陷入困扰之中。

如果你的得分是 3~4 分，表明你与异性同学交往的行为困扰程度一般。有时你会觉得与异性同学交往是一件愉快的事，有时又会认为这种交往似乎是一种负担，你不懂得如何与异性交往最适宜。

如果你的得分是 0~2 分，表明你懂得如何正确处理异性朋友之间的关系。对异性同学持公正的态度，能大方自然地与他们交往。在与异性交往中，得到了许多从同性朋友那里不能得到的知识见解，增加了对异性的了解，也丰富了自己的人脉与个性。你是一个较受欢迎的人，无论是同性朋友还是异性朋友，多数人都喜欢你并赞赏你。

二、大学生人际交往中常见心理困扰的调适

大学生在人际交往中可能出现认知、情感、性格和交往技巧与方法上的各种心理障碍，关注大学生人际关系问题，研究大学生心理误区，寻求解决的办法，是促进大学生形成良好人际关系的关键。

（一）大学生自卑心理的调适

大学生要克服自卑情绪必须要开放自我，多与外界交流，要学会主动亲近别人、关心别人、真诚相待，因为交往是个互动的过程，要大胆交往不要害怕人际挫折，同时还要培养广泛的兴趣爱好，努力提高自己的综合素质以树立自信心。

（二）大学生自负心理的调适

每个人都是天生的自我中心者，自负是自信的一种极端表现。克服自负心理的关键在

于对自我进行正确且全面的认知。我们要辩证地认识自己，不能总是以自己之长处与别人的缺点相比较。即使自己在某方面有所建树也不能因此自负而看轻他人。因为人外有人，要时刻保持学习和谦虚的态度，用发展的眼光看待过去自己取得的成绩。要学会接受他人的合理化建议，吸收别人正确的观点，改正自己的不足，对自己提出更高的要求。

克服大学生人际交往的自负心理，要学会平等待人。平等是建立人际关系的前提。生活是一面镜子，只有尊重他人才会换来别人对自己的尊重。

（三）大学生害羞心理的调适

大学生在与人交往的过程中，要正确认识自己、认可自己。一方面大学生要积极增强自信，结合自身的特点，多参加集体活动，提高社会适应性与人际交往能力，培养健全的人格，预防和避免害羞的产生；另一方面，具有害羞心理的大学生要正确认识自己的问题，不断创造改正条件，杜绝恶性循环。对于害羞心理的调适，可采用行为疗法、暗示疗法，尤其是可以通过系统脱敏法并结合有效的社交技能训练来克服消除害羞心理。

（四）大学生猜忌心理的调适

猜忌心理是缺乏安全感和信任的表现。大学生人际交往的过程中要学会相信自己及他人，相信自己所处的环境，进而消除猜忌心理。在与他人交往的过程中如果遇到什么疑惑不解，要及时进行沟通，不要猜忌。猜忌只会增加人际隔膜，无法解决困惑。当我们遇到问题时要冷静下来理性思考。理性思考对于大学生在人际交往中非常重要，它能使大学生在交往过程中省去许多不必要的麻烦。

【拓展阅读6-5】

《三国演义》中有这样一段描写：曹操刺杀董卓败露后，与陈宫一起逃至吕伯奢家，曹吕两家是世交。吕伯奢见曹操到来本想杀一头猪款待他，半夜曹操听到屋外磨刀之声，又听说要"缚而杀之"，便大起疑心，以为吕伯奢要杀自己，于是不问青红皂白，拔剑误杀无辜。

这是一出由猜疑心理导致的悲剧。猜疑是人性的弱点之一，一个人一旦掉进猜疑的陷阱，必定处处神经过敏，捕风捉影，对他人失去信任，同时对自己心生疑窦，损害正常的人际关系。

（五）大学生嫉妒心理的调适

大学生存在嫉妒心理往往因为不能正确地看待他人所取得的成绩。嫉妒者不是把他人的成绩作为激励自己不断上进的动力，而是将他人取得的成绩当成是自己前进道路上的绊脚石、成功的障碍。由比不上他人的自卑不平衡心理，逐渐演变为嫉妒心理。嫉妒者往往对嫉妒对象进行讽刺、挖苦、打击或在背后谣言中伤他人。这种心态既影响了正常的人际关系，也不利于自己的身心健康。

作为新时代的大学生，我们必须树立正确的人生价值观和正确的竞争意识。金无足赤，人无完人，每个人都是不完美的，要学会接受自己的缺点，同时也要认可学习他人的优点，取人之长，补己之短，化嫉妒心理为心理动力，把他人的成功变成激励自己的机制，提高自身能力，增强协作精神，从而改善人际关系。

（邱晓惠　杨微微）

【本章小结】

人际关系是人与人在相互交往过程中建立的心理上的关系或心理上的距离。它反映了人与人在相互交往过程中物质和精神需求能否得到满足的心理状态。人际交往的特点有社会性、个体性、直接性、情感性、复杂性、多重性、目的性、多变性。人际交往的功能有：获得信息的功能；认识自我的功能；自我表现的功能；协同合作的功能；社会化的功能；身心保健的功能。大学生人际交往的特点是：交往需求迫切；交往注重平等原则；交往注重情感需求；交往独立性强；交往的开放性强；交往的多元化。大学生人际交往的原则遵循：平等原则、尊重原则、真诚原则、宽容原则、诚信原则、适度原则、互利互惠原则。

【思考与练习】

1. 人际关系是如何进行分类的？人际关系分类的依据是什么？
2. 人际交往的心理效应有哪些？请具体说明。
3. 请简述大学生人际交往的特点及影响因素。
4. 大学生在人际交往过程中应该遵循什么原则？
5. 大学生如何在人际交往中建立良好的人际关系？
6. 在当代大学生中常会出现什么人际交往的心理问题？请给出解决意见。

第七章 大学生性心理与恋爱心理

【导读】

性心理是指在性生理发生变化的基础上与性征、性欲和性行为有关的心理状态与心理过程，同时包括了与他人交往和婚恋等心理状态，简而言之就是指涉及性的一切心理活动。其中性生理是性心理发展的生物学基础，性生理发育的障碍或缺陷，会使性心理的发展出现偏差。WHO对性心理健康所下的定义是：通过丰富和完善人格、人际交往和爱情方式，达到性行为在肉体、感情、理智和社会诸方面的圆满和协调。性心理健康是人类健康不容忽视的重要组成部分，正越来越受到人们的重视。

爱情是人类关系中最美妙的一种体验，决定了每个人多姿多彩的人生。我们受到一些人的吸引，坠入爱河，然后生儿育女，人类就是这样生生不息地延续下去。有的人能够顺利享受爱情的美妙滋味，可是有的人却频频为爱情烦恼，甚至影响了心理的健康发展。爱情是一个神奇的东西，它一直在我们身边，但何时降临就无从知晓了。从进化心理学的角度，人类恋爱的本质是为了保持物种的延续。爱情既有生物属性，又有社会属性。在这里，我们将看到心理学家是如何解释爱情，以及如何解释爱情关系的建立、增强、冲突和解体的。

第一节 大学生性心理发展

一、性的功能与目的

（一）人类性的三种属性

人类的性具有生物学、心理学和社会学上的三种性存在，因此，它就相应具有三种性属性，即生物属性、心理属性和社会属性。

1. 性的生物属性　性的生物属性是人类性活动的基础。从生物学角度上说，性是人类繁衍的基础，这是性的自然属性。和其他哺乳动物一样，人类从生物学上可分为雌雄两性，不同性别的个体具有不同的性细胞。进入青春期后，在性激素的作用下，对异性充满好奇，希望与异性接触交往，甚至有与异性交接的愿望，这都是很正常的。正是由于人类具有了这种性的生物属性，才有了男女的结合，人类才得以繁衍和进化。但是，性行为作为人类的一种本能，又不是孤立存在的，它又受到心理因素和社会因素的影响和制约，甚至有时还起到决定性的作用。

2. 性的心理属性　性的心理属性是人类性活动的重要特性。人类的性活动是个体的动机、态度、情绪、人格及行为的综合体现，是一种心理现象。

人类的性心理属性与其他动物随着性发育成熟产生性欲而冲动行事相比是完全不同的。在动物界，动物的性活动是为了满足性欲，体验由此带来的强烈快感。对于它们来说，到了发情期，其交媾行为是一种本能。它们在任何情况下都可以堂而皇之地公开进行性交。但对于人类，其性活动是有意识的，受到心理活动的支配和调节。性欲虽然是一种生理冲动，是性进入成熟期后必然会产生的一种自然现象。但人类不会一旦有了性冲动就要通过性行为来得以发泄和满足。性欲会促使男女间的交流，但异性间的交往和追逐异性不仅仅是为了发泄性欲，更多的是为了心理的体验和感情的沟通。人类的性活动也有别于其他哺乳动物，人类的性活动首先产生于心理体验，而如何去活动，则又受到大脑的支配。人类的性爱是在爱情的基础上产生的，性爱是性与爱的结合，爱中生性，性中有爱，没有爱的性无异于动物的本能行为。人类的性行为除了发泄性欲，繁衍后代，更多的是为了获得愉悦的性体验和性享受，从而全面调节人类的快乐、生育和健康等。因此人类进行性活动时，必须顾及到时间、地点等因素的影响。如果性心理偏离了正常的范围，则可能产生心理压力，甚至导致性心理障碍或性功能障碍。

3. 性的社会属性　性的社会属性是指在一定历史条件和社会关系中，人类性活动所表现出来的性角色形成、性的社会化、性观念、性习俗和性文化等，是人类性的本质属性。人类的一切性活动与他所处的社会有密切关系。即使是男女两性间直接的性交活动，虽然表现出来的是个人的活动，其活动的结果不管他自己是否意识到，总是离不开社会的。因此，人类的性活动具有社会属性，必须受到社会的制约。我们不能离开人的社会属性去单纯地理解人类性活动的生物属性。正如马克思在《马克思恩格斯全集》中所说："吃、喝、性行为等，固然也是真正的人的机能，但是如果这些机能脱离了人的其他活动，并使他们成为最后的唯一的终极目的，那么，它们就是动物的机能。"也就是说，性的生物属性为人类的性活动提供了生理功能和物质基础，但它不是人类性的内在本质属性。

人类的性受到社会文明程度、社会生产力发展水平以及性观念的制约和影响。因此，它不是静止不动的，人类性的社会属性会随着社会的发展而被赋予不同内容。比如，在西方国家传统性观念中，追求的是"性与爱的统一"，即重视的是性的生物属性与心理属性的结合，而忽略了性的社会属性，从而导致严重的社会问题。但在我国社会主义制度下，追求的则是"性、爱与婚姻的统一"，即既强调性必须以爱情为基础，又强调性爱必须在合法的婚姻范围之内。

总之，人类的性是生理 - 心理 - 社会因素共同形成的一个有机整体，三者相互联系、相互作用、相互影响，又相互制约。在这个整体的内部，生物属性是性活动的物质基础，是人性活动的前提，没有生物属性，心理属性和社会属性就无从谈起；心理属性一方面使人与动物区别开来，影响生物属性的表达，另一方面又促进社会属性的变化；社会属性制约着心理的发展，又控制着人类的本能行为。

（二）人类性的功能与目的

从动物到人类，性的含义已不仅仅局限在生殖上，它的功能已经大大扩展了。除了生殖外，性至少还具备享乐、健康和认同等功能。

生殖是性的最基本的功能，繁殖后代是最低层次的生存需要。人类对性还不甚了解时，生殖功能就已经存在了。人类的性活动除了生殖繁衍的需要外，更多的是心理上的需求，促进人类快乐、健康。随着社会的发展，性的生育功能明显减弱（有生殖价值的性生活在人的一生中仅 1~2 次,有的人甚至选择不生育),但性的享乐(愉悦)功能和健康功能则越来越明显,越来越得到人类的推崇。性活动是男女双方情感交流的一种手段,适当和谐的夫妻性生活会使男女双方愉悦身心,不仅能享受性的乐趣,还会促进双方的身心健康。我国古代所著的"房中术"和"房室养生方"等方面的著作就是对性的这两方面功能的探索和总结。当然,"纵欲催人老",过于频繁的性生活使体力精力得不到及时恢复,也不利于身心健康。认同是指性角色的认定、接纳和和谐,男女双方融为一体,达到性爱的最高境界。

二、性心理发展阶段理论

(一)儿童期性心理

纵观心理学家对于儿童性心理的研究,最著名的便是 Freud 对于儿童人格形成和性心理发展的理论。Freud 认为人格的发展是建立在性生理和性心理发展的基础上的,他将儿童的性心理发育分为几个阶段并提出了性心理发展期理论,认为儿童在每个发育阶段都会把不同的性敏感区作为他们追求快感的焦点。

1. 口腔期(0~1 岁)　原始性欲的满足,主要靠口腔部位的吸吮、咀嚼、吞咽等活动获得。婴儿的快乐也多得自口腔活动。此时期的口腔活动若受限制,可能会留下不良的后遗性影响。成人中有所谓的口腔性格,可能就是口腔期发展不顺利所致。在行为上表现为贪吃、酗酒、吸烟、咬指甲等,甚至在人格特点上表现为悲观、依赖或者具有洁癖,都被认为是口腔性格的特征。

2. 肛门期(2~4 岁)　幼儿在这一时期通常靠排泄时产生的刺激快感获得满足。此时期卫生习惯的训练,对幼儿而言是至关重要的。如果管制过严,可能对成年期产生不良影响。肛门期留下问题的人,在成年时表现的人格特点是:洁癖、刻板、施虐与受虐、过分注意细节、嗜好收集和储藏、强迫、权力欲强等。

3. 性器期(4~6 岁)　这一时期幼儿主要靠刺激性器官部位获得性满足。此时幼儿喜欢触摸自己的性器官,在性质上已算是"手淫"的开始。幼儿在此时期已能辨识男女性别,并以父母中之异性者为"性爱"的对象。于是出现了男童以父亲为竞争对手而爱母亲的现象,这一现象称为"恋母情结";同理女童以母亲为竞争对手而爱恋父亲的现象,则称为"恋父情结"。

4. 潜伏期(7 岁至青春期)　7 岁以后的儿童,兴趣从对自己的身体和父母感情,转变到周围的事物,故而原始的性欲呈现出潜伏状态。此时期的男女儿童之间,在情感上较前几个时期疏远,团体性活动多呈男女分离趋势。

5. 两性期(青春期以后)　两性期开始的时间,男生约在 13 岁,女生约在 12 岁。此时期个体性器官成熟在性生理与性心理上所显示的特征,在两性间开始显现出差异。自此以后,性的需求转向相似年龄的异性,开始有了两性生活的理想,有了婚姻家庭的意识。至此,性心理的发展愈加成熟。

(二)青春期性心理

青春期是人一生中最重要的变化发展时期。伴随着身体的迅猛发育和性生理的日趋成熟,青少年心理活动自然会产生相应的变化,性意识开始觉醒并迅速发展。同时,社会上各种性信息刺激物的不断增加,也加速了青少年性心理的发展。青少年意识到自己和异性的性别差异,性意识从朦胧到清晰,并逐渐得到强化,并且对与性有关的问题产生浓厚的兴趣。因此,了解这一时期的性心理变化特点及产生原因,针对这些特点进行性心理教育的调适,对于促使青少年健康地度过青春期具有极为重要的意义。

一般认为,青春期性心理的发展大体经历三个时期。

1. 疏远异性期 疏远异性期也称性发育早期、性紧张期。在青春期的开始阶段,青少年对性别和性生理的差异非常敏感,第二性征的出现使他们在内心深处产生了性的朦胧感觉,对性知识、性行为一知半解,对两性关系似懂非懂。性的神秘感使得他们在与异性的交往中显得羞涩、忸怩和不自然,心中潜藏着无限的秘密感,对自己爱慕的对象相互吸引却在表面上表现得相互疏远,踌躇不知怎样处理与异性的关系,并伴有畏惧感和似曾相识的感觉。男孩会表现出潜意识中的紧张心理和行为表现,如口吃、挤眉弄眼;女孩则表现得情绪不稳定,常说的"怀春"就是指这段时期少女的心理特点。

2. 接近异性期 在完全进入青春期后,青少年对性知识的了解渐趋完善,生活中也无法避免地增加了与异性的交往机会,对异性关系有了进一步的了解和认识,对性意识的情感体验也开始有了新的变化。他们与异性的关系不只停留在朦胧的、泛泛的好感和爱慕了,而是希望通过与异性交往,有选择地寻找心中的完美伴侣。这一阶段的青少年喜欢与异性在一起活动,并且力求成为异性眼中有吸引力的人;两性的畏惧感、陌生感消失,取而代之的是强烈的相互吸引和接近,青少年会采取行动接近异性。男生喜欢高谈阔论、逞强、做危险动作以引起心仪女生的注意,表现男子气概,甚至起哄、开玩笑、恶作剧,目的是引起女生的注意。女生则表现出单相思、钟情妄想,用打扮、声调、细微的关心和体贴吸引对方,有的把成年人作为崇拜和模仿对象。但由于青少年与异性交往的经验相对匮乏,希望表现自己却又不知如何表现,在亲近异性的过程中,常常由于冲动导致某些做法不得体。这个阶段的部分青少年会通过注意转移而表现出狂热追星的行为,以释放内心对异性的渴慕之情。

3. 异性恋爱期 进入青春期后期,随着性生理结构的日趋成熟,青少年对性心理方面知识愈加了解,以及生活领域的日趋广阔,对恋爱的理解和认识更加深刻,对恋人的寻觅更加迫切,对异性的态度也逐渐客观。此时,大部分青少年开始对异性开展主动积极的追求,喜欢经常性地在异性面前展示自己的长处和才华,以引起对方的关注。受社会文化的影响,男性在恋爱的表达方面更加主动、大胆、直率而且热情奔放;女性更加含蓄、深沉、妩媚而且略带娇羞和矜持。

三、大学生性心理发展特点

进入大学,青少年的生理结构逐步发育成熟,导致性心理发生明显变化,而且表现出明显的性别差异。

1. 对性的好奇 进入大学时期,青少年的性器官和性功能发育逐渐成熟,他们的性唤醒程度显著提高,自我性意识增强,对性充满好奇心,迫切想通过一些隐蔽或半公开的途径了解性知识。

女性获取性知识的途径较男性多一些,而且针对女性的相关问题讨论的深度也较男性深一些。刚进入青春期时,女孩儿们大多从母亲、同性朋友或课堂获取有关性的知识。随着年龄的增长,她们通过阅读报刊、影视作品、书籍或文学作品等途径获取有关知识。此外,她们在讨论与性相关的问题时往往也较为深入、透彻。比如,她们经常进行经期卫生、乳房保健等方面的交流。对于男性,他们对性的态度似乎十分保守和闭锁,很少从父母或老师处获得性知识,大多通过报刊书籍、影视、网络以及同龄同性之间的讨论来满足自己对性知识的需求。而且同学之间讨论的性问题大多是女性的美貌、性感等,带有娱乐或玩笑的性质。

2. 开始爱慕和追求异性　大学阶段男女之间彼此爱慕与追求其实是性心理发展的正常阶段。第二性征的成熟,性意识得到了进一步的发展,导致对异性产生浓厚的兴趣。这个阶段的青少年在心理上渴望了解异性,希望引起异性注意,向往与异性交朋友。

女性在刚进入青春期时,由于刚出现生理上的变化,常会产生一种惶恐不安的情绪,并在别人面前表现得羞涩、腼腆。随着性生理发育和性意识进一步发展,她们逐渐摆脱这种状态,开始产生接近异性的情感需要。

男性在青春期到来时,很重视同性伙伴的友谊,追求异性的倾向并不明显,甚至表现出疏远和厌恶。进入异性接近期后,他们开始对异性产生好奇,希望了解她们,接近她们,特别是对漂亮的异性。

3. 产生性欲、性冲动和性行为　青少年进入青春期后,性意识逐渐增强,性欲望和性冲动也开始萌芽、生长,他们开始产生对异性的需要,萌生出爱情,甚至出现性需求。

女性在与异性的交往中,开始并没有把感情与性欲望联系在一起。她们的性意识是含蓄的、渐进的,欲望并不迫切。而男性在两性关系上表现得比较主动、外露,一旦确定了恋爱关系,性欲望和性冲动就会进入亢进期,表现出强烈的肉体需要,甚至希望发生性关系。

青少年的道德观念本来就不牢固,很容易受到西方国家新观念和各种媒体信息的冲击而随之动摇。他们处于困惑之中,感到无所适从。由于缺乏必要的性知识,他们无法区别善恶美丑,全盘吸收;更由于强烈的好奇心和求知欲,他们盲目效仿。许多青少年对性持宽容态度,认为只要真心相爱,发生性关系未尝不可;有的人认为迟早都要经历这种事情,没有必要严守贞操;也有的只顾眼前享乐,满足于当前生理、心理上的性需求,而不考虑严重后果。青少年容易在过分亲昵的性引诱之后发生性行为。当前社会上出现的少女怀孕、婚前性行为以及青少年性犯罪等已成为一个突出的社会现实问题。如何正确对待性欲,如何控制自己的性行为,已成为衡量一个青少年性心理是否成熟的重要标志。家庭、学校、社会的任务就是在青少年性欲望刚刚觉醒时,采取措施帮助他们理智地对待性。

四、性与爱情

究竟存不存在"柏拉图式的爱情"? 大量的心理学研究表明,爱情的动力和基础是人的性欲,是延续种属的本能。爱情是根源于人的肉体需要而产生的一种欲念。正如瓦西列夫(Vasilev)所说:"爱情是一种复杂的,多方面的内容丰富的现象。爱情的根源在本能,在性欲,这种本能的欲望不仅把男女的肉体,而且把男女的心理引向一种特殊的、亲昵的、深刻的相互结合。但是爱情不仅仅是一种本能,不仅仅是柏拉图式的神奇剧、淫欲和精神的涅槃。爱情把人的自然本质和社会本质联结在一起,它是生物关系和社会关系、生理因素和心理因素的结合体。"

人类的性行为不仅仅是纯生物的本能的表现,而是生理、性欲和精神渴求的一种有机结合,是爱情和性欲的统一。也就是说,异性间互相吸引、情欲的产生都是性本能的反映。爱情包括性欲的因素,但不能归结为性欲,爱情是经过人类文明净化的美好纯真的爱情。在传统观念中,性行为只能到结婚后才能发生,婚前性行为是被强烈反对的。然而,在上世纪性观念已经经历了一个戏剧性的变化,认为婚前性行为是错误的人数百分比大大降低。受二战后掀起的民权运动和女权主义运动的冲击,从 20 世纪 50 年代开始,在美国婚前性行为在恋爱中变得流行起来。到 20 世纪 80 年代,只有 17% 的美国大学生还没有性经验;第一次性行为的平均年龄从 20 世纪 70 年代开始一直下降,到目前,达到女性 17 岁,男性 16 岁;20 世纪 90 年代,美国只有 5% 的女性和 2% 的男性是在新婚之夜开始第一次性行为的(Baron RA, 2004)。据美国疾病预防与控制中心 2002 年报道,大约有 10% 的 13 周岁以下的美国青少年有了性经验,比 1997 年增加了 15%,大约有 16% 的高中二年级学生有 4 个以上的性伴侣。

随着我国改革开放的不断深化,人们的生活方式、思想意识、价值观念等方面都发生了深刻的改变,性观念出现了多元化趋势。传统的性观念对大学生的影响逐渐减弱。对于婚前性行为,我国当代大学生既不同于五六十年代大学生的明显反对态度,也不同于现代西方社会青年人的肯定态度,显得观点暧昧,倾向于持中性态度。有学者在 1997 年对 541 例大学生进行了性观念调查研究。研究发现很多大学生认为很多性现象属于当事人的私事,不必干涉,有 61.09% 的男生和 33.11% 的女生认为婚前性行为只要双方愿意就可以。又有学者对杭州市三所大学的 1130 名大学生进行问卷调查,结果显示男生认为应该有婚前性行为的占 66%,女生占 16.4%。在一项针对浙江省 886 名大学生性行为的研究中显示,男性在性道德上得分更低,且对婚前性行为与同性恋持有更开放的态度,而女性在性知识方面的了解少于男性,并可能因此对性行为持有更保守的态度(Wei et al., 2017)。

然而,过早的性行为并不能导致更愉快的人际互动。许多例子表明性行为并不是决定那种长期并最终成功的人际互动的重要因素。同时,过早的性行为对自己以及社会都会造成负面的影响。过早的性行为对青少年的人格发展不利,一旦打开了性的大门就难以自我控制,容易导致性泛滥,打乱人格发展的正常轨道。婚前性行为还会加重心理负担。美国预防未成年人怀孕组织的调查表明,67% 有过性行为的未成年人表示,他们为过早的性行为而后悔。

第二节　大学生恋爱心理

一、爱情的概念

爱情是一对男女之间,基于一定的社会关系和共同的生活理想,在各自内心中形成的对彼此最真挚的倾慕,并渴望对方成为自己终身伴侣的最强烈的感情。爱情是社会文化的一个理想化概念。美国著名心理学家哈特费尔德(Hatfield E)和贝莎伊德(Berscheid A)为我们提供了理解爱情的观点,讲述了理想社会的四个爱情神话。

神话一:当一个人恋爱时候,他或她是会知道的。人们经常由于分不清他们是在真正体验爱情还是处于迷恋状态而感到痛苦。当这些痛苦者向他人咨询自己的困惑时,常常被告诫说:如果你真正在体验着爱情,你是知道的。这也就暗示着当事人有可能不一定真正在恋爱。研究表明,约会双方在他们之间关系的发展过程中,会有一段时间处在疑虑和互相猜疑的阶段,目的是想更清楚地了解彼此感情的性质和目前的状态。所以,前面的说法是武断的,对于爱情的困惑期是爱情体验的一部分。

神话二:当爱情向你走来时,你无法控制它。这种观点传递着这样的信息:爱情是不可抗拒的,人们一旦遭到爱情的袭击,便无法理智地处理事情。于是,人们开始安慰自己,因为爱情是无法控制的,所以在恋爱的问题上可以不负责任,可以冲动行事。然而,姑且不说爱情能否控制,针对不负责任的行为而言,就有可能传播性疾病、发生不希望的怀孕及不和谐的伴侣关系。在浪漫关系的初期,处于爱情的双方难以区分兴奋和冲动,但是有一点对于许多人来说是十分清晰的,一旦卷入性的问题,他或她就需要为此承担相应的责任和义务。

神话三:真正的爱是直到永远的。从理论的角度出发,爱情可以持续到永远,可是,遗憾的是人们无法指望它伴随一生。许多人信奉爱情永恒的神话。如果他们的爱情关系不得已解体,他们就会得出这样的结论说,这不是真爱,只是游戏或者迷恋而已。诸如此类的托词使得人们继续去寻求自己真正的爱情,希望他或她能够给予一生的幸福。其实,在爱情关系不得已解体之前,也有真正的爱,况且爱情难免有挫折,这种经历在个体一生之中,甚至是结婚之后,都可能多次遇到。这种观点才更现实一点。

神话四:爱情能够克服一切问题。这个神话是导致许多婚姻痛苦的原因。在现实生活中,尽管有些恋人之间已经意识到他们的关系有问题,比如性格不合、兴趣不同、两性的社会角色错位以及统一性混乱等,但是他们仍然义无反顾地步入婚姻的殿堂。他们似乎做好了充分的准备去磨合和相处,但是事实上他们却天真地抱着一种侥幸的心理:只要我们相爱,就能解决现在和以后的所有问题。当然,不可否认爱情能够帮助恋爱的双方化解矛盾和冲突,可是它却不能保证事事都成功,原因在于喜欢一个人和爱上一个人是两回事。一个人在多大程度上喜欢他或者她的伴侣,要比他或者她在多大程度上爱自己的伴侣更加重要。有关恋爱关系成功率的测量发现,喜欢与关系成功的相关为 0.62,而爱与关系成功的相关为 0.50。虽然两者的差异不大,但却提供了一种可能性:喜欢也许比爱更能克服问题。

二、爱情的相关理论

爱情的体验能否分解为某些关键的因素?爱情的关系与其他一些亲密关系有何相似和相异?这些都是爱情理论必然会提出的问题。

(一)爱情的三元论

斯腾伯格(Sternberg R)提出了爱情三元论,认为爱情由三个成分组成:亲密、激情和承诺。若以三角形表示这三个组成部分,那么每个组成部分便占据其中的一角,三元论由此而得名(图 7-1)。

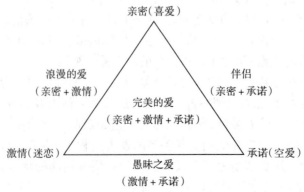

图 7-1　爱情三元论

1. 爱情的三种成分

（1）亲密：指在爱情关系中双方的热情、接近和分享，包括彼此提供和接受情感的支持，希望促进被爱者的福利，与对方分享自我的财物。其中，自我袒露是实现和维持亲密关系所需要的必要因素。亲密因素来源于十种成分：①渴望促进爱人的福祉；②与爱人分享喜悦；③对爱人高度关注；④在需要得到帮助时能指望爱人；⑤与爱人互相理解；⑥与爱人分享自我与所有；⑦从爱人那里得到情感的支持；⑧向爱人提供情感支持；⑨与爱人亲密交流；⑩肯定爱人的价值（Sternberg & Gragek，1984）。

（2）激情：是引发浪漫之爱、身体吸引、性完美以及爱情关系中相关现象的驱力。激情因素包括那些在爱情关系中能引起激情体验的动机性以及其他形式的唤醒源。它包括沃尔斯特（Walster，1981）所说的"一种非常想和别人结合的状态"。在恋爱关系中，性需要在激情体验中占据支配地位。然而其他需要，比如自尊、援助、关怀、亲和、支配、顺从和自我实现可能也有助于激情体验的获得。

（3）承诺：不仅指在短时内做出爱一个人的决定，也指在长期的关系中维持爱的承诺。决定承诺因素的这两个方面不一定同时存在，一个人可以在不承诺长久之爱的前提下决定爱一个人，也可以处于一段关系，却不承认爱着另一个人。有时，短期义务发生在恋爱之前，例如在传统的包办婚姻或指腹为婚的文化中。

爱情的三个因素相互影响。例如，更高程度的亲密会导致更高程度的激情或承诺，就像更高程度的承诺会导致更高程度的亲密或者激情。总之，这三个因素相互独立，又相互影响。尽管这三个因素都是恋爱关系中的重要成分，但是，在不同关系或者一段关系的不同时期里，它们的重要程度是不一样的。

2. 爱情的类型　爱情的三个因素通过组合可以构成八种不同类型的组合，每一种组合对应着一种类型的爱情。重要的是，我们要认识到这些爱情的类型实际上是有局限性的组合，因为事实上，没有一种关系完全符合其中的类型。表7-1中列出了爱情的类型：①"无爱"指爱情的三个因素都缺失；②"喜欢"是个体只体验到亲密，而缺乏激情和承诺的因素；③"迷恋"是人们只体验到激情，而缺失另外两个爱情要素；④"空洞之爱"是指一个人爱并且承诺爱别人，却缺乏爱情的亲密和激情因素；⑤"浪漫之爱"是亲密与激情因素的组合；⑥"伴侣之爱"是亲密和承诺因素的组合；⑦"愚昧之爱"是激情和承诺的组合，而缺少亲密这个因素；⑧"完美之爱"或者说完整的爱，来自这三个爱情因素的组合。

表7-1　爱情三角形的分类

爱情类型	亲密	激情	承诺
无爱	−	−	−
喜欢	+	−	−
迷恋	−	+	−
空洞之爱	−	−	+
浪漫之爱	+	+	−
伴侣之爱	+	−	+
愚昧之爱	−	+	+
完美之爱	+	+	+

Sternberg 的爱情模型引起了人们极大的兴趣,也派生出不少研究。诸如此类的研究得出两个主要结论:①亲密、激情和承诺这三个成分不仅反映了人们思考爱情的特征,而且还归纳了他们经历爱情的特征;②在测量约会双方是否继续他们关系时,承诺和亲密这两个成分是最佳预测因素。

(二)依恋理论

有关爱情的依恋理论以发展心理学中的儿童依恋理论为基础,认为儿童早期与父母或其他抚养者的感情联系会影响其成年后的爱情介入形式。爱情能够概括为一种依恋的过程,这种过程类似于儿童与抚养者之间的联系(Shaver,1993)。也就是说,成人的浪漫爱情与儿童的依恋有着许多共同的特征,例如,强烈地迷恋对方,分离时产生痛苦,以及希冀长时间呆在一起消磨时间等。

1. 鲍尔比(Bowlby J)的儿童依恋模型   依恋说的思想是以 Bowlby 的依恋理论为基础的。Bowlby 认为,依恋风格是亲密关系中相互交往的一种典型形式,从生命诞生的第一年起,它就强烈地影响着儿童 - 抚养者的人际交往。例如,他曾经创设过一种"陌生情境"。该情境由八个情节组成:①母子进入一个陌生的房间;②母亲坐在一旁,孩子自由探索;③一个陌生人进入房间;④母亲离开,由孩子和陌生人同处一室;⑤母亲返回,陌生人离去;⑥母亲离开,让孩子单独留在房间里;⑦陌生人返回作为母亲的替代者;⑧母亲回来,陌生人离开。根据儿童的反应,将其依恋类型大致分为安全型、回避型、焦虑/矛盾型和混乱型。

在陌生情境中,安全型婴儿在有母亲陪伴时,会积极地探索环境,偶尔回到母亲身边。虽然母亲离开会引起伤心难过,但是当母亲返回时会立刻回到母亲身边寻求安慰。回避型婴儿在母亲陪伴时,并不是很亲近母亲,母亲离开后也没有忧伤感,当母亲返回时似乎有意回避母亲,对母亲态度比较冷淡。矛盾型婴儿在母亲陪伴时紧紧依偎在母亲身旁不去探索周围环境,母亲离开时表现非常伤心难过,但是当母亲返回时,却表现出矛盾的行为反应,既想上前寻求母亲的亲近保护,又对母亲的离开十分生气,试图拒绝母亲的靠近,对母亲又踢又打、又哭又闹。混乱型的婴儿在母亲返回时,或者大哭大闹,或者靠近母亲却又不理睬她,或者没有任何情绪反应等,这类婴儿可能是最缺乏安全感的类型。有研究证实,婴儿依恋类型对儿童或成年阶段行为有预测作用,和非安全型依恋类型相比,安全依恋型婴儿长大后,情绪表现更加积极,社会交往能力较强,对生活充满热情,表现出较少的心理困扰;面对困难或挫折时,安全依恋型婴儿长大后也很少发牢骚,乐于接受母亲提供的帮助。因此,安全型依恋类型的婴儿更受他人的喜欢。

在 Bowlby 看来,回避型和焦虑/矛盾型儿童都属于不安全依恋型儿童。其中,回避型儿童的行为意味着亲子之间出现了冷淡的或拒绝的情感联结,导致儿童产生回避型的依恋;而焦虑/矛盾型儿童的行为则意味着亲子之间出现了矛盾的或不一致的情感联结,导致儿童产生焦虑型依恋。儿童的依恋类型与父母的抚养方式有关:①热情的或有效的抚育方式,能促进安全型依恋;②冷淡的或拒绝的抚育方式,能导致回避型依恋;③矛盾的或不一致的抚育方式,能引起焦虑型依恋。但是依恋的类型不是一成不变的,研究表明,许多儿童在出生 12~19 个月期间,会改变依恋的类型:有些儿童在 12 个月时属于不安全依恋型,但是到 19 个月时,则变成了安全依恋型;有些儿童在 12 个月时属于安全依恋型,但是到 19 个月时,却变成不安全依恋型。这种变化与家庭环境的变化有关,包括母亲开始工作、孩子托付给亲戚或保姆照料等。

2. 谢弗的成人依恋模型   该成人依恋模型在谢弗(Shaver PR)的理论基础上得到发

展。越来越多的证据表明,个体在早期对母亲或其他养育者形成的依恋对他们在后来发展中与他人的关系有着持久的影响(Fraley,2002;Fraley & Shaver,2000),包括影响到其对爱情的介入方式。成年人的爱情体验也可分成三种类型:安全型、回避型和矛盾型,这些方式与儿童早期的依恋类型非常相似(Mikulincer & Nachshon,1991)。大概有59%的情侣表现出安全型依恋,25%的人属于回避型依恋,11%的人属于矛盾型依恋(Mickelson et al.,1997)。

(1)安全型:这种类型的成人信任别人,发现自己容易接近别人,并对相互依赖感到安全,他们很少担心被对方抛弃,人际关系能够保持长久时间,结婚后很少离婚。他们把父母对他们的反应描绘成热情的或有效的。安全型依恋是一种稳定的和积极的情绪联系。这种方式以爱情关系中的关怀、亲密感、支持和理解为标志。这种类型的人认为自己是友好、善良和可爱的,并认为别人也是友好、可靠和值得信赖的。无论自身属于哪种依恋类型,大多数人都希望能找到一个安全型依恋的人做自己的伴侣(Latty-Mann & Davis,1996)。

(2)回避型:这种类型的成人害怕接近他人,对亲密关系感到不舒服;不相信别人,希望与对方保持一定的情感距离;人际关系保持时间不长,婚姻满意度较低。他们把自己的父母描绘成缺乏热情的、冷淡的和拒绝的人。回避型依恋的人往往在关系未能向好的方向转变之前就开始退缩,他们对爱情多疑和冷淡,认为别人不可靠或过分急于对爱情做出承诺。结果是,他们觉得难以完全相信和依赖别人,只要有人试图在感情上亲近他们,他们就开始紧张。从根本上讲,他们在回避亲密关系(Tidwell et al.,1996)。

(3)焦虑/矛盾型:这种依恋类型的成人着迷于他们的关系,他们要比对方希望获得更多的亲密,但是因为害怕被抛弃,担心他们的恋人不是真正爱自己,或者会离开自己,所以妒忌情感极其强烈。他们的人际关系持续时间最短,婚后夫妻冲突较大。矛盾型依恋的特征是对人际关系怀着混合的情感,这就使人处于爱、恨、怀疑、拿不起、放不下的冲突情感之中,导致一种不稳定和矛盾的心理状态。通常,矛盾依恋型的人总觉得自己被误解和不受赏识,认为自己的情人和朋友都不可靠,不愿意与自己建立持久的关系。因此,他们一方面希望能与自己的恋人极为亲近,但同时又对恋人是否可靠和可信满腹质疑。

3. 巴塞洛缪(Bartholomew K)的成人依恋模型　Bartholomew 提出了成人依恋形式的四种类型(图7-2)。在她看来,爱恋双方形成的关于自我和他人的意象,前者涉及自己是否值得爱和支持,后者涉及他人是否值得信任或是否可靠。由于人们在认识他们自己积极的或消极的自我价值的同时,也发展了对他人积极或消极的价值取向的认识,因此可以根据个体在这两个范畴中所处的位置,将他们分为四种依恋形式:安全的依恋形式,专注的依恋形式,害怕的依恋形式和放弃的依恋形式。Bartholomew 的模型有两种回避的依恋形式——害怕的依恋形式和放弃的依恋形式,它们都回避亲密关系,借以保护自己免受沮丧之苦。不同的是,害怕的回避者持有消极的自我观点,而放弃的回避者则持有积极的自我观点;前者需要他人的支持来形成自我认同,后者却不需要他人的支持来形成自我认同。

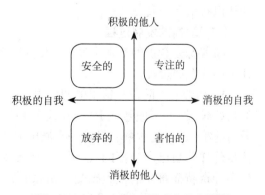

图 7-2　Bartholomew 的成人依恋模型

三、爱情的本质

(一)爱情的本质

马克思主义爱情本质论认为爱情是人类自然属性和社会属性的统一。爱情的自然属性是指成熟健康的男女自身的性欲和性需求以及性爱,它们是爱情产生的最基本的生物前提;爱情的社会属性是指人的性需求不是以一种自然方式来满足,而是以一种内容丰富、不断发展变化的社会方式来进行的,是人的性欲本能随着社会发展而进行个体社会化的属性。爱情的本质是性爱和情爱的和谐与统一。

爱情的本质是爱情是男女双方基于一定的客观现实基础和共同的生活理念,在各自内心形成的最真挚的彼此倾慕,互相爱悦,并渴望对方成为自己的终身伴侣的最强烈持久,纯洁专一的感情,是具有生物性、社会性、精神性、审美性和谐统一的人类两性关系。其中,生物性表现为人的性欲、性满足、性行为,是人的生物本能和生理基础;社会性表现为人的交际、尊重、赞同、相互认可、自我价值观等,是人个体社会化的重要特征;精神性是人对美好爱情的精神向往和道德追求;审美性是爱情的艺术象征,表现为好感、欣赏、美感、偏好、艺术观念等。爱情是在两性关系中人的这些特征的和谐与统一,因此爱情的本质就在于爱情是人的统一与和谐的两性关系。

爱情包括以下几个主要特征。

1. 平等互爱性 真正的爱情以互爱为前提,相互爱慕是考查爱情的首要特征。爱情是男女双方发自内心的自主自愿的基于一定的客观现实基础上的自主选择。这种平等是一对男女间基于一定的客观现实基础和共同生活理想的对等,是指两者人格地位的完全平等,也是双方爱的对等,是以互爱为基础。

2. 专一排他性 爱情的专一性使人全身心投入、集中精力爱其所爱,不允许他人介入,彼此成为对方的唯一忠贞爱情。专一排他性是衡量爱情的重要标尺。

3. 强烈持久性 爱情是男女双方的真诚相爱,渴望对方成为自己的终身伴侣,是一种极为强烈持久的情感关系。

4. 交织融合性 爱情是两个人、两段人生的相互参与、相互交织融合。真正的爱情是两个"一半"重新回归完整的过程,既是身体上的亲密接触,又是两个精神的互知互懂和由此而生的默契。

5. 纯洁严肃性 爱情必须是有道德责任感的。同人的善恶观,同他对于道德和不道德的认识联系在一起。

(二)爱情的发展过程

随着恋爱意识的产生和发展,人们开始探索爱情的真谛。爱情的发展过程主要有以下几个心理发展阶段:

1. 初恋心理阶段 这里的初恋跟一般意义上理解的"初恋"不一样,这里是指发展爱情的初始阶段,而一般意义上的"初恋"是指第一次恋爱,有时候两者又有重叠。初恋是认识爱情的第一步,是两颗心灵第一次撞出火花。在初恋中,个体第一次表现爱情行为,将爱的信息传递给自己所爱慕的人,并期望得到对方的肯定和接受。对大多数人来说,这都会产生多种奇特而难忘的强烈感受。初恋的激情和冲动的表达相对含蓄,旁人难以察觉,尤其在大庭广众之下,他们较少流露出过分的亲密,而是暗送秋波,彼此领会。但是这种含蓄的表达方式，往往容易引起误解。有的人会把"友谊"当作爱情的信号，给自己带来许多烦恼；有的人则会太粗心，不能领会对方求爱的暗示，错过了恋爱。但是，随着思想观念的开放，人们表达爱意的方式也逐渐变得更为开放、直接。在初恋期，选择适合自己的伴侣求爱是恋爱成功的关键。

2. 热恋心理阶段　经过了初恋阶段的选择和求爱，彼此进入一种难舍难分的爱恋状态，这表明双方进入了热恋阶段。热恋中的双方感情此起彼伏，时而达到最高峰，时而进入低谷期，甚至关系破裂。热恋的个体在认知上，易把对方偶像化和完美化。而且，这时期的恋人容易产生幻想和对未来的憧憬，形象思维和知觉思维占上风，对对方的行为较为敏感。热恋中双方的情感交流，不仅有利于满足情感需要，还可以加深相互了解。但"情人眼里出西施"的效应，往往使他们不能正确地看待对方的缺点和不足。这也促使情感依附产生。

3. 理性爱情阶段　经过热恋的男女，进入理性爱情阶段。恋爱也慢慢发展到家庭角色扮演的阶段，开始考虑柴米油盐、生活琐事、谋生途径等。如果处于学生期间，他们还会考虑如何处理爱情和事业（学业）的关系，如毕业后是否能在一起工作，双方父母是否同意他们的交往等一系列现实的问题。这时对爱情产生了责任感和义务感，并为以后的婚姻生活打下坚实的基础。

（三）影响爱情的因素

影响人们体验爱情的因素有很多，每个人面对不同的情景，可能因不同的需要而开始爱情。在此，我们选取了对心理影响比较大的因素。

1. 生理因素　性是爱情的重要内容，尤其是青年人，满足性冲动是促使他们投入恋爱活动的重要诱因。正如爱的三元理论所指出的那样，性吸引是浪漫关系的一个限定性的特征。情感两因素理论认为，当欲望的唤起是由于一个有吸引力的人存在时，激情爱情就会产生，或得以增强。Hatfield 和 Rapson（1987）通过对所爱对象的欲望和感情的强烈程度的评估发现，感情陷得越深，则对对方的欲望越高。当双方订婚或者同居时，才开始趋于平缓。但是，在一般情况下，恋爱初期，许多人不追求性欲的满足而是着重于精神的向往。社会文化也会加深恋情的理性色彩，如文学作品、社会道德规范、教育方式等，认为爱情应该主要是精神上的力量，要压抑性欲。如果长久处于这种状态，用精神去压抑性欲的实现，会对身心造成不良影响。性冲动是一种生理现象，它不会随着压抑而消除，长期的压抑会造成强烈的心理紧张和焦虑。

2. 社会情感的需要　人生活的社会中，亲密关系对每个人来说都是不可或缺的。一个人缺乏亲密关系的建立和交往，孤独就会侵袭，会造成很大的心理压力。亲密关系的需要在青年时期就开始显露，这时期个体的生理和心理发展不平衡，具有叛逆性，他们不愿意把心事和烦恼向老师或者家长倾诉，需要与其他人，主要是同伴建立新的亲密关系。除了友情之外，爱情是最重要、细致的亲密关系。恋人间亲密关系相对更坦诚，更能满足交流的需要，更能缓解孤独、寂寞。而且，恋人之间的关系常常比亲子关系更亲密。对亲密关系的追求把孤独的心灵引向爱情是最自然不过的事情。心理学家 Sullivan 认为，亲密关系和性冲动的最终结合成就了人类的情爱。但是，渴求亲密关系可能会曲解爱情的真实意义，不能正确分辨爱情与其他亲密关系，如友情，把友谊信号当成是爱情的表达，从而给自己造成痛苦。自我暴露往往是爱情关系深化的指标，恋爱的双方在袒露自己的思想、感情、学识和能力时，加深了对彼此的了解，使爱情逐渐趋向理性。

3. 人格特征　当体验爱情关系时，不同的个体对爱情产生不同的感受。而且我们对爱情的感受还会反过来影响爱情关系。根据依恋理论，个人的依恋类型是爱情个体差异的主要因素。婴儿依恋那些与他们关系最紧密、最爱护他们（通常为父母）的人，与之形成强烈的依恋关系。所有的婴儿都依恋于他们最初的照顾者，但是却存在不同类型的依恋，包括安全型依恋、回避型依恋和焦虑/矛盾型依恋。Hazan（1994）概括了这些观点，提出早期的依恋影响到其内部工作模式的形成。内部工作模式是指通过孩子与照顾者间长期的相互作用过程，指导孩子对以后的新情景进行评价。那些童年受过悉心养育的人往往会和他们日后的爱情伴侣发展出温馨而具有支持性的感情。而一个焦虑/矛盾型的孩子成年后可能变得需要爱情但又害怕爱情。Hazan 和 Shaver（1987）认为成年人的爱情关系与婴儿的依恋很相似，而且在形式上也和婴儿的三种依恋形式类似。而且，依恋类型的不同还可能反映出个体天生不同的人格类型。这些都影响着爱情关系的各个方面。

四、大学生的恋爱心理特点

爱情是永恒的话题，是大学校园里的热门话题，也是校园里一道靓丽的风景线。随着性生理的成熟和性心理的发展，渴望爱情，想谈恋爱已成为大学生中较为普遍的心理状态。但是，由于大学这个特殊的社会环境，以及大学生自身的一些因素，许多人在承受学习压力的同时也承受着恋爱等与性有关的各类问题的困扰。

（一）大学生恋爱的心理特征

1. 直觉性　男女之间相互美化、互相吸引，双方都感到顺眼和舒服，所谓"情人眼里出西施"。这时容易出现"期望效应"，即把自己所希望出现的特征赋予对方，所谓"月移花影动，疑是玉人来"，把自然景物和周围环境都打上了爱情的印记。但此时，也可能在学习、工作时心猿意马，注意力不集中，容易出现差错。故应注意控制情绪，放开视野，利用爱情的强大动力互相帮助，共同提高。

2. 隐蔽性　言辞含蓄而富有诗意，行为隐蔽而富有德行，言谈、举止、目光、表情、行为都体现了一个"爱"字。

3. 排他性　排他性表现在对意中人的专一执着、忠贞不渝的心理特点。热恋中的男女不希望其他人介入他们的亲密关系。他们组成一个具有特殊共享物和亲密感的系统，本能地抗拒他人亲近自己的恋爱对象。这种特点对维持爱情的稳定长久很有必要，如果任由恋人与异性发展亲密关系，爱情就不可能稳固。

4. 波动性　情绪变化很大，热可达到白热化，冷可骤降至冰点。高兴时喜笑颜开、手舞足蹈，懊恼时垂头丧气。这种大起大落的情绪变化有时会对身心健康带来不良影响。故要通过加强自我修养，不断进行自我完善，减少情绪的波动性。

5. 冲动性　热恋时人的认识活动范围往往会缩小，理智分析能力受到抑制，习惯行为受到破坏，此时发生的许多事情与平时可以完全不同。同时由于自我控制能力减弱，往往不能约束自我的行为，不能正确评价自我行动的意义与后果。

（二）大学生恋爱的类型与特点

大学生的恋爱类型因恋爱动机不同而显现多样化的趋势。

1. 比翼双飞型　这类学生基本上具有成熟的人格，有正确的恋爱观，能够以理性引导爱情，正确处理恋爱与学习、感情与爱情、情爱与性爱的关系。双方都有较强的事业心、进取心和自控能力，有共同的理想抱负、价值观念，把事业的成功作为爱情持久的目标，不仅仅把恋爱看作人生的快乐，而且能把幸福的爱情转化成学习和工作的动力。他们认为，恋爱不仅应该促使双方的进步，而且应该促进双方的成长。

2. 生活实惠型　进入大学后，毕业去向是大学生最为关注的话题。恋爱无可厚非地揉进了毕业去向的条件，同时家庭和对方的发展前途也是各自关注的必不可少的条件。一些大学生彼此间的爱慕与向往也许并不强烈，但是有确定的生活目标，大三是这类学生谈恋爱的高潮期。这种爱情是理智的、现实的，确定恋爱关系引起的争议也比较少。

3. 时尚攀比型　在一些高校，恋爱成为一种时尚。当周围的许多同学有了异性朋友时，一些男同学为了不使自己显得无能，一些女同学为了证明自己的魅力，也学别人的样子匆匆地谈起了"恋爱"。由于目的性不强，缺乏认真的态度，常常是跟着感觉走，把谈恋爱看作是一种精神上的补偿，常以"因为没想那么多"为借口而各奔东西。这种恋爱带有很大的随意性。

4. 玩伴消费型　这类学生在精神上不太充实，同性朋友较少，时常感到孤独、烦闷，为了弥补精神上的空虚，急欲与异性朋友交往，"恋爱"成为一种精神需求。尤其在周末，当室友成双入对地走出校园，自己一人在寝室时，有一些同学会有一种空虚得想谈恋爱的感觉。女生的这种心理体验尤为明显。据报道，有一所大学一个班的全部女生在大二时就都有了"相恋对象"，用她们自己的话说，"我其实不是真的在谈恋爱，只是生活太乏味了，又没有知己，想找个伴畅快畅快"。

5. 追求浪漫型　这类学生情感比较丰富，罗曼蒂克的爱情对他们有着强烈的吸引力，对浪漫爱情的追逐和窥探心理日趋强烈。他们不是不尊重爱情，而是觉得出没于花前月下的刺激比爱情的责任和义务更富有色彩和韵味。与这种色彩和韵味相比较，人物自身的品质被淡化了。他们接受爱情时，对爱情的缠绵悱恻有较深的体验并乐在其中，时时沉浸在两人世界里，忘却了集体，甚至忘却了学业。

6. 功利世俗型　以对方的门第、家产、地位、名誉、居住条件、职业、社交能力、驯服度等为恋爱的前提条件。

第三节　大学生常见的性心理与恋爱心理问题及其调适

一、大学生常见的性心理问题及其调适

(一)性心理问题

1. 恋母情结与恋父情结　恋母情结(oedipus complex)通俗地讲是指人的一种心理倾向，喜欢和母亲在一起的感觉。恋母情结并非爱情，而大多产生于对母亲的一种欣赏敬仰。这是一种普遍的社会现象，男孩女孩都可能有恋母情结。大部分人多多少少都会在某一年龄段有恋母情结，而在儿童时期几乎所有人都有恋母情结。

恋父情结(electra complex)指女孩亲父反母的复合情绪。通俗地讲是指人的一种心理倾向，喜欢和父亲在一起的感觉。在寻找恋人的时候会有意无意地选择和自己父亲有相似人格特征的人。恋父情结并非爱情，而大多产生于对父亲的一种欣赏敬佩或者依靠。是一种普遍的社会现象，女孩男孩都可能有恋父情结。大部分人多多少少都会在某一年龄段有恋父情结。

2. 性幻想与性梦　性幻想是人类常见的性现象,俗称意淫。每一个心智健全的人都会有这样那样的性幻想。只不过在出现频率、长短、内容、性质以及对待它的态度等方面存在着较大的差异而已。性幻想的内容五花八门,无所不包。性幻想的真实生动程度与以往性经历、想象力和所接受的媒体信息量成正比关系。

性梦是指在睡梦中发生性行为。这也是青春期性成熟后出现的正常的心理、生理现象,在青年中普遍存在。性梦是指人在梦中与异性谈情说爱,甚至发生两性关系。性梦的本质是一种潜意识活动,是人类正常的性思维之一。性梦是不由人控制的,梦和现实的巨大差别,不代表做梦者的真正意愿。有研究发现在 20 岁左右的青年中,几乎所有的男性都做过较明确的性梦,并在性梦中产生性高潮。浙江大学临床心理实验室在对大学生的性梦经历研究中开发出一套具有高信度和效度的性梦经历问卷(sexual dream experience questionnaire)(详见附录 1),该问卷具有 32 个条目,据此分为愉悦(joyfulness)、厌恶(aversion)、熟悉(familiarity)以及怪异(bizarreness)四个因子。愉悦反映了由性梦带来的性满足及兴奋感;厌恶指对性梦的内疚和羞愧;熟悉代表了对性梦对象、内容以及场景的熟悉;怪异指性梦中含有暴力、虐待等内容。

3. 性意识困扰　个体进入青春期后,随着生理的发育,性意识开始觉醒。常见的有被异性吸引、常想到性问题、性幻想及性梦等。在一部分青少年中,性心理活动成为困扰其心理、行为的不良因素。此外,青少年还表现出对体象过分的关注,主要表现为处于青春发育期的少男少女无法正确、客观认识自己的身体及第二性征。对青春期出现的第二性征感到不理解、害羞和不安。如女生对自己的乳房发育不满意,为体形的胖瘦而烦恼;男生则对自己的生殖器不满意,为身材矮小而苦恼,将其看作自身的缺陷,产生自卑的心理,影响学习和生活。浙江大学临床心理实验室研究大学生对自我形象的评价,据此开发了外表自我关注度评定量表(body image concern scale),辅助了临床上体象障碍的诊断。

4. 性行为困扰　青少年期的个体易产生性行为困扰,青少年的性行为主要包括自慰性行为、边缘性行为和婚前性行为,其中以自慰行为最为常见。自慰行为是造成青年人心理困扰的重要原因之一。在大部分大学生中,自慰后产生较严重焦虑情绪的男生占 40.4%,女生占 51.4%;对自慰持否定评价,认为是“恶习”“坏毛病”,属有害行为的男生占 31.8%,女生占 39.0%。有此行为的学生因此常常陷入自责、自罪、焦虑中不能自拔。

在边缘性行为(例如游戏性性交、被亲吻拥抱、被抚弄性器官等)方面,当事者也有着或轻或重的心理困扰。其中约有 25.0% 的男生和 50.0% 的女生在事发时就有心理上的困扰,且在事隔多年后仍有困扰的男生为 12.5%,女生为 28.8%。

对于婚前性行为,男性较为开放,对婚前性行为态度较为轻率,经常采用主动方式寻求感情寄托或满足自己的性需求。婚前性行为对女性心理伤害较大,性行为时感到“紧张”“怕怀孕”和“怕被别人发现”的女生比例分别达 76.5%、50.0% 和 47.1%。女性发生婚前性行为,付出的生理、心理负担和代价要比男性高,婚前性行为导致的不良后果如非意愿妊娠和流产对女性生殖健康的影响非常严重。

(二)大学生性心理保健

青少年时期可以说是遇到性心理问题最多的时期,在这个时期,更需要进行一些性心理保健工作的开展与实施。就个体内部来讲,大学生性心理保健主要靠理智的作用、意志的力量以及与外界相互协调的主观愿望来实现。大学生性心理保健主要包括以下内容:

1. 掌握科学的性知识　健康的性心理需要理智来支持,而理智是建立在性知识基础之上的。大学生正处于生理发育期，如果不了解科学的性知识，就容易对社会上五花八门的性信息不加选择地涉猎，甚至盲目吸取，从而使正常的学习生活受到干扰。因此，帮助大学生掌握科学的性知识是非常必要的。

（1）提供性知识渠道：要帮助大学生懂得，应该通过恰当的渠道获取科学的性知识。性知识的传授者应该是父母、教师或医护人员。20世纪60年代，美国的许多大学开始开设性教育课程，特别是80年代以后，美国教育界把"有保护的""安全性行为"作为大学生性教育的重点。当今美国政府每年为处理少女生育引起的社会问题花费近100亿美元。近年来，以人格教育为基础的性纯洁教育在美国各州广泛开展，受到广大家长和学校教师的支持。大学性教育课程主要建立在个体成长与发展、人际关系、个人能力、性行为、性健康、性的社会与文化六个方面。而我国在这方面做得稍有欠缺，许多青少年有了性的困惑往往是和同学、邻居或者所谓的"朋友"私下交流，而不是从教科书等正确渠道获得答案。不恰当的性知识获取渠道往往容易造成青少年性知识甚至性行为的偏差；因此，要告诫大学生，有关性问题的探讨，务必选择恰当的咨询对象。

（2）把握性信息来源：社会少数影视书刊等传媒所传播的性知识，往往带有色情和暴力倾向，这些内容会对青少年学生产生强烈刺激，不利于他们性心理的健康发展。因此，青少年也应自觉把握性信息的来源。

2. 学会正确对待性信息　从性心理保健角度探讨如何正确对待性信息，主要是指大学生要学会以一种健康的性心理来对待性信息，包括学会鉴别、选择性信息以及增强对"黄"毒的免疫力。

（1）学会鉴别和选择：对性信息的鉴别，主要应以"科学"为鉴别的标准。所谓科学一定是符合自然和社会规律的。性信息的科学性，主要表现在它能揭开性"神秘"的面纱，而不是让人们为性问题所困扰；它能将文明注入性领域，而不是任其荒芜，任愚昧丛生；它能够让个体从多个角度把性统一起来，达到完美的和谐，而不是相互割裂；它能促进、保持人们健康的性心理状态，而不是造成性心理障碍，甚至形成变态性心理。只有学会了鉴别，才能够正确选择。选择要有明确的目的，即选择的性信息要有助于身心健康。

（2）增强对"黄"毒的免疫力：增强对"黄"毒的免疫力，关键是要有健康的性心理，做到抗拒诱惑，洁身自好。"黄"毒往往以刺激性的诱惑力，吸引大学生上钩。有许多受害者原先对黄色的东西并没有什么兴趣，只是由于某种机缘，譬如偶尔对一本"黄"书的封面瞥上一眼，偶尔听他人讲一个淫秽情节等，就起了邪念，走向邪路，越陷越深，终至不能自拔。因此，当我们从心理学角度探讨如何增强对"黄"毒的免疫力时，首先要培养大学生健康的性心理，使其不为色情文化所迷惑。

3. 性心理调节

（1）科学对待性发育：青春期性成熟往往使青少年产生身体和心理上的不适应。成熟是客观规律，它标志着个体在生理发育上正趋完善。随着年龄的增长，青少年学生多数会正视自己已经长大的客观现实。这一过程，也是青少年心理成熟的过程。从性教育角度讲，科学对待性发育问题，关键在于促进青少年将生理上的成熟与心理上的成熟协调统一。

（2）自我调适：自我调适包括以下几个方面：一是掌握与自身性发育密切相关的性知识；二是悦纳自己的性身份，并注意协调个体与群体对性角色的价值取向；三是在道德和法律所允许的范围内进行正当的两性交往；四是使性欲在爱的情感中得以陶冶和升华。

（3）做情感的主人：个体应当认识到，两性交往中的情感因素需要理智驾驭，离开理智的引导,两性交往就只能是一种赤裸裸的性吸引,这种由单纯满足性欲而进行的两性活动,对于一个成熟的人来说并不幸福。正如 Fromm 所说:"因为人是动物,这些生理需要是不可少的、必须满足的。但正因为是人,这些本能需要并不使人感到幸福,也不足以使人变得健全。"人不同于动物,人类的性活动中充满了感情色彩。但是,能够带给人幸福的情感若离开了理智的引导,也同样不能使人感到幸福。一个健全的人应该是能用理智驾驭情感的人,做自己情感的主人。

二、大学生常见的恋爱心理问题及其调适

(一)爱情的挫折和调适

爱情作为一种人生体验,有的人体会到的是爱的甜蜜,而有的人却品味着爱的苦涩。恋爱也会带来诸多心理问题,要加以适当的心理调适。

1. 失恋　在现实生活中,有成功的恋爱,也有失败的恋爱,如失恋。失恋即是恋爱过程的终止。失恋是一种痛苦的情感体验,它带来的悲伤、痛苦、绝望、犹豫、焦虑等消极情绪是人生中最严重的心理挫折之一。若这些消极情绪不能及时化解,可能会对身心造成严重的影响。有些失恋者会产生各种各样的心理问题,如自卑、报复、自我封闭、自暴自弃、意志消沉、图谋报复、不再相信他人和爱情等,影响人格的发展和正常的生活。只要是真正爱过的人,面对爱的挫折都不可能无动于衷。

面对失恋的时候要正视现实,积极主动地从失恋的痛苦中走出来。首先,要端正认识。其实,任何一件事情的发展都不是一帆风顺的,既有成功的希望也有失败的可能,恋爱也一样。要摆正爱情在生活中的位置,冷静地分析失恋的原因,及时疏导心中的郁闷,用"理智"的我战胜"感情"的我。其次,要学会宣泄负性情绪。失恋者不要过分地压抑自己的悲痛、怨恨,在适当的时候可以向身边的朋友、亲人倾诉,以得到安慰、分析和建议,使自己的心情平缓下来。再次,在行为上升华,把失恋的痛苦转化为学习和工作的动力。爱情固然重要,但毕竟不是生活的全部。人生更重要的事情是对理想和事业的追求。失恋者积极的态度会使自我得到更新和升华。如果失恋的创伤带来严重的后果,如自杀、心理变态等,应给予其合理的心理指导。总之,失恋并不可怕,它也是人生的一段重要经历,关键是如何从中吸取经验和教训,及时走出失恋的阴霾。

2. 单相思　单相思是指一方对另一方一厢情愿式的爱慕,是单向的爱情投入,对方没有回应。单相思的个体往往沉浸在幻想的爱情中不能自拔。这种感情付出得越深,它所带来的情感折磨越痛苦,给人造成看不见的伤害、极大的痛苦和自卑。单相思的原因很多,如对爱情的羞怯感,不敢向对方表达爱情;误解对方的言行,误将友谊当成爱情;或者明知道对方不喜欢自己,还一味地幻想与对方发生爱情。陷入单相思的人,一方面幻想自己的爱情,幻想与对方的种种爱的交流,另一方面,当发现自己处于一厢情愿的时候,又会感到无比的痛苦,陷入极度的烦恼和空虚之中。其实,单相思没有真正经历爱情,可是带来的伤害却并不比爱情挫折小。持续陷入单相思,会对其自尊、自我概念和性意识的发展产生消极的影响。面对单相思,首先,个体要冷静、理智地认识什么是爱情。如果因为害羞不敢表达爱情,则要勇敢一点,多多与对方交流,自问是否真正地相互了解,对方是否符合自己的择偶标准,如果是,就要大胆地表白。即使失败,也可以帮助自己更深刻地去体会爱情的真谛。其次,消除爱情的错觉,可以进行爱情的错觉鉴定,观察对方的态度是否真的是爱情

等。再次,也可以向朋友和亲人倾诉自己的烦恼,缓解内心积聚的压力。

在对失恋和单相思进行适当的心理调适时,还可以采用代偿迁移的方法。代偿迁移是指把失恋或单相思所造成的心理紧张迁移到其他的地方,以使之缓解。常见的方法有:"天涯何处无芳草",转移情感;"酸葡萄"心理,列出对方的缺点和不足;"甜柠檬"心理,列举自己的优点,恢复自信;环境迁移,不去曾经与恋人一同去过的地方等。

此外,还要学会中断恋爱。当你发现对方并非自己理想的爱人时,要提出中断恋爱的要求。但即使有足够的理由中断爱情,也应当讲究方式,谈恋爱时要真诚,提出中断恋爱时也要真诚,并讲究方法。切忌优柔寡断,给对方留有幻想,那不仅是对对方的折磨,也会给自己留下隐患,所谓"当断不断,反受其乱"。

(二)避免婚前性行为

热恋中的恋人,往往会因性爱的激情产生难以抑制的性冲动。感情超过理智,容易发生性行为。有些性行为是突发性的,有些是为了巩固爱情。但是一旦发生,会给双方造成心理和社会压力。特别是突发性的性行为,当事者往往只注重尝试一时的愉悦而不考虑社会道德和责任感。此外,婚前性行为所产生的惶恐、不安、自责等复杂的心态,会影响性行为使其不能达到真正的完美与和谐,反而会给婚后的性生活留下阴影。大量研究表明,婚前性行为对大学生的个人发展、道德纯洁和身心健康都有不利的影响。尤其是一旦未婚先孕,会更加紧张、后悔、屈辱,造成严重的心理负担。因此,热恋中的爱人们要保持清醒,培养自制力,学会用理智控制性冲动,防止婚前性行为的发生。

(三)性取向、性别差异与爱情

性取向是指个体寻求与同性者、异性者或两性者建立情感和性的关系。异性恋者寻求与异性建立情感的和性的关系,同性恋者寻求与同性建立情感的和性的关系,双性恋者寻求与两种性别的成员建立情感和性的关系。

在爱情关系的问题上,性别与性别角色的一致性要求比性取向更为重要。加纳茨(Garnets L)和基默尔(Kimmel G)是研究男女同性恋的著名学者,他们在异性恋夫妇和同性恋夫妇中找到了许多一致性,说明关系内部的动力学具有相似性,而关系之间的动力学具有相异性(Garnets & Kimmel, 1991)。异性恋夫妇称,他们希望自己的伴侣具有与他们相似的特征,持有相似的关系价值,报告相似的关系满意度,并且认识到他们的关系是彼此吸引的。鉴于这些发现,Garnets 和 Kimmel 提出这样的假设:爱情的经历是相似的,与个体的性取向无关。

但是,因为关系之间的动力学具有相异性,所以男女两性的社会化差异会影响他或她对爱情的态度。传统的观点认为,女性比男性更趋浪漫。可是,许多证据提示了相反的见解:男性是更加浪漫的性别。例如,男性比女性持有更多浪漫的信念,更易坠入爱河等。Gangestad(1993)从经济学的角度提出了男性比女性在经济上更少依赖他们的伴侣。这种现象意味着,男性要比女性更能支付得起爱情历程中所需的开销,致使男性的奢侈举动也多于女性。相比之下,女性比男性更能坦然地跳出恋爱的圈子,而且,当浪漫关系解体时,女性要比男性更少经历情绪波动。不过,在爱情的表达方面,女性的确较为浪漫,比如,她们不仅能更好地展示她们的情感,而且倾向于将她们的情感用言语表达出来。男性往往更加独立和坚持自我的观点,而女性更能持有相互依存的自我知觉,所以,与男性相比,女性对两性关系中发生的一些问题更为敏感。

（四）树立健康的恋爱观

1. 既追求志同道合，又尝试差异互补　每个人都希望能与有共同语言的人交往，期望有一个称心如意的爱人。在选择恋爱对象时，可遵循两大基本原则，即相似性原则和互补性原则。相似性或者一致性是指根据"同类匹配"理论，人们择偶时倾向于选择与自己在年龄、居住地、受教育程度、价值观等方面相近或类似的异性。根据美国社会学家温奇（Walcsh RF）的互补需要理论，所谓互补性是指择偶表现为心理需求和个人动机时，它势必是互补而非同一的伴侣，以此可以不断满足需要。人们选择一个相异却又能反映自己内在特质的伴侣，能使人在婚姻生活中感到无限满足。双方若缺少了相异处，就难以有所吸引；若少了相似点，也就不可能相濡以沫。唯有在相似与互补的不断结合中，爱情乃至婚姻才能得以发展和稳定。心理学家曾经调查过大量幸福美满的家庭，得出爱情和谐至少需要以下三项保证：相互了解、地位背景相配、志趣相投。要使恋爱生活和谐，减轻恋爱对心理健康的不良影响，选择与自己心理特点相配合的恋人是有必要的。

虽然，在两性的交往中，外貌的吸引力也是重要的因素。尤其是男性，更倾向于寻找年轻、漂亮、性感的女性作为恋爱对象。但是，值得注意的是，一个人的魅力是身心两种魅力的结合体，随着恋爱的深入和了解的增多，外貌的吸引力会逐渐降低，人格魅力的作用将会增强。

此外，处于热恋期的恋人，往往觉得对方就是一切，他（她）的任何方面都是好的。然而，人无完人，金无足赤，随着接触次数的增多，了解加深，理性的认知日益增强，情绪性逐渐降低，想象与现实之间的距离会越来越大。因此，如果对爱人过于美化，一旦现实打破这种完美的感觉，就会陷入爱情的困境。因此，在选择恋爱对象时，要摆正心态，在对对方有深入了解的基础上，选择志同道合的爱人。在异性感情从熟人发展到爱情过程中，共同分享快乐和痛苦，共同成长，爱情就会产生和发展。

2. 建立健康的爱情观念，自觉走出恋爱误区　首先，处于青春期的个体，因为其特殊的心理发展阶段，最容易感到孤独。尤其在大学生当中，经常会发生"寂寞期恋爱""痛苦期恋爱""攀比期恋爱"。他们选择恋爱的动机不是出于爱情，而是为了弥补内心的空虚、寂寞，或是出于虚荣心和随大流的心态，对爱情缺少责任感。面对孤独，他们需要恋人的陪伴来驱除。当这些需要不能满足时，他们会对爱情产生困惑。其实他们的孤独感不仅仅在于是否有恋人陪伴，更深刻的心理原因是人格中的依赖。还有一些人为了显示自己的魅力，同时与几个异性朋友交往、周旋。这种行为是不道德的，发展下去会对自己和他人造成严重的伤害。因此，应该树立健康的恋爱动机，因爱而爱。没有真挚感情基础的爱情，最终会以失败收场。

其次，要摆正爱情在生活、事业中的地位。处于青春期的个体，对爱情有追求是再正常不过的事情。可是，爱情并不是生活的全部，不能把宝贵的学习、工作时间都用于谈情说爱。在当今的大学生中，爱情吸引着越来越多的年轻人。但是有的同学因为谈恋爱而荒废学业，有的同学因为失恋而产生心理危机，他们把恋爱当成了生活的主要目标。其实，生活中还有更重要的东西。爱情能否顺利地发展下去，在很大程度上与生存状态有关。如果一个人沉溺于爱情的花前月下、卿卿我我，忘记了他作为社会人的本分工作，就会损害他的现实生存状态，继而影响其爱情的发展。正确处理爱情和学业、事业的关系，可以形成两者的良性循环，增加恋爱的激情和工作的动力，让爱情的土壤更加坚实。如果把爱情当作生存的唯一价值，其本身就会失去人格的独立和魅力，容易失去被爱的理由。结果只能爱情、事业双双失意。

最后，爱情具有排他性的特征，不能容忍他人介入，也容不得对方移情别恋。一般在恋爱中,由于排他性,会因为伴侣与第三者的关系而产生嫉妒的感情。其实质是个体对于被恋人或配偶抛弃、且投入他人怀抱的一种恐惧。产生嫉妒的因素主要有对爱情的过分依赖、对爱情关系的不确定感、个人依恋的类型、人格特点和传统的性别角色等。嫉妒被看成是"双刃剑",一方面可能是爱情的内心流露,一方面可能是一种偏执(Guerrero & Andersen,1998)。严重的嫉妒会极大地破坏恋爱关系。因此,要正确对待爱情的排他性,不要对恋人过分地猜忌,否则会造成严重的心理负担,进而影响心理健康。

【本章小结】

本章主要讲述大学生的性心理及恋爱心理,分别从性心理发展、恋爱心理、常见心理问题及调适三点着手,致力于让大学生了解在恋爱和性方面个体生理及心理上的发展及变化,从而了解自己的内心,同时帮助大学生调试恋爱和性方面的问题,而能更轻松度过大学时光。

第一节以性的功能与目的为切入点,由性生理引入到性心理,讲述了从儿童时期到大学阶段个体性心理的发展与变化,同时重点突出大学生性心理特点,最后分析性与爱情的关系,从而引入第二节恋爱心理。第二节先以四个爱情神话解释爱情的概念,再从理论角度分析爱情的关键因素、爱情的类型以及爱情中的依恋类型。其次描述了爱情的本质、发展过程及影响因素,最后突出大学生的恋爱心理特点。第三节列举了大学生常见的性心理及恋爱心理问题,并提出相应的调适方式及建议。希望在阅读本章后,大学生能够了解个体性心理及恋爱心理活动,理智地对待性,在爱情道路上更加顺利。

（王　伟　汪　楚）

【拓展阅读】

[1] 王伟. 心理卫生通论. 北京:人民卫生出版社,2016.
[2] 金盛华. 社会心理学. 北京:高等教育出版社,2005.

【案例或心理测试】

附录1:性梦经历问卷(SDEQ)

您是否做过性梦:_____(是或否),若是,请完成本问卷;若否,请跳过本问卷,回答后面的问卷。(以下三题勿漏题,带"或"的空格选填一个)

√ 您做性梦的频率为_____次/月或_____次/年或至日前共_____次;
√ 您做性梦的频率为_____天/月或_____天/年或至日前共_____天;
√ 以上频率的性梦持续的时间是_____个月或_____年。

提示:多数人睡梦中会出现与性相关的情节,请按下列尺度在题前的横线上写出符合您情况的编号:

1	2	3	4	5
非常不像我	中等程度地不像我	有些像我又有些不像我	中等程度地像我	非常像我

01. ____我觉得能够做性梦是幸运的

02. ____性梦能重现我平时的一些生活场景

续表

1	2	3	4	5
非常不像我	中等程度地不像我	有些像我又有些不像我	中等程度地像我	非常像我

03. ＿＿＿性梦过后我常有明显的不适感

04. ＿＿＿性梦醒来后我尝试在想象中继续下去

05. ＿＿＿性梦中的人物往往是我所熟悉的

06. ＿＿＿我对性梦感到十分自责和羞愧

07. ＿＿＿有时我的性梦场所是在一些公共场所,如影院、广场等

08. ＿＿＿我对性梦感到害怕,如自己在现实生活中可能会失控

09. ＿＿＿有时候我的性梦对象是动物

10. ＿＿＿我会期待做性梦

11. ＿＿＿性梦中我常常对别人实行性虐待

12. ＿＿＿我热衷于做性梦

13. ＿＿＿我的性梦对象通常都是我的恋人/爱人

14. ＿＿＿性梦中我常常被人性虐待

15. ＿＿＿因为性梦,我开始讨厌自己

16. ＿＿＿我曾在性梦中梦见过旧情人

17. ＿＿＿做性梦后的第二天我老是觉得头昏脑胀

18. ＿＿＿我曾在性梦中梦见自己被强奸

19. ＿＿＿我觉得做性梦是可耻的

20. ＿＿＿性梦中的场所往往是我所熟悉的

21. ＿＿＿性梦中常常出现拥抱、亲吻等情节

22. ＿＿＿性梦后,我常常选择努力去遗忘

23. ＿＿＿我的性梦经常伴随着暴力

24. ＿＿＿我的性梦场所主要以房间内为主

25. ＿＿＿性梦中被叫醒,我会觉得很愤怒

26. ＿＿＿性梦会使我激动

27. ＿＿＿性梦醒来后我感到很遗憾,因为我发现我只是在做梦

28. ＿＿＿有时我希望能够沉浸在性梦中不要醒来

29. ＿＿＿性梦中出现的人,往往是我喜欢的人

30. ＿＿＿我曾在性梦中梦见过动物

31. ＿＿＿我的性梦中曾出现过性虐待

32. ＿＿＿做性梦让我感觉不安

问卷来源于: Chen W, Qin K, Su W, et al. Development of a structure-validated Sexual Dream Experience Questionnaire (SDEQ) in Chinese university students. Comprehensive Psychiatry, 2015, 56: 245-251.

附录2：外表自我关注度评定量表（BICS）

提示：请仔细阅读下列描述，然后按下列尺度在题前的横线上写出符合您情况的选项编号。

1	2	3	4	5
非常不像我	中等程度地不像我	有些像我又有些不像我	中等程度地像我	非常像我

01. ＿＿我抱怨过自己的身体其他方面的不足，比如寄生虫感染，体味等。

02. ＿＿我对自己的整体外表感到不满意。

03. ＿＿当别人评价我的外表时，我感到痛苦。

04. ＿＿我会因外表而尽量避免出现在餐厅、休息室、街上等公共场合。

05. ＿＿我常常听到别人评价我的外表。

06. ＿＿我会因外表而尽量避免锻炼、户外娱乐活动等体育活动。

07. ＿＿我会因外表而尽量避免出现在聚会、与权威人士对话等社交场合。

08. ＿＿我常常反复询问他人我的外表如何，以求安慰。

09. ＿＿在工作等社交场合时，我会在意自己的外表并感到尴尬。

10. ＿＿我尝试过各种方式来改善自己的外表缺陷，如整形手术等。

11. ＿＿我会避免让别人看到自己没穿衣服的样子。

12. ＿＿当别人注意我的外表上的缺陷时，我感到痛苦。

13. ＿＿我对自己的外表缺陷感到不满意。

14. ＿＿当别人因为我的外表而对我区别对待时，我感到痛苦。

15. ＿＿我常常觉得别人因为我的外貌而对我区别对待。

16. ＿＿当与他人身体接触时，我会改变动作和姿势以掩盖身体缺陷，如不让对方碰触特定的身体部位。

17. ＿＿我觉得自己的外表有缺陷。

18. ＿＿我会因外表而尽量避免拥抱、接吻、性交等亲密肢体接触。

19. ＿＿我常常借助不自然的动作来掩盖自己的外表缺陷，如一直把手放在口袋里等。

20. ＿＿我常常因为专注于外表而感到烦恼。

21. ＿＿我常常借助衣着或化妆等方式来掩盖自己的外表缺陷。

22. ＿＿在街上或餐厅等公共场合时，我会在意自己的外表并感到尴尬。

23. ＿＿我常常会拿自己的外表与他人比较。

24. ＿＿我会避免与他人有身体接触。

问卷来源于：He W, Zheng Q, Ji Y, et al. Development of a Body Image Concern Scale using both exploratory and confirmatory factor analyses in Chinese university students. Neuropsychiatric Disease and Treatment, 2017, 13: 1419-1425.

【思考与练习】

1. 简述 Freud 的性心理发展理论。

2. 简述青春期性心理发展顺序。

3. 简述健康的恋爱观念。

第八章　大学生压力管理与挫折应对

【案例8-1】　为什么总是这么累呢?

　　某高校女生小黄在进入大学之前,想象的大学生活是美好的,与室友的关系就像在家里的姐妹一样。但进入大学后她发现自己的理想破灭了,她感受到人际关系的复杂。她在宿舍里为大家所做的一切,包括打扫卫生、帮同学打水、去开通网络等,不仅没有得到她们的认可和感谢,反而被认为是理所当然的。这让她深受伤害,但她又不能不去做。她把更多的精力放在学习上,她要求自己将来直接考研。因此希望自己每门课都能够拿优,但她知道如果她所做的只是和其他同学一样,老师凭什么要给她优呢? 于是她花大量的时间泡在图书馆里,比同学花更多的时间和精力在功课上,常常觉得自己活着很累,不能放松。

　　也许大一的同学正在为上了一个不满意的专业而痛苦,或者为上了一所不满意的学校而难过;也许大二的同学正在为大学生活到底怎样过而踌躇,因为爱上一个人或者必须要离开一个不该爱的人而痛不欲生;也许大三的同学正在因为考试不及格而忧心忡忡,或者因为毕业是否考研、是否出国、是否工作而左右彷徨;也许大四的同学应聘面试接踵而来,在考研究生、考公务员、搞本专业、不干本专业、进国企、进外企、选择稳定而低收入工作还是选择不稳定但收入较高工作的纠结中徘徊不定。原来以为经过寒窗十二载的苦读后进入大学,终于可以过上轻松自如的生活,真正来到大学,才发现压力如影随形。

　　如此看来,我们头脑中梦想的伊甸园般的生活,或者完全没有压力的日子并不持久存在。很多同学在高三紧张准备高考时刻,可能在脑海中无数次梦想过高考之后的轻松生活。高考结束之后又如何呢? 狂睡或疯玩几天后生活又回到了原样。时过境迁之后也许还有同学会怀念高三那段激情澎湃的日子。可见压力状态是生命常态,压力滋养着生命。

　　一方面,压力代表着挑战,因为它能激发人们奋进。对许多人来说,没有压力,人生便索然无味。另一方面,压力代表着要求,因为人们必须实现它,但是,当压力超过人们的身心承受负荷时,这些要求会把人压垮,挫折就出现了。那么压力到底是什么? 挫折是怎么产生的呢? 它们是如何影响人们的身心状态的? 下面我们将为你一一解答。

第一节　压力与挫折概述

一、什么是压力

在非洲大草原上，每天清晨，羚羊睁开眼睛所想的第一件事是：我必须跑得比最快的狮子还快，否则我就会被狮子吃掉。而就在此时，狮子从睡梦中醒来，闪现在脑海里的第一个念头是：我必须跑得比最慢的羚羊要快，要不然我就会饿死。于是，几乎是同时，羚羊和狮子一跃而起，迎着朝阳跑去。生存的压力，使羚羊成了奔跑"健将"，狮子成了草原"猎手"。在生活中，我们虽然没有像羚羊和狮子那样的生存压力，但学习和生活的压力依然存在。正是这样的压力，使我们不断进步，不断成功。

随着社会发展和时代改变，人们的生活方式与过去相比发生了很大的变化，其中很重要的一个特征就是——人们感受到越来越多的压力。有人更形象地把这个时代称为"焦虑的年代""压力的时代"。很明显，在现代社会没有人能够不去面对压力，无论你愿意或是不愿意，压力已经无可避免地成为我们日常生活的一部分，并将伴随着你的一生。从早上被闹钟叫醒、拥堵的交通、熙熙攘攘的人群、在职场或学业上与他人的竞争、别人的误解、工作调动、升迁、搬家、小偷光顾等，所有的这一切都可能构成压力的来源。

过重的压力无疑会对人的健康造成很大的损害；更有甚者，有的人因生活压力过大而导致"过劳死"和"意外死亡"，尤其是工作中"猝死"的现象更引起人们对现代社会中压力的普遍关注。因此，如何面对压力已经成为每个人必须学习去应对的一个问题。

什么是压力呢？在心理学上，压力（stress）一词有三种解释：①指环境中客观存在的某种具有威胁性的刺激，比如地震、火灾、车祸等。②指某种具有威胁性的刺激引起的一种反应组型；只要类似刺激出现，就会引起同类型的反应。此种反应组型，称为压力反应组型（stress-response pattern）。③指刺激与反应的交互关系；个体对环境中具有威胁性刺激，经认知其性质后所表现的反应。在心理学上所研究的压力，多指第三种解释。因为，即使刺激具有威胁性，如个体不能认知其威胁存在，对他自然构不成压力；也许个体确知刺激情境具有威胁性，但如果他的能力和经验足以克服困难时，他也不会感受到压力。

让我们以路遇暴徒心生恐惧情绪为例，如当事人在认知而感到恐惧之后及时躲避，得免于暴徒袭击，过一段时间，这一压力事件所引起的恐惧情绪状态也将随着个体脱离困境而再度恢复平静。像此种暂时起伏的情绪经验，在日常生活中甚为常见。但是也有许多情形是：当事人虽然认知生活情境中存在着对自己甚具威胁的刺激，但因限于个人条件，只得任其存在，无法将之消除。再例如，有的大学生办理校园贷，从各类校园金融平台获得无抵押信用贷款，当借贷量大而无力偿还时，在面对债权人限期归还的威胁时，就是此种情形。像此种长期处于威胁性刺激情境下的个体，由刺激情境引起的情绪状态，一直不能恢复平静。就此种情形来说，具有威胁性的刺激情境，已经变成了当事人在生活中长期存在的事件，此种生活事件随时使他（她）在心理上感到很大的压力。

基于以上分析，我们可以将压力一词陈述为：压力是个人在面对具有威胁性刺激情境中，一时无法消除威胁、脱离困境时的一种被压迫的感受。比如我们平时所说的"考试压力"，它事实上是指在面对考试的情境下所体验到的压力感。诱发压力的情境有很多种，它可能是外在社会环境，比如战争、社会变迁所带来的变化；它也可能是来自生活的危机，比如下岗、离婚、家人患病；它也可能源于挫折与失败，比如失恋、考试没通过；它还可能是伴随着自然灾害带来的，比如地震、旱灾、水灾、火山爆发等。

压力给人的感觉好像是不好的。其实不尽然，压力是一把双刃剑，适度的压力不仅不会给人带来问题，反而会起到促进的作用。比如在大学里参与某个社团组织的一个活动、参加一个戏剧节目的演出等，这是一种积极的压力。压力和人的行为表现这两者之间有什么样的关联呢？美国心理学家耶克斯（Yerks）和多德森（Dodson）认为，中等程度的动机激起水平最有利于学习效果的提高。同时，最佳的学习动机的激起水平与作业难度密切相关：任务较容易，最佳学习动机的激起水平较高；任务难度中等，最佳学习动机激起水平也是中等；任务越困难，最佳学习动机激起水平越低，这便是著名的耶克斯 - 多德森定律。要使人产生最高效率，要有适当的压力，压力太小或压力太大的结果都是一样糟糕。因此，我们就不难理解，与关在动物园里的动物不同，野生动物虽然面临食物短缺的危险、面临生命威胁，但也正是在这样的环境下它们才反应灵敏，从而能够生存下来。

二、什么是挫折

人们常说"人生逆境十之八九，顺境十之一二"。在人生道路上，每个人都会遇到各种各样的困难。当你乘车去与女朋友约会时因路上交通堵塞而不能按时赴约，毕业分配时找不到称心如意的工作，在学校考试不合格，参加运动会时由于意外原因未获得理想成绩，工作中受到领导的批评或同事的埋怨，家里亲人去世等，这些大小事件都可能使我们产生焦虑、紧张、失望、沮丧、悲哀、愤怒等不愉快的情绪反应，即所谓遇到了挫折。

挫折是指人们在有目的的活动中，遇到无法克服或自以为无法克服的障碍或干扰，使其需要或动机不能得到满足而产生的消极反应。从定义可以看出，挫折这一概念包括三方面的含义。

其一，挫折情境，即提出需要不能获得满足的内外障碍或干扰等情境因素，如考试不及格，比赛未获得所期望的名次，受到同学的讽刺、打击等。

其二，挫折反应，即指个体在挫折情境下所产生的烦恼、困惑、焦虑、愤怒等负面情绪交织而成的心理感受，即挫折感。

其三，挫折认知，即对挫折情境的知觉、认识和评价。挫折认知是核心因素，挫折反应的性质及程度，主要取决于挫折认知。

一般来说，挫折情境越严重，挫折反应就越强烈；反之，挫折反应就越轻微。但是，只有当个体感知到挫折情境时，他才会在心理上产生挫折反应。如果出现了挫折情境，而个体没有意识到，或者虽然意识到了但并不认为很严重，那么也不会产生挫折反应，或者只产生轻微的挫折反应。因此，挫折反应的性质、程度主要取决于个体对挫折情境的认知。

对于同样的挫折情境，不同的认知会产生不同的反应、体验。例如，有一天你正在校园里漫步，看见你的辅导员张老师迎面走过来，似乎沉思着。你冲他笑笑，说了声"老师好"，可他似乎毫无表情地与你擦身而过。这时你可能感觉不愉快，想："好大的架子，难道我有什么地方得罪你了吗?"或者"你瞧不起我? 哼,我还不爱理你呢!"于是,在你和辅导员张老师之间种下了一颗误会的种子。你或许会这么想:"张老师想什么呢,我这么大活人也没看见?"这时,你会半开玩笑地大声喊道:"张老师,竟然对我视而不见。"于是一场可能的误会便避免了,你心中不愉快的挫折感便烟消云散了。这就是不同的挫折认知产生了不同的心理反应与体验的例子。

即便是没有挫折情境或事件发生,而仅仅由于挫折认知的作用,也可能产生挫折反应。例如,你正在热恋中,毫无失恋的迹象,可你偏偏担心对方会瞧不上自己;期末考试准备得非常好,却害怕考试不能通过;人际交往中没有明显的问题,但总怀疑同学们在议论自己。这些事虽然没有发生,你却仍然体验到了焦虑、恐惧、担忧甚至敌对、攻击等挫折的情绪反应,产生挫折感。

三、大学生挫折心理成因分析

(一)社会环境

现代大学生是出生在 20 世纪 90 年代后,甚至是 21 世纪初的一代人,随着改革开放的深入,丰富多元化的社会物质和文化生活,社会形态的迅速转型,社会的高度信息化以及高等教育的改革等,都对 90 后大学生的心理有着诸多的影响。理想和现实的冲突、社会激烈的竞争等导致他们面临的挑战更多、压力更大。这个时代的大学生普遍呈现出生活条件优越,易于追求享乐,价值观多元化,缺乏遭受挫折的体验以及耐受挫折的能力差等特点。所以当遭遇学业、人际关系、情感和就业等方面挫折的时候,大学生的优越感受到强烈冲击,往往更易体验到紧张、自卑、恐惧甚至想逃避等负面情绪。

(二)家庭成长背景

现在的在校大学生大多是在"4+2+1"式家庭环境中成长起来的独生子女,家庭条件的优越和家人的过度关爱、迁就使得孩子缺乏生活的磨炼,经不起考验,也造成这个群体极易表现出以自我为中心、敏感、团体意识较差、易冲动和抗挫折能力差等现象。一旦遇到挫折就束手无策、焦躁不安,甚至表现出退行或攻击等极端行为,严重的还会导致心理障碍。

另外,随着社会的发展所带来的贫富两极分化现象也逐渐波及校园,有的大学生穿戴名牌,出手阔绰;而有的学生则囊中羞涩。部分贫困生因为背着沉重的经济包袱而产生巨大的心理压力,有的为衣食无着落而日夜焦虑不安,有的因为经济困难与同学相比日常花销差距悬殊,或因穿戴不如别人而产生羞愧、自惭心理。在这种心理作用下,他们整日抬不起头,甚至不敢正视别人,最后导致个别大学生出现失眠、焦虑、苦闷、自卑等问题。

(三)个人生理及个性特征

由于大学生的自我意识已经初步建立,他们非常注重自我表现以及他人对自己的态度和评价。所以在身高、体重、容貌、肤色、健康状况等方面不如别人时,就会变得敏感、脆弱。研究表明,个性特征有缺陷的人通常更倾向于对生活事件作消极悲观的评价,挫折阈限较低。当由于生理方面的不足而导致其丧失某种机会或某种动机不能满足时,便产生挫折感。他们一般不愿参加集体活动,更不愿意同别人交往,常常将他人无意的眼神、动作误解为对自己的排斥和鄙视,进而产生不良情绪。

四、挫折与防御机制

个体处在挫折与冲突的情境中时,经常会自觉不自觉地运用一些方法来减轻内心的不安,以恢复情绪的平衡与稳定。这些方法统称为心理防御机制,它是指个体在潜意识中为减弱、回避或克服现实冲突带来的挫折、焦虑、紧张等而采取的一种防御手段,借此保护自己。

自我防御机制,首先由西格蒙德·弗洛伊德提出,后由他的女儿安娜·弗洛伊德对之进行了系统的研究。安娜在其著作《自我和防御机制》中强调"每一个人,无论是正常人还是神经症患者的某种行为或言语都在不同程度上使用全部防御机制中的一个或几个特征性的组成成分。"

心理防御机制在现实生活中是一种相当普遍的心理现象。只要能够运用这些防御机制来维持平衡,而没有表现出适应不良的行为,那就不能看成为病态。当人面对挫折时,心理平衡往往遭到破坏。在多数情况下,会感到困扰、不适应,体验到痛苦的折磨。人出于自我保护本能,会自发地唤起心理防御机制,以达到缓冲心理挫折感、减轻焦虑情绪的作用,并且可为自己寻找战胜挫折的办法提供时机。在这个意义上说,心理防御机制的作用是积极的,但如果使用不当或过分使用,影响了个人对环境的适应,就会起到消极效果。只有在不适当的时机,不适当地应用防御机制以致不论在自己内心安宁方面还是与他人的交往方面都和他的生活不相称、不相和谐时才可以称之为病态。如果一个人对任何有意识的或无意识的不愉快情感都做出刻板的、不加选择的、公式化的防御反应,便可以认为他是患了神经症。

心理防御机制种类很多,有的学者提出了101种防御机制。根据防御机制的功能,可将其分为排他性防御、幼稚性防御、神经症性防御及成熟性防御四大类。

(一)排他性防御

又称精神病性或自恋性防御,其特点是精神病态的自我中心,无视客观现实。

1. 曲解　当挫折出现时,主观上将它歪曲解释,虚幻地满足内心的企求,如"打肿脸充胖子"便是曲解。鲁迅先生笔下的阿Q,在我国并不少见。阿Q的"精神胜利"也属于曲解,挨人打骂后便称"儿子打老子,活该!"

2. 否认　当正视现实、直面人生感觉实在受不了时,否认能挽一时之溃。如"眼不见为净""掩耳盗铃"均属于否认机制。大凡意志薄弱而知识结构又单纯的人,常会情不自禁地使用否认机制。比如,一名深爱妻子的丈夫在妻子死后很久,仍然表现得好像她还活着一样。他在饭桌前给她留一个位置,告诉朋友们她走亲戚去了。对这名鳏夫而言,跟清醒地承认妻子已经死亡相比,这种假装让他更容易接受。但显然,否认是防御的一种极端形式,拒绝越多,与现实接触越少,心理功能的运作就越困难。

3. 投射　有时我们把一种无意识冲动归为别人的,而不是我们自己的。这种防御机制称为投射。通过把冲动投射到另一个人身上,可以摆脱这样的一个观念:即我们自己持有这种想法。例如,我们拒绝承认自己有自私的想法,却认为别人有,宣称世界充满自私的人。

(二)幼稚性防御

又称不成熟性防御,为幼儿普遍使用的一种防御类型,成年人也会时而使用,属于这类的有如下几种。

1. 幻想　受条件限制达不到主观上企求的目标而心神不宁时，不少人会"画饼充饥"或做"白日梦"，从幻想中求得满足。

2. 退行　又称退化。面对某尴尬与不幸时，一些人表现出幼稚的举动，像孩子一样，这便是退行。因为孩子不承担社会责任，其行动可任性些，故自己不自觉地成了孩子般后，生活会相对显得轻松些，紧张或苦恼也自然有所减轻。

3. 反向形成　在运用反向形成时，我们会按照与无意识欲望相反的方式行动，以躲开可怕的念头或欲望。例如，一个女人总告诉别人她多么地爱她的母亲，实际上她在隐藏无意识中对母亲的强烈憎恨。

（三）神经症性防御

有人认为神经症患者用的此种防御机制更多。具体分析时，非神经症患者也广泛使用。这一类防御机制包括：

1. 压抑　是一种积极努力，自我通过这种努力，把那些威胁自身的东西排除在意识之外，或使这些东西不能接近意识。根据弗洛伊德的观点，我们每个人都要使用压抑，因为我们所有人的无意识中都有不愿意带入意识的想法。压抑看似有效，但它并不是不需要付出代价的。因为压抑是一个稳定、主动的过程，它需要自我持续地消耗能量。压抑大量强烈的想法和冲动使自我没有剩余能量可以运作。没有一个强大的超我，那么一场维持稳定人格的战斗必将失败。比如，一天夜里，一个男孩看见父亲殴打母亲。事后被问及这次经历时，男孩坚持他从未见过这样的事情。或许是因为那一幕恐怖得让他难以接受，因此他将这个经验压抑于意识之外。

2. 替代　也称为置换，指遇到冲突时，将冲动移向没有威胁的他人他物，以方便地达到宣泄愤怒等紧张不安情绪的目的。如窝囊的男人在社会上受了委屈后回家打骂妻子儿女，迁怒家人。有些青年恋爱失败后，把悔恨泛化地指向所有异性，决定独身一辈子。

3. 合理化　又称文饰。这一防御机制或许是人们用得最多的。当际遇不顺心意时，会找出种种似是而非的理由，文饰不愉快。如丢了钱就说"破财消灾"，贫困拮据者尤为欣赏"知足者常乐"。最出名的合理化防御是"酸葡萄""甜柠檬"心理。

4. 理智化　对可怕事物进行自我控制的一种方法，在这些情感内容进入意识层面之前，就把它抹去了。用一种严格的理智而非情感的方式检查自身的意念。而把某些想法带入意识，或把它们保存在意识中，不造成任何焦虑。例如，心理咨询师与一名幼年时被性侵犯的女同学交谈，谈论的是如此痛苦的回忆，女同学却始终面带微笑，虽然发生在她自己身上，却好像在描述别人的事情，让人丝毫感觉不到她的悲伤。

（四）成熟性防御

这种防御机制是健康人主要使用的，它包括：

1. 升华　个人的欲念受到阻抑困扰时，跨越痛苦而不消极沉沦，转而焕发崇高的理念，把自我的不满足抛在一边，全身心投入某种有价值的活动，创造出卓越的成就。升华使人摆脱灵与肉的煎熬，在内心重新获得平衡的同时，迸发出成倍的光和热。比如攻击性，如果你把本我的攻击性冲动直接指向你想攻击的人，那么你将陷入困境。但把这些冲动升华为诸如搏击性运动、对抗性运动之类的活动，这是可以被接受的。因为在我们的社会里，攻击性的运动员被看成英雄，并因为他们的行为而受到奖励。

2. 幽默　幽默令人破涕为笑，化尴尬为趣味，生活中很少有比它更神奇的调料。幽默既是一种积极的心理防御，也可以说是对严酷或平淡的现实生活的人性探索。

第二节　大学生压力和挫折心理产生的原因及影响

一、大学生主要压力源

【案例8-2】　我似乎被整个世界遗忘了

某高校一年级女生于某,在上大学之前没有集体生活的经验,一切由父母料理,学习成绩很好,老师喜欢,父母也高兴。可上大学后这些优势都不复存在,在学习和生活的压力之下,于某感到自己处处不如人,尤其是那些能说会道的同寝室的本地同学。她不会说方言,听不懂她们说话的内容,不能与她们交流,她感到很孤独,很寂寞,觉得很痛苦,而且她发现其他同学懂很多东西,会玩、会学、会生活,而自己则像一个孩子似的无知,处处不如人,很自卑。于某称,"最近我感到非常痛苦,无法专心读书,听不进老师讲课的内容,担心坚持不下去了";"只有我一个人,孤零零的,似乎被整个世界遗忘了。我害怕,我害怕自己要疯掉了"。

一般认为,压力是对应激现象的一种通俗的称谓,是指个体在适应生活的过程中,由于实际上的或认识上的"环境要求-应对能力"失衡而引起的一种通过紧张性生理和心理反应而表现出来的身心紧张状态。例如,有人说"我要参加演讲比赛,我觉得压力好大",这里他就用压力来指代他的紧张状态。压力是他对演讲事件的反应,这种反应包括两个成分,一个是生理成分,包括心跳加速、口干舌燥、胃部紧缩、手心出汗等身体反应。另一个是心理成分,包括个人的行为、思维以及情绪等主观体验,也就是所谓的"觉得紧张"。这些身心反应合起来称为压力反应。同时,压力也是一个过程。这个过程包括引起压力的环境刺激、身心反应状态以及情境。所谓情境是指人的心理生理特质与环境刺激交互作用时除了压力源以外的环境因素,包括自然环境和社会环境。在心理应激发生时,人们更加关注社会环境的影响,例如社会支持。在这个过程里,个人是一个能通过行为、认知、情绪的策略来改变刺激物带来的冲击的主动行动者。面对同样的事件,每个人经历到的压力状态和程度可以有所不同,另外因为个人对事件的解释不同,应对方式也不同。

破坏人的身心平衡状态的环境刺激物,称作"压力源"。人类所遭遇的压力源广泛的分布于我们的生活环境中。布朗斯坦(Braunstein,1981)将人类常见的压力源分成四类:躯体性压力源、社会性压力源、文化性压力源和心理性压力源。

(一)躯体性压力源

指作用于人的肉体、直接产生刺激作用的刺激物,包括各种理化和生物学刺激物。例如,高温、低温、辐射、电击、强烈的噪声、损伤、微生物和疾病等。这些刺激物不仅引起生理的压力反应,而且也可间接引起心理的压力反应。

(二)社会性压力源

指那些造成人生活风格上的变化、并要求对其适应和应对的社会生活情境和事件。能够改变人生活风格或生活方式的压力源主要有社会动荡、战争、灾荒,社会经济制度的重大变化；日常生活中发生的种种变故，如考试、就业、结婚或离婚、亲人患病或死亡等。近些年来的研究发现，不仅重大的生活变化，而且日常生活琐事也可以导致应激反应。例如，每天挤车上下班，频繁接待陌生人，处理各种家庭事务，为孩子的学习操心等，都可归入社会性压力源。

（三）文化性压力源

指要求人们适应和应对的文化性压力方面。当一个人由一个民族聚居区（或一个国度、一种语言环境）迁移到另一个民族聚居区（或另一个国度、另一种语言环境）时，就会面临着生疏的文化环境的挑战，从而就会产生适应和应对的需要和压力以及压力反应。

（四）心理性压力源

指一个人头脑中的不切实际的预测、凶事预感、工作压力以及心理冲突和挫折的情境等。

上述社会性、文化性和心理性应激源在性质上均属于心理社会性质的刺激物，因此也可合称为心理社会性压力源。

二、大学生挫折心理产生的客观原因

我国大学生的年龄一般在 18~24 岁，这个年龄正是人们要做好准备去承担社会所赋予的成人的角色和责任的时期。他们面临的人生课题是适应大学的学习，完成职前教育的最后一个环节，开始恋爱婚姻，与他人良好合作，再次了解和探索自己，发现自己的职业兴趣，为进入社会做好准备。因此，在对大学的环境和学习适应、与他人合作和建立真正的关系、建立恋爱关系、寻找职业兴趣与就业中遇到的困难，便成为大学生身处大学环境中主要的挑战。

（一）大学适应困难

对于即将进入大学的新生来说，大学生活充满了新鲜和美好，不少同学会在头脑中不由自主地编织一幅幅大学生活的美好画面：环境优雅、集体温暖、学习高效、课外活动丰富多彩、社会实践意义重大、社会交往朝气蓬勃。有的同学会把大学想象为"理想的天堂"和"生活的乐园"。在真正踏入大学校门后，每天要面对新的环境，处理各种生活琐事，适应全新的人际关系，这对于一个个"小大人"来说确实是一种挑战。

大学生小雨，因大学不适应决定退学。她说，"我的家乡是个山清水秀的地方，那里气候湿润，温度适宜，而这所大学所在的北方城市全然不同。一下火车就让自己感到失望，虽然比家乡繁华和热闹，但那干燥而炎热的气候很不舒服。而宿舍就更让人不舒服了。同学们来自天南地北，各有不同的生活习惯，比如说，一个同学喜欢早上六点钟起床去读英语，另一个同学偏偏喜欢在晚上十二点以后睡觉，还有人中午不休息去洗衣服，这一切都让我格外难受。而我习惯了每天晚上十点睡觉，早上六点半起床，中午要睡一个小时的午觉。但每次躺在床上的时候往往都有人在做其他的事情，怎么也睡不着……"

像小雨这样的学生每年都有。很多同学上大学是第一次离开家乡，第一次离开亲人，第一次住集体宿舍，第一次……大学生要面临生活上的适应，学习上新的竞争，培养大学的学习习惯，要建立新的人际关系，还要学会独立思考。此外，研究发现，患病或受外伤、思念亲人、生活环境发生变化、生活习惯改变、操心日常开支、学习环境改变、开始自理生活、开始过集体生活、学习时间延长和每天须按时上课等，是大学生们面对的常见压力源，它们都会给大学生带来心理压力。

（二）重大生活变故

重大变故往往是那些严重的、不可逆转的生活改变。在大学生活中发生的、能够引起大学生较强烈心理（情绪）反应的生活变化，通常急性发生、短期结束。例如，升入大学或开始读研、重大考试失败、转系和结婚等。梁宝勇在《中国大学生心理应激量表编制》一文中，发现心理影响强度列于前10位的项目（应激源）依次是亲密的家庭成员死亡、家庭暴力、父母离婚、结婚、妊娠、家庭成员患重病、性虐待、个人就业困难、家庭不和睦和与好友关系破裂。生活的重大转型会引起焦虑，很有可能对个体造成很大的心理创伤。而这些重大变故基本上都集中于与个体关系最紧密的人中，如自己、父母和亲人等。

（三）学习困难

大学生的专业化学习程度较高，职业的定向性较强，这就要求大学生进行复杂的智力活动，获得比中学时期更为复杂高深的知识结构；大学的课程体系繁杂，需要学生自主进行选择；大学是职前教育，为学生进入某一职业工作做准备，所以需要学生有较强的实践能力；大学知识离学科前沿很近，很多知识没有定论，这要求大学生有自主学习能力，主动翻阅大量参考书，自己去思考问题，培养学习和科学研究的积极性。因此大学的学习要求有自觉性、自主性、批判性、开放性及创造性等几个特点，也因此大学生的学习内容、学习策略、学习方法、学习目的与中学都有很大不同。这可能给那些只适应中学学习、在父母和老师严格管理下成长起来的学生带来很大的冲击。

（四）人际冲突

人是社会存在物，人的生存一刻也离不开集体和他人。与人交往使人保持身心健康，使大学生完成社会化进程，获得自我认识。大学生的交往追求相互平等，体现独立人格。大学生在人际交往中，会因不被别人接受而有压力，例如被迫参加高消费的聚会，没有知心的朋友，被人误解或错怪。会因受挫而感到人际压力，例如被老师当众批评，被宿舍同学排斥；因为不会"说话"而受到同学们的冷落；会因自己表现不够优秀而自卑；会因地域文化、出身特点、经济条件、行为习惯不同与同学发生矛盾；会因无法达到他人对自己的期望而遭受挫折，例如难以实现老师对自己的要求；会在人群中感到紧张，例如当被要求在陌生人面前发言的时候，压力值就会骤然上升……在临床实践中，我们发现最大的冲突在宿舍，冲突常常发生于生活细节，最常见的细节是睡觉时间不一致导致人际冲突。

（五）情感挫折

进入大学，爱情渐渐成为生活中的高频词，大学生们不再被禁止恋爱和结婚。美好的爱情可以给人们带来巨大的快乐、醉人的幸福和无穷的创造力。但是爱情犹如一把双刃剑，有时也会带给人们痛苦、不安与烦恼。大学生正处在人生的春天、恋爱的季节，有强烈的爱与被爱的需要，也饱受爱情的痛苦。这些痛苦有时是苦苦暗恋，不知如何表达；有时是屡追屡败，伤透了少年纯真的心；有时是争吵不断，不知如何化解恋爱中的冲突；有时是失恋分手，不知如何放手。在这门爱情必修课中，有的人学习表达爱，有的人学习拒绝爱，有的人学习放手爱，有的人学习发展爱。

（六）就业及发展

什么样的工作是自己一生的梦想？人生之路将如何前行？相信大部分大学生在大四时仍不能很确定。事实上，了解自己、发展自己也不是一蹴而就的事情。

中国每年都有数以百万计的学生同时找工作，就业压力巨大。此外，很多同学面对就业与择业有着各式各样的困惑。在考研究生、考公务员,搞本专业、不干本专业,进国企、进外企,选择稳定而低收入工作还是选择不稳定但收入较高工作的纠结中徘徊不定。一些同学因回避社会竞争而选择继续深造,而又对专业研究不感兴趣;一些同学无视内心需求只看重外在标准选择职业,而又对职业发展缺乏动力;还有一些同学面对多种职业选择,却又感到无所适从。

三、大学生挫折心理产生的主观原因

【案例8-3】　找工作怎么这么难呢?

某高校计算机网络专业学生王某,性格内向,不善与人交流。经家人介绍,在大学四年级第二学期开始进入某电信公司实习。实习开始,公司与其签订为期三个月的实习合同,并告诉赵某,如果实习期表现优秀,可以转为正式员工;如果表现不符合公司要求,不再留用。经过三个月的实习,赵某没有能被电信公司留用。赵某自己认为实习期结束不能留用的原因是有人替代了他,而此人有更硬的关系和背景。实习结束已经到了6月份,求职的黄金时间已经过去。学院领导和辅导员多次推荐,但由于他个性比较内向,又不善于与人交流,并且没有突出的才能和特长,而没有能够得到工作机会。最后,辅导员向他推荐工作,他就拒绝应聘,并声称辅导员是为了完成就业率而应付他;如果应聘,公司一定会录用他。因此,经过几个月的应聘-失败-再应聘-再失败,赵某的心态变得越来越坏了。

唯物辩证法认为,事物的变化发展是内因和外因共同作用的结果,内因是事物变化发展的根据,外因是事物变化发展的条件,外因通过内因起作用。上文所提及的均是大学生在青春校园面对的问题,是大学生心理压力的外因,是条件,而大学生的内在自我是心理压力的内因。外因通过内在自我而对心理产生影响。

大学生的内在自我冲突包括过高的期待、不良人格特点、盲目比较的思维、动机冲突。

(一)期望超越现实

大学生所处的生命阶段决定了他们会比其他人产生更多的期望和现实之间的冲突。他们处于青年后期和成年初期,未来还有很多的不确定因素,而正是这种不确定性让他们可以对未来抱有很多美好的设想。但是,大学生又不得不面对现实中的多重因素,例如恋爱被拒、求职无门、大城市情愫等。当理想撞上了现实,是死不回头还是举手投降,是大学生四年中会不断涉及的话题。

期望是人们为之努力、为之奋斗的目标,是人朝思暮想渴望或希望达到的一种人生境界;现实是人们不想承认却又不得不承认的一种结果,是人们想要改变却又常常苦于无法改变的一种生存状态。在期望和现实夹缝中生存的大学生,必将承受巨大的心理压力。

(二)完美主义人格的束缚

完美主义始于对卓越的健康追求,是心理健康素质的重要人格因素。大凡优秀学生都有完美主义的个性特征。长期以来,一些研究者一直把塑造完美人格作为心理健康的标准之一。然而,辩证地看,当个体过度追求高标准而不顾严重的消极后果时,就出现了"适应不良"完美主义,这会导致情绪(如抑郁)、社会(如社会隔离)、身体(如失眠)、认知(如注意损伤)或行为(如反复检查、反复考虑)等方面的心理问题,对塑造健康人格十分不利。临床研究发现,完美主义与心理病理学密切相关,它在病原学中(即维持某种心理病理状态的过程)起重要作用,是厌食症和贪食症发展的特定风险因子,也是强迫型人格障碍的核心成分。许多研究表明完美主义会阻碍抑郁、自杀、社交焦虑和社交恐怖、强迫症、人格障碍、创伤后应激障碍、饮食障碍、身体障碍、精神病等心理障碍的成功治疗。

完美主义者往往比一般人更认真、更负责、更细心,并因此成就了他们的今天。然而,完美主义者若过度追求高标准,不仅表现在对自己的过高期望、过分苛求上,也表现在对他人和环境的过高期望和过分挑剔上,习惯用完美尺度去衡量自己,衡量他人,衡量周围环境,衡量生活中的一切。然而,无论是自己还是这个世界都是不完美的,他们终究要因为不能接受而陷入失望与痛苦中。而且,因为追求完美,这样的人还过分关注消极面,过分在意别人的评价,害怕失败,容易有嫉妒敌视心理。"成也萧何,败也萧何"。长期的完美要求,会使他们整天生活在挫折、失败、碌碌无为和愤怒的心情之中而无法自拔。

此外,A型人格、焦虑人格也是不良人格特质,常引起个体的压力反应。

(三)盲目比较的思维模式

人们发现自己比别人强的时候充满力量。曾几何时,大学生们都是"比较"的获益者。曾经的岁月中,与同龄同学比较,他们是成绩的佼佼者,因此迈入了大学的校门。其中更优秀的同学或当了班长支书,或拥有各种特长(体育、音乐、美术、艺术)。他们拥有令人艳羡的好成绩,有漂亮的社会工作背景,他们成为其他同学羡慕的对象。然而,盲目比较会让人们远离自己的内心需要。"这门课对学分、成绩有什么好处?""这个老师给分怎么样?"学生根据这些来决定是否选这门课。盲目比较容易让人们盲目自信。"他曾是我手下败将,怎么还比我强了?"很多同学认为曾经比别人强就应该永远在光荣榜上。盲目比较让人们感受到人格的不平等。"他,差远了!""当年他学习不好才去当学生领袖的!"盲目比较让人们自卑。"我怎么学都不会,我怎么还上大学了?""外形好的有很多,我个子不高,长相平平,我在大学如何混?"盲目比较使大学生们忘记了上大学的根本目的,比较中的"别人"不适当地成了自己的奋斗目标。

(四)动机冲突

动机是激发和维持个体进行活动,并导致该活动朝向某一目标的心理倾向或动力。如果动机只有一个,人们就直接去行动了。如一个人想,"我要好好学习,取得好成绩",动机就直接驱动他去行动了。但是如果他有想好好学习的动机,又有想好好玩的热情,而且自己又不能将两者整合,动机之间就出现冲突了。而冲突会带来压力,使人产生不适感。

心理学研究发现,冲突有三种基本类型。首先,接近-接近型冲突,指同时存在两个具有同样吸引力的目标而只能取其一。例如,一个大学生既想出国留学,又想考公务员直接工作,而他做决定之前会经历某种程度的冲突。回避-回避型冲突,指两个目标都同样没有吸引力而只能避开一种,接受一种。例如,是为一个重要的考试做准备呢,还是去图书馆写一篇快到截止日期的学期论文,做决定之前也会经历某种程度的冲突,最后,"两害相权取其轻"。接近-回避型冲突,指同一个目标既有正面特征,又具有反面特征。例如,谈恋爱既有甜蜜温馨卿卿我我的一面,也有委身妥协失去"自由"的一面。读研究生既有可以提高学历,增加知识积累,为职场竞争带来积极作用的一面,也有要花费两到三年时间,要做较为"枯燥"研究的一面。这些心理冲突若得不到解决,均可造成心理压力。

四、压力和挫折心理对大学生的影响

压力和挫折既可以给人们带来身体反应,也可以带来心理反应。有的时候身体和心理的反应还会交织在一起,让人们难以区分两者。适当的压力和挫折带来适量的身心变化,增加人们的适应能力。过量的压力和挫折带来不当的影响,导致心理障碍和心身疾病。

(一)生理反应

1. 适度的压力和挫折是对生活变化的适应过程　当必须需要面对和接受的变化摆在面前的时候——它可以是一件重要物品的丢失、一次课堂报告的到来、一场和宿舍同学的冲突、一场恋爱的终结、疾病的来袭、至亲的离世等,人们唯一可以做的就是适应它。而在此过程中,承受一定的压力是不可避免的过程。

当人们的生理、心理、情绪,甚至体内的化学反应已经适应了事物的某种状态时。生物钟会保持特定的睡眠时间,体能也在特定的时间达到顶峰或跌入低谷。血糖也随着每天特定时间的进餐而变化。然而,一点小小的变化,无论是物理变化(脚踝扭伤)、化学变化(药物治疗的副作用)、还是生活变化(初次离家),只要我们目前的状况与以往相比发生了改变,平衡就会被打破,生活也会变化,而变化之后就是压力。人们的身体、认知和情绪都需要再次调整,适应新的饮食结构、睡眠时间和生活方式等。不过,一旦人们适应了这种变化,他们的新生活就开始再次保持稳态。

2. 压力和挫折影响神经系统　压力和挫折对大脑具有影响。压力和挫折可以促使大脑释放某些激素,使身体做好处理危险的准备;并且,压力和挫折也会对大脑产生积极作用——人们的思维和应对更加迅速。但是,凡事都有度,当人们面临的压力和挫折超过了可以忍受的临界点之后,人们的大脑就无法正常工作了。人们会忘记事情,丢失东西;不能集中精神;丧失意志力,沉迷于酗酒、吸烟、暴饮暴食等不良习惯中。更严重的情况是,过度的压力和挫折会导致心理负荷过重,神经衰弱、自主神经功能失调。在面对较大的压力,如准备重要考试、毕业前找工作时,我们往往会遭遇头痛、记忆力下降、失眠等现象,身体受到很大的负面影响。

3. 压力和挫折影响免疫系统　免疫系统是身体防御网络的一部分,它阻止外因或内因导致的疾病。压力和挫折会降低免疫系统功能。慢性压力会产生免疫抑制影响,抑制身体启动及时有效的免疫反应。这是因为慢性压力会产生大量的皮质类固醇,导致皮质类固醇水平的不平衡,降低身体的免疫活性。我们都知道。当前的癌症之于我们,正如以往的天花之于古人。而压力会导致免疫系统中负责监视身体细胞异化的部分弱化。在压力状态下,变异细胞无法被破坏,因为变弱的免疫系统无法辨别它们。如果这些变异细胞不被制止,就会增生扩散,导致癌变。

(二)过度压力和挫折下的心理反应

格式塔心理学家库尔特·考夫卡(Kurt Koffka)在论述人的行为是受个体心理环境的影响时,曾列举了一个生动的事例。有一个人在暴风雪的傍晚,骑马来到一个小旅店,让他深感庆幸的是,经过几小时的奔驰,越过了一片冰天雪地的平原,他终于找到了一个安身的地

方。此时,店主人来到门前,惊奇地问客人从何而来?客人遥指来的方向。店主人以恐惧而奇异的语调说:"你不知道你已经骑马越过康土坦斯湖(位于瑞士、奥地利和德国三国交界处,面积536平方公里,最深处254米)了吗?"客闻此言,立即倒毙于地。按理说客人已经渡过了平时难以想象的危险区域并身处安全的环境下,应该高兴才是,但结果却如此出人意料。其主要原因在于,客人在心理上经受了一次主观想象的压力事件,他未能进行有效的心理调节,心理上极度惊恐引起神经、血压、心率等一系列生理活动的急剧变化进而导致了极端行为的出现。

1. 过度压力和挫折导致焦虑、抑郁与愤怒　当一个人面临生活中出现的突发事件,或有长期惹人烦的日常琐事时,大脑就会把这种刺激认知为压力。比如自我要求、安全威胁、他人要求、自尊威胁等,人就会出现情绪反应,如紧张、恐惧、抑郁。事实上,压力引起的心理反应有警觉、注意力集中、思维敏捷、精神振奋,这是适度的心理反应,有助于个体应付环境。例如,学生在学习过程中、运动员在参赛过程中,一定压力下的竞争更容易出成绩。但是,过度的压力会带来负面反应,出现消极的情绪,如忧虑、焦躁、愤怒、沮丧、悲观失望、抑郁等。

2. 过度压力和挫折导致注意力分散、记忆力下降　人的大脑一般有四种波的存在,人在不同的状态下大脑内的脑波各不相同。当人处于 α 波状态时,心情很平静,注意力集中,记忆力非常好,想象力非常丰富。这对于工作或者学习来说是非常有益的。而长期压力会使人少有 α 波状态,出现思维狭窄、注意力分散、记忆力下降,表现出消极被动的状态。大学生们最常见的"心理问题"是注意力分散,记忆力下降。一些同学会认为是自己"年龄大了"之故。心理学研究结果并不支持一个个体从高中到大学认知能力下降,事实上这是学业压力大带来的反应。

3. 过度压力和挫折导致意识域狭窄　意识域是指人们在短时间内对客观事物所能察觉到的范围。人的意识域的大小由执行的任务所决定,并且与注意的广度、注意的分配、注意的集中有关。另外,人们可以通过对注意的训练、培养来扩大意识域。

心理学研究表明,过度的压力会使人的意识域变得狭窄,从而妨碍人们压力下的反应。如考试焦虑的人在考场上会出现什么都想不起来、什么题目都陌生的现象。课堂上被老师提问时,因压力大,本来会的知识却一点都想不起来。当坐下来平静后,那些知识又回到脑海里。遇到突发事件时,人们表现出不当的行为而且自己毫不知情,也是意识域变得狭窄的表现。如师范生第一次试讲时,可能会把裤兜里的袜子掏出来当成手绢擦汗水但自己却毫无觉察;发生大火时本该开门逃生却去关门。有经验的选手都知道,在奥运会赛场上,选手们实力相当,其实拼的是临场心理状态。每次奥运会总有选手因为紧张而与冠军擦肩而过,也总有选手因为心理素质过硬而在关键时刻力挽狂澜。

因巨大压力导致意识域狭窄的现象可以通过训练得以改善。比如关于考试焦虑,可以通过想象性放松的训练得以改善,参加重大比赛的选手可以通过赛前的心理训练和热身赛以保证比赛结果。

4. 过度压力和挫折导致"自我设障"的行为　一般而言,轻度的压力会促发或增强一些正向的行为反应,如寻求他人支持,学习处理压力的技巧。但压力过大过久,会引发不良适应的行为反应,如说话结巴、动作刻板、过度饮食、攻击行为、失眠等。在大学生中,最常见的是"自我设障"的现象。所谓"自我设障",就是面临被评价的威胁时,为了维护自尊而做出的对成功不利的行为或言辞,这就好比给成功预先设置了一个障碍。自我设障的本质是害怕失败。由于自我设障行为的存在，人可以把失败归咎于这个行为，而不用归咎于自己的能力。如有的学生"忘记"了期末考试时间，事实上是学业困难不想去面对期末考试；有的学生尽管很喜欢与异性交往，但并不注意外表整洁，事实上是给自己交不到异性朋友找一个理由；有的学生迷恋网络游戏甚至达到退学的程度却不思悔改，事实上是给自己学业困难找一个借口。有位研究生在入学后不久就在球场上崴了右脚，尽管医生诊断只是肌肉拉伤，一个星期就好，但这位同学一直到毕业前被一个知名国企录用后脚伤才奇迹般地康复了……

（三）适度压力是个人成长的进阶石

过度压力可以影响人的健康，但适度压力会提高心理与生理反应的强度和对压力的耐受力。铁人王进喜曾说过，"人无压力轻飘飘，井无压力不喷油"。这句话形象地表明了压力作为动机的积极作用。

心理学家耶克斯和多德森（Yerkes & Dodson, 1908）的研究表明，各种活动都存在一个最佳的动机水平。动机不足或过分强烈，都会使工作效率下降。研究还发现，动机的最佳水平随任务性质的不同而不同。在比较容易的任务中，工作效率随动机的提高而上升；随着任务难度的增加，动机最佳水平有逐渐下降的趋势。也就是说，在难度较大的任务中，较低的动机水平有利于任务的完成。这就是著名的耶克斯-多德森定律。

1. 适度压力是高效学习的动力　适度的心理压力对人的健康和功能活动有促进作用，这类压力被称为"良性压力"。适度压力是维持人正常功能活动的必要条件，比如期末考试、评比、检查和比赛等，是引起适度心理压力以促进学习的常用手段。大学生们流行着一种学习方式，那就是期末考试前的大"玩命"。为了应对期末考试，有的同学可以三四个晚上彻夜复习。还有的同学英语成绩因为有考"托"和"G"的任务而记忆单词效率猛增；有的同学只有在作业的最后期限才能调动学习的热情，把作业完成，说明适度压力是高效学习的动力。

2. 适度压力是个体成长的助力　让人处在适度压力的环境下，可培养人承受压力的能力。当你付出了时间和精力，最终克服了压力，实现了最初的目标，或者克服了自我障碍，那么毋庸置疑的是，你的抗压能力已得到提高，处事应变更加游刃有余，心理也更加成熟。

假如你是在父母百依百顺或是过度呵护的教养下成长起来，从未经历过挫折和压力，那么当面对突如其来的压力的时候，脆弱的心理承受力恐怕会让你在压力面前落荒而逃。但是压力不可避免，没有压力的个体就无法提升自我的效能，无法充分挖掘自我的潜力，无法实现心理的成熟和自我的成长。

3. 适度压力给挑战自我提供了机会　我们都听说过，"有压力才有动力""化压力为动力"，这些其实都是在说适度的压力可以让个体有挑战感。适度的压力可以促使个体形成积极的动机。向自己以往的能力发出新的挑战。

在一些竞技比赛中，班长经常会对班上的同学说："这个竞赛我们必胜，目标一定能实现！"而班长给学生设定的每一个目标都比过去的目标高，这就是对竞赛团队的一个预期的压力。班长利用这种压力让团队产生动力，提高团队成员的兴奋度，让他们更有信心地迎接挑战，实现班级目标。组织行为学认为，最佳的目标应当是比个体的能力高一点点的目标，这样的目标设定既不会让我们因其太过容易而感到乏味，也不会让我们因目标过高而失去挑战的兴趣。

第三节　大学生压力管理与挫折应对

【案例8-4】　我想好好睡一觉

某高校大二男生小李，家中独子，来自小城镇，父母均为大学文化且感情和睦。其父亲1年前因病去世。母亲是财务人员，身体不太好，家里爷爷奶奶年迈多病，他十分担心亲人。他与室友的关系一般，相处不太和谐。室友不爱上课，喜欢上网、打游戏，其他宿舍的人晚上经常到他们宿舍打游戏，常常闹到很晚。为此他和室友提到过这个问题，但时间一长，他们又回到之前的状况，沟通效果不大，于是也不想讲了。为了缓解家庭经济压力而做好几份课外兼职，他几乎没有休息的时间，感受到生活有很大压力。近期他感到高度紧张、睡眠质量不高、易惊醒，这让他感觉很累，情绪比较低落，记忆力衰退，注意力不能集中。

压力既可以由生活状态改变引起，也可源自内心的冲突。因此管理压力也可从这些方面入手。事实上，管理压力既包括减轻压力策略，也包括目标激励提高应激状态的策略。考虑到大部分大学生的压力还是来自高应激，因此本文所述压力管理策略主要针对的是减压策略。压力管理的策略可大体上分为"着重于问题（压力源）的应对策略"和"着重于情绪的应对策略"。

一、直面压力

着眼于问题的应对策略适用于中度压力的情况，特别是当事人认为压力源可以改变的时候。压力源有来自于大学生活挑战，也有来自于内心冲突。直面压力最好的方法是对当事人感到痛苦的事情进行分析，找出导致压力的因素。然后找出解决问题之道，最后尝试改变。改变并不容易，需要持之以恒。

（一）对压力源进行分析

一位同学这样写道："其实，在别人眼里，我的大学生活真够丰富多彩的。我先后参加了很多不同性质、不同规模、不同档次、不同种类的社团；学生会、棋牌社、网球协会、武术爱好者协会等，甚至有些名不经传的'民间组织'。我不是一个兴趣广博、精力过剩的人，这些社团让我疲于奔命。看到周围的人要么准备考研，要么计划出国，找工作的也摩拳擦掌，晃到大三的我开始猛地一惊：我的大学生活收获了什么？我究竟想要什么？我以后做什么？"

看来，这位同学的问题是如何规划大学生活，如何在大学为未来人生做准备。事实上，到了大三才考虑这个问题已经比较晚了。上大一就应该思考这个问题，确定目标并逐步实现。当然，现在提出了仍不算晚，至少这位同学大三以后的生活可以按计划有序地进行。

再比如，有位叫小青的同学，从大一开始，就发现和同学相处不好。第一次宿舍的人集体决定去哪里吃饭的时候，大家一致决定去吃拉面，唯独小青不同意。她说："拉面有什么好吃的？没吃过面条啊？要去你们自己去，反正我不去。"时间长了，大家再有什么集体活动都不敢叫小青了。有一次，舍友小王喜欢上一个男孩，小王提到了这个男孩，小青头都没抬说了一句："这个男孩有啥好的？个子矮，普通话还说不标准，真佩服你的眼光！"小王无语了。渐渐地，宿舍里的人都不太喜欢和小青讲话了。每次讲话总被她"刺"回来。小青也发现不对劲，有时会主动跟别人说话，但别人不是敷衍她几句，就是见她进门之后就躲开。

这位同学显然存在人际交往问题，根本原因是自己平时说话做事只顾当时痛快，不太顾及别人感受，很容易伤人，甚至有时候故意跟别人较劲。

（二）想出尽可能多的解决办法

以上两位同学都感受到很大的压力，通过对压力源的分析，造成他们心理压力的问题已经得到确认，下一步就是想出尽可能多的解决办法。以第一位同学为例，如何规划人生是一个很大的话题，也没有一蹴而就的方案。他可以选择一门就业指导课来听，可以浏览大学生规划人生的书籍，可以多跟同学交流，从同学那里获得启发，还可以去调查已经毕业了的师兄师姐，甚至也可以预约就业指导中心的咨询，做一些心理潜能的测试；如果就业指导中心没有此类测试，则可以预约心理咨询中心的咨询，与一位长者来探讨。

关于第二位同学的人际交往问题，也不是一个一蹴而就的问题。她可以选修一门人际关系的课程；可以去浏览人际交往的丛书，从书中获得洞见；可以预约心理咨询中心的咨询，请一位咨询师指导和见证自己的成长；可以与同学真诚对话，了解自己"得罪"别人之处，并得到同学的谅解；反思自己的成长经历，学习怎么能从别人的角度来理解问题，并尽可能地通过课堂、社团、活动广交新朋友，把自己的洞见和新的行为方式运用在与他们交往中。

（三）选出最值得一试的办法采取行动消除压力源

两位同学的问题应对策略很多，有的策略离同学很近，有的实现起来可能并不容易。请选出最值得一试的办法，尝试解决问题。以第一位同学为例，选择一门就业指导的课，浏览这方面的书籍，多与同学交流人生规划，去预约心理咨询中心的咨询，这些可能是比较容易实现的。但是去调查已经毕业了的师兄师姐，或者预约就业指导中心的咨询，可能就不太容易实现，可能需要机会和时间。那么这位同学就可以从容易实现的办法着手。当人们已经走上了解决问题的道路，压力就成为了解决问题的动力。

二、转换视角

在分析大学生的压力源时，我们提到了源自大学环境的挑战，也提到了内在自我的冲突。事实上，外部世界是外因，真正的原因是内因。压力本质来自于人们的想法、观念，或者说世界观和价值观。所以要改变对压力源的态度和认识评价。著名哲学家爱比克泰德（Epictetus）说："扰乱人精神的，与其说是事件，不如说是人对事件的判断。"著名的应激研究专家塞里曾对经常处于工作应激困扰中的经理们说过："问题不在于发生了什么，而在于你如何对待它。"苏轼的诗是这样说的："横看成岭侧成峰，远近高低各不同，不识庐山真面目，只缘身在此山中。"说明任何事情换个角度看就不同了。

（一）发现新的可能性

"美特斯邦威，不走寻常路"，这是一句著名的广告语。"不走寻常路"就意味着创新，创造，别具一格，另辟蹊径。"Nothing is impossible"，这是另一句广告语，"没有什么事是不可能的"。两句广告语似乎都在鼓励人们积极尝试，发现不同的可能性。陷入困境的人，往往处理事情只用一种做法，并固执地认定除此之外别无选择。对事情有两种做法的人也会陷入困境，因为他给自己制造了左右两难、进退维谷的局面。而认定凡事必有至少三个解决办法的人,很快就能找到第四个、第五个,甚至更多的办法。有更多的办法,就有更多的选择。有选择就是有能力。现在没有办法,只是说现在用过的方法都得不到想要的效果,没有办法,只是说已知的办法都行不通。世界上有很多我们没有想过或者尚未认识的方法。人们可以换个角度想问题,换个角度寻找解决问题的方法。"山重水复疑无路,柳暗花明又一村"。比如,有的大学生可能会对自己说,"如果我失败了怎么办?""如果我看上去很糟糕怎么办?""如果我让大家失望怎么办?"新的可能性是,"如果我的顾虑是错的呢?""谁说过这种顾虑是真实的?""要是我做了,结果是成功而不是失败呢?"还可以继续问自己这样的问题,"如果我担心的事情发生了,会出现怎样的结果?""如果我担心的事情发生了,不会出现怎样的结果?""如果我担心的事情没有发生,会出现怎样的结果?""如果我担心的事情没有发生,不会出现怎样的结果?"这种重复性的问题会把人原本的思维模式打乱。当自己命令大脑停止考虑最坏的结果,转而寻找其他可能性,这时新的思考、新的思维、新的想法就会不断涌出。

（二）变悲观为乐观

悲观性与乐观性是相反的人格特质,不取决于一个人所面对的事件,而取决于一个人看事情的角度,本质上是一个人是否能积极乐观地看待自己和周围的事物。如下故事非常形象地表达了这个观点。

有位秀才第三次进京赶考,住在一个经常住的店里。考试前两天他做了两个梦,第一个梦是梦到自己在墙上种白菜,第二个梦是下雨天,他戴了斗笠还打伞。这两个梦似乎有些深意。秀才第二天就赶紧去找算命的解梦。算命的一听,连拍大腿说:"你还是回家吧。你想想,高墙上种菜不是白费劲吗?戴斗笠打雨伞不是多此一举吗?"

秀才一听,心灰意冷,回店收拾包袱准备回家。店老板非常奇怪,问:"不是明天才考试吗,今天你怎么就回乡了?"秀才如此这般说了一番,店老板乐了:"哟,我也会解梦的。我倒觉得,你这次一定要留下来。你想想,墙上种菜不是高中吗?戴斗笠打伞不是说明你这次有备无患吗?"秀才一听,更有道理,于是精神振奋地参加考试,居然中了个探花。

从刚才的故事中我们不难看出,同样一件事以不同的认识角度来看待,结果是大不相同的。从积极的角度看待问题的人,像太阳,照到哪里哪里亮;而从消极角度看待问题的人,像月亮,初一十五不一样。是我们认识事物的角度决定了我们的想法,我们的想法决定了我们的命运。大学生应该学会从积极的角度看待自己和周围的事物,塑造乐观主义的人格特质。

（三）调整个人期待和抱负水平

有一个大一女生,入大学后第一次期中考试,总共四门课程,她三门得了100分,一门得了96分,但却闷闷不乐,痛苦不堪。原来,她的一个好朋友三门得了100分,一门得了98分,这让她无法接受。甚至因此不再搭理这个好朋友了。一个小伙子,来到大学,一心要考全班第一。第一学期,他排名第二,第二学期期末,他还是考了第二。他很不甘心,痛下决心,更加努力学习。如此反复。结果大学的六个学期过去了,他还是第二。这样的结果使小伙子崩溃了。

心理压力常常来自于过分的竞争意识和抱负水平。美国心理学家史培勒说:"抑郁症这种病往往袭击那些最有抱负、最有创意、工作最认真的人。"最有抱负、最有创意、工作最认真的人就是那些竞争意识最强和抱负水平最高的人。期望水平影响或决定对于应对后果的评价,从而影响压力下的情绪反应和士气。心理学研究发现,一个人若将个人的竞争意识、抱负和期望值调整到中等偏上的水平有利于控制心理压力。看来向优秀同学看齐是应该的,但是如果我们认为一定要达到别人的标准,这就有点强人所难了。

(四)培养坚韧人格

坚韧人格者能够抵御和耐受高强度的心理压力,他们被称作"压力抵抗者"。培养坚韧人格不是短期能够做到的事情,而是根本的控制压力的策略。古往今来,成就大业者无一不是坚韧人格的人。他们全情投入工作或者学习,他们可以控制自己的情绪,他们愿意接受挑战,他们更能够跌倒了爬起来。他们心中有坚定信念,所以不怕打击,不怕失败,勇往直前。

(五)转换观念——失败是成功的一部分

心理学的研究发现,人们不断成功时就会变得自信;而当总是遭遇失败时,人们就会变得自卑。可是人生不如意十之八九。随着成功的到来,失败也会如影随形。然而心理学的研究还发现,一些伟大的人改写了这个心理学的规律,这些人成功时变得自信,失败时也认为挫折是成功的一部分。这些都提示我们应该把失败也看成是成功的一部分,这样就会从失败中汲取生命的滋养。

比如,失恋是痛苦的,可是失恋也是宝贵的财富。因为失恋让人们了解爱是有条件的,爱不能一厢情愿,需要不断学习提高爱的能力。学业失败是痛苦的,但也是宝贵的财富,它让人们看到自己的不足,了解自己的潜能与局限,为提高和改善学业状况提供途径和线索。不幸的过往令人痛苦,但是也是宝贵的财富。苏联作家高尔基说过,"苦难是最好的大学"。因为苦难、因为过去生活的积累使《我的大学》这部发人深省的小说面世。

(六)建立自己的人生哲学

压力管理的目的是要过幸福生活。作家毕淑敏说,人生在世,最重要的是让自己获得最大的幸福。在夜半三更月光如水的夜晚,在努力拼搏的间隙,你有没有问过自己这样一个问题:幸福到底在哪里,人生的终极意义在哪里?

人生在世,每个人都希望自己是自己学校或者自己专业中最有成就的、最有地位的、最优秀的、最幸运的、最开心快乐的。可不可以说,原来压力来自我们自己,压力来自内心庞大的自我期待。庞大的自我期待中印刻着主流文化的深深影响。

在不断奋斗的历程中,因为卓越,人会迈上一个新的台阶。然后他的心中萌生一个新的梦想,然后他会迈上更高一个台阶。然后他的心中又萌生一个梦想……终有一天,他会遇到成功的瓶颈——再也迈不上更高的台阶。他只是把心留在了更高的台阶,而身子却滞留在原有的地方了。刘欢所唱的《北京人在纽约》的主题曲《千万次的问》中的歌词,"千万里我追寻着你,可是你却并不在意;我已经不再是我,可是你却依然是你……"深刻描绘了这个状态。在奋斗的历程中,每个人都将成为单恋的人——仰望着追求的目标而不能达成。

足够的成功、足够的地位、足够的优秀、有意义的生活、究竟什么才能让我们感受到幸福?当人们竭尽全力奋斗而仍不能达到目标时,人们的心灵世界就会打开另一扇大门——凤凰涅槃,浴火重生!

幸福是一种感觉,一种哲学思考,一种人生境界。它无关成绩,无关专业,无关出身,无关学校的声望。一个人如果能放下自己达不到的(不属于自己的),看淡自己所没有的,珍视自己已经拥有的,有允许别人感受到幸福的豁达心胸,这个人就发展出了自己的生活哲学,拥有了真正的幸福。中国乒乓球运动员王皓三次在奥运会冲击冠军,但三次均以亚军告终,被网友戏称为"三亚王"。王皓多么渴望成为男子单打奥运冠军,并为之付出艰辛努力，三届奥运会12年的奋斗，但却以亚军终结。王皓在接受采访时说，我没有像网友们想象得那么脆弱，亚军也是我生命的礼物。

假如把这种放下、看淡、珍视、豁达的境界比喻成人生的最高胸怀，就如同一座山的山巅的话，可以说，人生在世，每个人都走在上山修行的路上。如果一个人幸福多一些，他就离山巅近一些；如果一个人痛苦多一些，他就离山脚近一些。

三、放松身心

一般而言，着眼于情绪的应对策略适用于一个人正在承受着强大的压力，并认为自己对压力源无能为力的情况下。问题不是总能得到解决的，当问题无法获得解决时，可以采用此策略。退避和回避本身无所谓好坏，关键看如何使用。习惯性的退缩会妨碍适当的调节和个人成长，而暂时的退避是一个有价值的应对压力的策略。退避作为一种健康的应对压力的策略是因为它可以为人赢得必要的准备时间，以便从正面解决问题。正所谓"退一步海阔天空"。

（一）丰富课余生活

课余生活是学习以外的视野。学习是大学生的第一要务，可是在学习之余人们也要感受到生活的乐趣。热爱生活常常意指对工作学习等"正业"之外的事务的喜欢和投入，是"不务正业"。人们都熟悉"玩物丧志"这个词，指迷恋于所玩赏的事物而消磨了积极进取的志气。事实上，喜欢的事情能滋养人的心灵，让人们感受生命的美好。因此，对于有明确的专业发展志向的大学生来说，沉醉在喜欢的事情中不一定是"玩物丧志"，而是可以"玩物壮志"的。

爱好是上苍给予我们的礼物，是我们内心深处的热情与渴望。人们在从事自己喜欢的事情时，能感受到天人合一、物我两忘的境界，甚至感受不到时光的流逝，让人充分感受到生命的美好。心理学称这种现象为"巅峰体验"。因此，当生活很枯燥，心里很烦恼时，允许自己做自己喜欢的事情，就能让人放松。

与人聊天、一个人发呆、听音乐、看小说、玩游戏、演奏乐器、看电视、上网、运动、散步、读书、写作、练书法和购物等是大学生常见的课余生活方式。"玩物丧志"与"玩物壮志"的区别是上网有限制，玩耍有节制，突出主业。如果所沉醉的事物除了让自己喜欢和放松外，还有美的熏陶、知识的积累、身体的强健，这样的课余生活更有价值。

（二）合理安排时间

生命是由时间构成的，岁月也是由一分一秒组成的。大学生知道时间宝贵，但是从高三紧凑有节奏的生活一下子进入完全靠自己管理的大学中，大学生们每天都很忙碌，但"日绩有余，年绩不足"的现象很普遍。为什么时间没有使效率增加，或者没有帮助人们达成目标？研究表明，不清楚自己的目标，做事犹豫不决，精力分散，拖拉，躲避，中断和完美主义是时间管理的大敌。这里，有几个时间管理的小策略供大家参考。

1. 确定目标　建立清晰的、可以达到的总体目标，并把目标分解成短期目标和中期目标，然后找出与目标有关的、可以在较短时间内进行的工作。确定目标须遵循要事优先原理。请把事情分成四类，第一类：紧急并重要的；第二类：不紧急但重要的；第三类：紧急但不重要的；第四类：不紧急也不重要的。要首先去做紧急并重要的事情，然后做不紧急但重要的。放弃不紧急也不重要的。放弃不重要的事情，可以使人专注在重要的事情上。

2. 制订工作计划 一年之计在于春,一天之计在于晨,说明了早做计划的重要性。节约和充分利用时间的方法是预先思考,周密计划。大学生们不乏做计划的思想,但缺少做计划的科学性。人人都有雄心壮志,恨不能把罗马一天建成。有的同学会把自己的计划设计得过于庞大,实现起来比较困难,也有同学把自己的计划设计得过于模糊,这两种情况导致有计划与没计划没有差别。一个有效的计划跟目标管理相类似,也可以分成短期计划、中期计划和长期计划。制订计划要有可行性,可以依据实际执行情况去调整。而一旦确定下来就需要坚决执行。

3. 学会说"不" 时间是最宝贵的财富,荒废时光等于浪费生命。人们每天忙碌而没有有效积累的原因是精力被分散,每天忙于并不重要的事情。解决的办法是学会说"不"。对不适合自己的任务说不,对干扰自己又无关目标的杂事说不。

4. 克服拖延的习惯 拖延是大学生中最常见的心理现象之一。拖延常常是因为有完美主义倾向;此外,任务过重或过难,对任务有抵制与敌意,精神状态颓废也会拖延。拖延总是表现在各种小事上,但日积月累,特别影响个人发展。这里给同学们一些小策略帮助改变拖延习惯。一是时刻提醒。将工作报告或论文的最终期限或约会日期写下来,可以时刻提醒自己。对于特别重要的事情,用荧光笔重点标注一下。二是最重要的事情安排在一天当中效率最高的时候。三是给自己设个最后期限。很多人都有这样的经验,那些看似不可能按时完成的任务,往往在最后一刻完成。四是将庞杂的工作分成一部分一部分地去做。五是避免工作被打断。集中精力可以使你在很短的时间完成更多的工作。最后,当你按时完成工作时,给自己一个奖励。

(三)放松训练

放松指身体和精神由紧张状态转向松弛状态的过程。放松主要是消除肌肉的紧张。在所有生理系统中,只有肌肉系统是我们可以直接控制的。当压力事件出现时,紧张不断积累,压力体验逐渐增强。此刻,持续几分钟的完全放松比一小时的睡眠效果更好。放松可以通过呼吸放松、想象放松、静坐放松、自律放松等方法进行。放松训练是一种自我调整方法,是通过机体主动放松来增强自我控制的有效手段。一般是在安静的环境中按一定要求完成特定的动作程序,通过反复的练习,使人学会有意识地控制自身的心理、生理活动,以达到降低机体唤醒水平,增强适应能力,调整因过度紧张而造成的生理、心理功能失调,起到预防及治疗作用。

专栏 8-1 放松训练的方法

放松训练的方法有多种,下面介绍几个方法,大家可以利用早上醒来或晚上临睡前的几分钟时间练习。

放松一:想象放松

选一个安静的房间,平躺在床上或坐在沙发上。闭上双眼,调整呼吸,让呼吸变得缓慢和均匀。

想象一个你熟悉的、令人高兴的、具有快乐联想的景致,比如校园某个地方。这个景致中有树有花有草有流水,你仔细观察着,树是什么样的?花是什么样的?流水是什么样子的?周围布局又是什么样的?空气中弥漫着什么气息?耳边有什么样的声音?仔细观察着,体验着,游走着,感受着它带给你的美好感受,你将感到你的心情越来越放松，越来越美好。

此时，敞开想象的翅膀，幻想你来到一个夏日的海滩，海边没有其他的人，温暖的阳光照耀着你，海浪在唱着自己的歌。你躺在沙滩上，感受着温暖的阳光的抚慰，感受着身子下面细柔的沙子的温暖气息，海上波光熠熠，一望无际，你心旷神怡，内心充满宁静、祥和，美好的感受从心底逐渐涌现。渐渐地，你想象自己越来越轻柔，飘飘悠悠地离开躺着的地方，融进自然的怀抱之中。你已成为景象的一部分，没有事要做，没有压力，只有宁静和轻松。

在这种状态下停留一会儿，然后想象景象渐渐离你而去。你做好准备，睁开眼睛，回到现实。此时，头脑平静，全身轻松，非常舒服。

放松二：渐进放松

选择一间安静的房间，躺在床上或坐在沙发上。闭上双眼。

现在深呼吸几次，让吸气停留几秒钟，然后完全充分呼出。在吸气时，你会注意到胸部有一些紧张，呼气时，注意放松的感觉。然后重复深呼吸，反复体会放松的感觉。

把你的注意力放在右臂上，现在使你的右臂紧张起来。保持紧张。在保持肌肉紧张时，注意紧张的感觉，感觉不舒服了吗？现在放开，让你的右臂完全软弱无力。这是放松的感觉。重复来过一遍。

现在把你的注意力放在左臂上，现在使你的左臂紧张起来，保持紧张。在保持肌肉紧张时，注意紧张的感觉，感觉不舒服了吗？现在放开，让你的左臂完全软弱无力。这是放松的感觉。重复来过一遍。

用同样的方法放松你的右腿、左腿、你的右脚、左脚，你的肩膀，你的头部，直到全身。

左脚和左脚踝重复同样的练习。

收紧小腿肌肉，先右后左。重复紧张和放松。收紧大腿肌肉，先右后左，体会大腿紧张是怎样影响膝盖和膝关节的。

再移到臀部和腰部，注意紧张和松弛两种状态的不同感觉。

向上练习腹部、胸部、背部、肩膀的肌肉。

练习前臂与手，抬起放下，握拳放松，先右后左，反复练习。

最后到脖颈、面部、前额和头皮。

放松顺序也可以自上而下。每天花几分钟时间练习，坚持下去，必有收获。

（四）合理饮食

大学生们不吃早饭、胡乱吃饭、不按时吃饭、吃垃圾食品、不注意营养搭配的现象较普遍。研究发现，缓解压力、放松自己与体质的健康有很密切的关系。在身心健康中，身体健康是基础，有了健康的身体，心理的健康才有坚强的后盾。除了体育运动能够增强体质外，饮食和营养也是身体健康的一个非常重要的方面。良好的饮食和营养可以塑造健康的身体，能够预防和控制高血压、心脏病、消化不良、便秘、糖尿病和肥胖症等疾病，同时还能够减轻烦躁、头痛、疲劳等精种疾病。通过膳食调理生理功能和安神保健是中国传统的养生方法，不良的饮食会使个体更易受到压力的伤害。

要吃早餐，早餐最重要。早餐以清淡为主，这是一天中重要的一餐，应当吃好，基本原则是清淡、易消化。可选择含碳水化合物和蛋白质较多的食物，比如稀饭、馒头、包子、绿豆粥、牛奶、鸡蛋等,同时要适当吃一些蔬菜和水果。

中餐和晚餐只吃七八成饱,这样可以避免消化道负担加重,分流体内血液,以保证大脑有足够的血液供应。如果需要加餐,加餐的量为正餐的1/3,加餐时间最好是睡前一两小时左右,可以吃清淡、易于消化的食品,比如牛奶、果汁加饼干等。

多吃富含纤维素的食物,包括谷类、豆类、蔬菜和水果。纤维素能够降低胆固醇以及阻止胆固醇存留在肠胃中。食用含足够多淀粉和纤维素的食物会使你感觉更健康。吃新鲜水果和蔬菜也能让人心情平静。纤维素虽然不能被人体吸收,但具有良好的清理肠道的作用,因此成为营养学家推荐的六大营养素之一。

减少脂肪的摄入量。脂肪有两种:饱和脂肪和非饱和脂肪。饱和脂肪多见于肉类、乳类产品,非饱和脂肪多见于植物油以及优质鱼类。饮食中如果摄入太多饱和脂肪容易引起肥胖;还会增加胆固醇含量,从而引发心血管疾病。

减少钠的摄入量。人体中的钠主要来源于食盐,每人每天食盐的需求量低于6克。摄入过多的钠盐会增加高血压和脑卒中的危险。

少吃糖。过多的糖分会增加人的体重,而且吃糖过多也是产生蛀牙的主要原因。此外,大量糖分会使肾上腺过度分泌,从而造成身体抵抗力下降、烦躁、情绪不安等心理疾病。

四、积极践行减压行为

压力既可以通过直面压力、转变观念的方法改变,也可通过饮食、放松等方式调整。一些简单的行为小策略也可快速帮助人们改变压力状态。

(一)有规律运动

运动能够增加肺活量,促进氧气和养分顺利地运送。运动还可增强心脏肌肉和心脏的功能,促进血液循环和新陈代谢,消耗体内多余的脂肪和热量,防止肥胖、高血压和心血管疾病。运动能增强体质,提高免疫能力。此外,运动对心理健康益处也是很大的,运动使体质增强,提高自信心,还减少焦虑的感觉。运动时身体会释放出一种被称为内啡肽的化学物质,可以产生一种安乐的感觉。体育运动还会产生其他一些化学物质,这些化学物质就是体育锻炼促进心理健康的生理基础。

因此通过身体运动来缓解压力不失为一个好方法。当心中余怒未消、痛苦难当时,去进行一项你喜欢或者擅长的运动吧!

(二)说出自己最开心的三件事

心理研究表明,人们把注意力放在什么上,什么东西就会扩大。人们把注意力放在开心的事情上面,开心的事情对人们的影响就会扩大。我们把注意力放在抱怨的事情上,抱怨的事情对人们的影响也会放大。我们的想法创造我们的生活,而我们的话语又表明了我们的想法。所以每一刻,你都在用自己最关注的念头创造人生。

请每天晚上睡觉之前,和你的室友一起,每个人都说出一天中最开心的三件事。坚持一个月,你其实就有了将近100件好事的滋养。也许你所说的好事是吃了一顿可口的饭菜;去上课刚好赶上老师点名;校园里巧遇一个仰慕已久的老师;本来已经穿多了,没有想到天气变冷了;听了一场有趣的讲座;接到了一个老友问候的信息;上课时雷声阵阵,下课时居然天晴气朗……尽管这些都是微不足道的小事儿,但当我们有100件事滋养我们的时候,美好的人生就已经开始了!

（三）活在当下

人们既可以活在过去，也可以活在今天，还可以活在未来。当过去充满美好，回味过去会让人对未来生活充满憧憬；当眺望未来感觉前程远大，憧憬未来更会鼓舞人们斗志。不过，当过去充满苦痛时，很多人难以自拔，会不自觉把自己滞留在痛苦中，而辜负了当下时光，可是当下也正一天天变成过去。当未来充满不确定性，很多人也会对现实的奋斗充满质疑。殊不知这样的质疑辜负了当下时光，人们就是在当下走向未来的。

如何让自己珍惜现在呢？活在当下！上课时一心一意上课，休息时一心一意休息，吃饭时一心一意吃饭，睡觉时一心一意睡觉。当我们在任何当下只关注当下的事情时，就叫做活在当下，享受生活。

（四）表达感恩

感恩（gratitude）一词源于拉丁词根 gratia，意为优美、高尚、感谢，衍生出来的意思就是带着善良的心、慷慨的心做事，感受给予和获得之美。哲学家西塞罗曾经说："感恩不但是一切美德中最伟大的，而且是其他美德存在的基础。"研究发现，感恩作为一种具有持久性的积极情感，可以使人们在获得幸福感的同时，消除消极的情感，更可以使感恩的对象和感恩的行为泛化，从而使整个生活充满了感恩的气息。

带着感恩的心去生活：我们感恩自然，感恩世界，感恩人生，感恩顺利，感恩挫折。同样的一枝玫瑰，有人说："花下有刺，真讨厌！"有人说："刺上有花，真好！"看到刺的人，挑着毛病、盯着不足，他们注定是不快乐的。而看到花的人，则有着感恩的心，尽管刺扎手，但那些刺上却有着芬芳的花朵，于是他们能感受到幸福。所以，拥有感恩心的人是幸福的。我们的幸福生活也将会在这种氛围中持续增温。

细数感恩，请每天晚上思考一件值得感恩的事，或者一周之内写下 5 件感恩的事情。还可以用写感恩信的方式表达感恩。这是因为，在思考感恩的事情或者书写感恩信的时候，个体会对感恩对象的施恩行为进行回忆，体会那时的积极情绪，这种积极情绪可以扩建个体的思维。在寄给感恩对象之后，他们会得到这个感恩对象的回馈，这也是一个积极刺激，可以提升他们的社会支持，从而使他们更加幸福。

五、主动求助，善用资源

很多人在痛苦万分时，总是羞于让他人知道，认为是自己心胸不够宽阔的结果。事实上，在人生奋斗的路上，心理障碍是绝大多数人一生中不可避免的问题。人们当然可以自己去面对，但是当自己花费了时日却仍不见效果时，就可以考虑寻求他人的帮助了。人作为社会成员，一刻也离不开生活于其中的社会群体，他人是人们应对压力的重要资源和滋养。

（一）向导师、长辈寻求人生智慧

很多大学生问询这样的问题，"我是坚持自己更好，还是要妥协他人？""我是进入国企好，还是进入外企好？""我留在国内读书好还是出国留学较好？"如果已经走过人生，当然知道适合自己的答案。可是大学生们正值当年，人生经验有限，依靠自己的揣测做出这样重大的人生决定也许欠妥。"当局者迷，旁观者清""不识庐山真面目，只缘身在此山中"。如何能做正确决定，如何可以借力而行？

向有相关经验的人讨教，是获取解决问题的有效办法。导师、长辈有丰富的人生经验，他们可以跨越时空，指点迷津。当然，他们的观点仍然是仅供参考，最后的决定权仍在自己手中。

（二）向朋友、同学寻求感情支持

一份幸福，两个人分享，就是两份幸福。一份压力，两个人承担，便可减少一半。朋友是生命不可或缺的存在，朋友的安慰、鼓励和保证等也可使人感到有依靠，产生安全感和希望。向朋友倾诉苦恼，可以达到情绪宣泄的作用。人在快乐时，急于让朋友知道他们的幸福，人在痛苦时，也希望让朋友与自己共同分担。

你有知己吗？有多少知己？知己简单地说就是非常了解自己并且情谊深切的朋友。"人生得一知己足矣""海内存知己，天涯若比邻"都是在表达知己对人的支持作用。有痛苦时向他们倾诉吧！他们的真诚支持会让你减少恐惧，感到安全，也许他们还能从旁观者清的角度为你提出智慧的洞见。或者他们什么都没有做，就是陪伴在你的身边，你的心里也会踏实很多。

（三）向家人寻求精神归属

生命来自父母。生命之初，我们在父母面前展现第一次呼吸，在父母面前表现出最初的依赖。我们的外表继承父母的基因，长得像他们的模样。他们的情感特点和行为模式也会通过耳濡目染的方式传递给我们。因此，家是每个人成长的摇篮，家庭是人一生的起点和最深的梦乡。

中国人更看重亲缘关系、血缘关系，相对于西方，中国人跟家庭的联系更紧密。大学生们报志愿受家庭影响很大，找男（女）朋友要征求家庭意见，住院了要家属签字。当大学生有了痛苦，受了伤害，父母及其他家人就成了他们心中最温暖的港湾。

父母渴望着与孩子多些交流，渴望着为孩子多些分担，渴望着他们的肩膀还能给孩子以依靠。他们最爱孩子，相信也能够给孩子最温暖的支持。有人说，父母之爱是：即便是全世界都抛弃了自己，父母也不会。

（四）向专业人员寻求帮助

心理咨询专业把寻求专业性心理帮助的人称为来访者。能够主动寻求心理帮助是心理成熟的表现，更是强者的表现。经再三努力仍然不能解决问题，当个人的心理困扰已经开始影响正常的学习和生活时，寻求合格的专业性心理帮助是必要的。

每所大学都设有心理健康教育中心或者心理咨询中心。这样的机构是大学回应大学生诉求，专门为大学生提供个别或集体咨询的场所。一般说来，心理咨询中心都是免费为大学生提供服务，都会有预约电话，直接打预约电话就可以得到预约服务。另外，每次咨询时间也有限定，一般是50分钟。如果一次谈不完（事实上经常一次谈不完），可以继续预约下次，或者经过初次访谈后，跟咨询老师预约下面的几次咨询。如果你认为与咨询师"气场"对不上，或者你希望要一个特别的咨询师，比如要年纪稍长，或者要一个男（或女）咨询师等，也可以跟老师协商转介给其他咨询师。

另外，若要问题得以解决，你不仅仅是去做咨询就够了，还需做一个好的来访者。好的来访者知道改变是咨询师和来访者合作的结果，不是咨询师一厢情愿的结果，需要来访者付出精力和投入热情；好的来访者知道寻求专业帮助是寻找一个帮手，人生的路还要自己走过；好的来访者知道，即便是寻求心理帮助，真正为自己人生负责的还是自己，没有人可以为自己的人生指点江山；好的来访者更知道，从预约咨询开始，你已经做好改变的准备了。

（赵法政）

【本章小结】

综上所述,压力和挫折是一种身心反应,是个体在适应生活的过程中,由于实际上的或认识上的"环境要求 - 应对能力"失衡而引起的一种通过生理和心理反应表现出来的身心紧张状态。适当的压力可以鼓舞斗志,增强信心,是个体成长的进阶石;过度压力会带来消极的身体和心理反应。大学生的压力既来自校园环境,也来自内心自我的冲突。直面压力、转换观念、注重放松、寻求他人帮助都可以帮助个体应对压力。压力管理与挫折应对的最高境界是建立自己的人生哲学。

【拓展阅读】

[1] 豆宏健.大学生成长心理学.北京:高等教育出版社,2010.

[2] 梁宝勇.精神压力、应对与健康.北京:教育科学出版社,2005.

[3] 郑雪等.幸福心理学.广州:暨南大学出版社,2004.

[4] 李虹.压力应对与大学生心理健康.北京:北京师范大学出版社,2004.

[5] Phillip L.Rice.压力与健康.石林,古丽娜,梁竹苑,等译.北京:中国轻工业出版社,2000.

【思考与练习】

1. 大学生常见的心理防御机制有哪些?
2. 请结合自身的经历分析大学生挫折的心理成因。
3. 请说出你所经受过的一次挫折,并思考这次挫折给你带来了怎样的成长?
4. 你曾有过哪些压力源? 试分析其原因? 你是如何应对的?
5. 根据本章的学习内容总结一下压力管理与挫折应对的具体方法有哪些。

大学生常见心理问题

某大学大三学生王某,坐在教室里看书时,总担心会有人坐在身后并干扰自己,有强烈的不安全感,以致于只能坐在角落或者靠墙而坐,否则无法安心看书。他对同寝室一位同学放收音机的行为非常反感,有时简直难以忍受,尤其是中午睡午觉时总担心会有收音机的声音干扰自己,从而睡不着觉,经常休息不好。但他又不好意思跟其发生当面冲突,因为觉得为这样的小事发脾气,可能是自己的不对。他很长时间不能摆脱这种心理困境,很苦恼,严重影响了自己的日常生活和学习。即将毕业,心中一片茫然,担心找不到理想的工作,有时候也懒得去想这个问题,怕增添烦恼。学习一般,在班上成绩中游,当看到其他同学都在准备考研究生,自己也想考,但是又不能集中精力学习。自卑,缺乏自信,生活态度比较消极,认为所有的一切都糟透了。家在农村,经济状况一般,认为自己有责任挑起家庭的重担,但又觉得力不从心。

我们在学习和生活当中是否也遇到过这些烦恼?其实这些烦恼的根源是异常心理在作怪,多种心理问题的叠加严重地影响了小王正常的学习和生活。让我们一起来学习如何正确认识以及积极应对这些心理问题,驱散心灵上的阴霾。

第一节 大学生常见的心理问题及异常心理

专栏 9-1 异 常 心 理

心理异常绝不是一项罪恶,病人不应该承受处罚;他们只是生病的人,他们的不幸状态值得我们以体贴和善意的态度对待之,以恢复他们的理性。

——法国医生 Philippe Pinel

一、概述

1. 健康心理的标准 心理健康，是人类健康不可分割的重要方面。人的生理健康是有标准的，同样人的心理健康也是有标准的。不过人的心理健康标准不及人的生理健康标准具体与客观。一般来说，心理健康是指精神、活动正常、心理素质好。既能过着平平淡淡的日子，也能经受各种事件的发生。心理健康突出在社交、生产、生活上能与其他人保持较好的沟通或配合。

健康的心理具有如下的标准：①与现实环境保持良好的接触，健康的生存发展；②能保持良好人际关系，在家庭、社会团体、机构中正常地肩负责任；③有自知之明和认识客观世界本质及其规律性的能力；④具有安全感和自尊心；⑤有自制力和稳定的人格。

2. 什么是心理问题 生活中每个人实际上都有可能发生各种各样的心理问题，无论男性还是女性，有文化还是没有文化，无论地位高低，都会遇到各种各样的挫折，会产生烦恼，如果程度较重而影响正常的生活，就成为心理问题。大学生常见的心理问题包括①学习相关问题；②人际交往与社会适应问题；③情感与性方面的问题；④有关就业和未来发展的问题。这些方面在前面的章节中已有论述，这里不再重复。

3. 异常心理的判断标准 异常心理是指个体的心理过程和心理特征发生异常，或是病人对客观现实反映的紊乱和歪曲。表现为个人自我概念和某些能力的异常，或者是社会人际关系和个人生活上的适应障碍。部分异常心理已经达到了疾病的程度，就需要接受正规医疗机构的治疗。

（1）生理学标准：以是否存在症状和病因为判断细腻心理异常的标准。病理心理学家认为异常心理与躯体疾病一样，有其病理或病理生理改变，如个体素质缺陷，先天遗传，代谢失常，生理、生化指标异常等。通过比较和分析确认异常心理症状的存在，同时通过躯体检查，找到相应的生物学改变，从而确定异常心理。这种判断标准是病理心理学家追求的理想标准，可是对那些由社会心理因素起主导作用而产生的心理异常就显得勉为其难。很大一部分异常心理尚无法用该标准做出正确判断。

（2）经验标准：凭借个人的认识和经验去评价他人心理活动的特点和规律，判断其是否正常，这是临床工作中最常用的方法。该方法简捷实用，但有一定的主观性和局限性，且只能用作定性判断，不能量化，研究的可比性和一致性较差。

（3）社会学标准：主要是评估个体的行为是否遵循社会伦理道德规范、社会公德、法律准则的要求。如果个体不能按照社会规范行事，也不能做出为公众所理解的解释时，认为其社会功能受损，并且其行为对个体本身造成困扰，妨碍正常生活。但以此标准判断异常心理，在地域之间的差异很大，难以进行跨地区跨文化的比较。

（4）统计学标准：对人群的心理现象进行调查和测量，用统计学方法处理，可勾画出某些群体的心理活动和行为的正态分布曲线。绝大多数人都处在均值附近，只有极少数人（大约占5%）处在正态分布的两个端点，异常心理者大多处在两端。但测量偏离常态时不一定都有心理障碍，以智力测验为例，低智商者可以被认为是心理疾病，而高智商者就不能看成是病态。心理测量的标准是一种客观的判断方法，而且数量化的测量结果可以进行比较和数学统计处理，是科学研究的指标之一。但是，心理测量的结果还要结合其他的判断标准。

二、心境障碍

【案例9-2】 抑郁症——心灵感冒

李某，某大学大一新生，一个来自红色革命山区的女孩，自小学习成绩优秀，自尊心强。在开学伊始，她对向往已久的大学生活做了很好的规划，学习是她的第一要务，她很好地延续了高中时期刻苦勤学的学习态度，决不放松任何空闲时间，如饥似渴地汲取着专业知识带给她的乐趣。功夫不负有心人，她的学习成绩稳步上升，并以班级第一的成绩为上半学期的大学生活交上一份满意的答卷。然而意想不到的变化在之后的生活中发生了。

李某有时会觉得等同学一起吃饭，一起打水很浪费时间，所以她总是自己率先离去。过了不久，李某突然发现宿舍的人开始疏远她，自己逐渐"落单"了。她心想：自己吃饭、打水也可以，只要学习好，一切都不重要。她开始自己上课，自己吃饭，自己打水，不时地安慰自己："我学习好就够了，不需要朋友。"她身边的朋友一个个离她而去，李某开始觉得慌了。她十分忧愁，伤感，心情压抑，苦闷，总感觉身边的同学用一种异样的眼光来看她，舍友都不喜欢她。

李某的心情越发低沉，但是她不知道该怎么处理，也不知道跟谁沟通，所以她憋在了心里，又重新开始把重心放在了学习上。复杂的人际关系让她无所适从，她再也不想去处理人际关系了。她原以为这样就能全身心地投入学习了，但是她再也无法集中精力，心里总是想着身边的一些小事，情绪低落，什么事都不能令其高兴。这种抑郁情绪使得李某更不愿意和同学来往，逐渐进入了恶性循环，也无心学习。

第二个学期期末考试成绩下滑。假期回到家中父母因为成绩下降批评了她。李某感到压力很大，父母的厚望，朋友的寄托沉重得让她喘不过气来。在假期，李某就开始心情抑郁，厌食，对事情完全提不起兴趣来。父母虽然有所发现，但以为是因学习退步而比较自责，也没有进行劝说。

开学后，李某压力更大了，她认为身边的同学学习能力都很强，而且进步很快，她开始在学习上对自己不自信了，有时她甚至会怀疑自己的能力。甚至她对校园文体活动的兴趣也逐渐减退，逃避各种活动，不愿待在公众场合；在身体上出现疲惫，食欲减退，记忆力差，失眠多梦的情况。有时，李某会觉得活着太累，活着没有意思。

1. 心境障碍分类　心境障碍是指由各种原因引起的显著而持久的情感或心境改变为主要特征的一组疾病。临床上主要表现为情感高涨或低落，伴有相应的认知和行为改变，可有幻觉妄想等精神病性症状。心境障碍可分为抑郁障碍和双相障碍两个主要疾病亚型。据研究报道，我国大约有20%的大学生存在抑郁、焦虑、神经衰弱等不同程度的神经心理问题。心境障碍是引起大学生暴力事件，自杀事件等不良案例的一个重要原因。

2. 心境障碍表现　心境障碍典型临床表现可有抑郁发作、躁狂发作和混合发作。

（1）抑郁发作：概括为情绪低落、思维迟缓、意志活动减退的"三低"症状，终日闷闷不乐，长吁短叹，对任何事都提不起兴趣，甚至感到"活着没有意思"，有轻生的念头。发作时间应持续至少两周，并且有不同程度的社会功能损害，或给本人造成痛苦或不良后果。

（2）躁狂发作：典型的临床表现是情感高涨、思维奔逸、活动增多的"三高"症状，可伴有夸大或妄想、冲动行为等。主观体验特别愉快，自我感觉良好，甚至觉得自己无所不能。通常这种情绪具有一定的感染力，能博得周围人的共鸣。发作应持续1周，并伴有不同程度的社会功能损害，可给自己或他人造成危险或不良后果。

（3）混合发作：躁狂症状和抑郁症状可在一次发作中同时出现，如抑郁心境伴以连续数日至数周的活动过度和言语增多，躁狂心境伴有激越、精力和本能活动降低等。抑郁症状和躁狂症状也可快速转换，因日而异，甚至因时而异。这种两类症状在大部分时间里都很突出的情况归为混合发作。

3. 心境障碍产生原因

（1）生理因素：心境障碍具有一定的遗传倾向，患者的生物学亲属的患病风险明显增加，同病率为一般人群的10~30倍，血缘关系越近，患病概率越高。在双相障碍中，这种趋势尤为明显。目前一些研究初步证实了中枢神经递质代谢异常及相应受体功能改变可能与心境障碍的发生有关，主要包括5-羟色胺假说、去肾上腺素假说以及多巴胺假说。

（2）心理社会因素：应激性生活事件与心境障碍，尤其与抑郁发作的关系较为密切。92%的抑郁症状有发作前的促发生活事件；女性抑郁发作患者在发病前1年所经历的生活事件频度是正常人的3倍；个体经历一些可能危及生命的生活事件后6个月内，其抑郁发作危险系数增加6倍。大学生常见的负性生活事件，如成绩下降、失恋、严重躯体疾病、家庭变故或家庭成员突然病故，均可导致抑郁发作。

三、神经症

【案例9-3】 社交恐惧症——心灵的囚笼

张某，女，某大学二年级学生。身高约1.6米，体态正常，自幼身体健康，无重大躯体疾病史。张某的家庭教育传统、古板，父母对其要求严厉，要求她做一个规矩的女孩，不允许其与男生来往。张某自小性格内向、胆小、孤僻、听话，不善与人交往，除了学习，很少与同伴玩耍，基本上不和男生来往。3年前逐渐觉得自己不敢直视男生的眼睛，后发展为一见到男性就紧张、脸红。大一时，一次在课堂回答老师提问时出现口误，引起同学哄堂大笑，并被老师批评。此后不久，张某一见人就觉得别人都在注视自己；一见到人就紧张、发抖，不敢看别人的眼睛；一见到人就两眼发直，手指发麻，觉得自己在任何人面前说话都不自然，越克制紧张感越强烈。为此，她回避出入公共场合和社交场合，一到公共场合就觉得很多人都在注视自己，弄得表情很尴尬。她自知这是一种病态，但又无力摆脱，无法正常与人交往，同学关系不好，没有要好的朋友，学习成绩处于中下水平，十分痛苦。

1. 大学生常见神经症类型　神经症是一组与心理或和躯体不适有关的功能性疾病的总称，目前公认为是一组没有病理形态学改变的神经功能障碍。神经症个体存在强烈而持久的心理冲突，常见体验是感到很难控制其认为应该可以控制的心理活动，比如控制不住地去想一些没有意义的事，反复做一些明知道没有必要的事但无法控制。大学生常见的神经症类型包括：广泛性焦虑障碍、强迫障碍、惊恐障碍、恐惧症、神经衰弱等。

2. 大学生常见神经症表现

（1）广泛性焦虑障碍：通常表现为不明原因的提心吊胆、紧张不安，精神过度担心是焦虑症状的核心。有的患者担心的也许是现实中可能将会发生的事情，但其担心、焦虑和烦恼的程度与现实很不相称。此外还有显著的自主神经功能紊乱症状、肌肉紧张及运动性不安，可表现为心动过速、胸闷气短、不能静坐、不停来回走动、无目的小动作增多等。患者往往能够认识到这些担忧是过度和不恰当的，但不能控制，因难以忍受而感到痛苦。广泛性焦虑障碍常合并抑郁障碍发生，两种疾病共病的情况下将会显著提高自杀风险。

焦虑障碍的治疗主要为药物联合心理治疗，足量足疗程服用抗焦虑抑郁药物。急性治疗期过后，还需一定时间的药物维持和巩固期。鼓励进行适当的体育锻炼，松弛训练和呼吸控制训练能部分缓解焦虑。

（2）强迫障碍：基本特征是患者表现为来源于自我的强迫观念和强迫行为，往往自认为这些观念和行为是没有必要或异常的，但无法控制自己不去做或想。强迫与反强迫的强烈冲突使患者感到焦虑和痛苦，但无法摆脱。比如强迫检查，多为减轻强迫怀疑引起的焦虑而采取的措施，明知道没有必要，但不能控制自己，不去检查就会觉得痛苦、焦虑。病程迁延患者可表现出仪式性行为，此时焦虑和精神痛苦减轻，但社会功能严重受损。

强迫障碍的治疗包括药物治疗、认知行为治疗和躯体治疗。其中暴露和反应预防是治疗强迫障碍有效的行为治疗方法。暴露疗法是使患者面对引起焦虑的物品和环境；反应预防要求患者推迟、减少甚至放弃能减轻焦虑的行为，如缩短洗手时间，减少洗手频度，甚至放弃洗手。

（3）惊恐障碍：主要特点是突然发作的、不可预测的、反复出现的、强烈的惊恐体验，一般历时 5~20 分钟，伴濒死感或失控感，表现为肌肉紧张，坐立不安，全身发抖或全身无力，患者常体验到濒临灾难性结局的害怕和恐惧，并伴有自主神经功能失调的症状，如胸闷、出汗、呼吸困难或过度换气、头晕、四肢麻木等。60% 的患者惊恐发作后对再次发作有持续性的焦虑和关注，害怕发作产生不幸后果；并出现回避行为，如回避学习或工作场所。

治疗上常采用苯二氮䓬类药物联合抗抑郁药治疗惊恐发作，此外认知行为治疗是对抗回避反应并改变不合理认知的重要治疗方案。

（4）恐惧症：是一种以过分和不合理的惧怕外界某种客观事物或情景为主要表现，患者明知这种恐惧反应是过分的或不合理的，但仍反复出现，难以控制。恐惧发作时常常伴有明显的焦虑和自主神经紊乱的症状。

社交恐惧症核心症状是显著而持续地害怕在公众面前可能出现羞辱和尴尬的社交行为，担心别人会嘲笑、负性评价自己的社交行为，不敢抬头、不敢与人对视，在极端情形下可导致自我社会隔离，对必须参加的社交充满期待性焦虑，承受着强烈的焦虑和痛苦来经历必需的社交活动。特定恐惧的患者恐惧局限于特定的物体、场景或活动，害怕的对象可以是自然环境如高处、黑暗，动物，场景如密闭空间等。临床研究发现联合心理治疗和药物治疗是治疗恐惧症的最佳方法。

（5）神经衰弱：是指长期处于紧张和压力下，出现精神易兴奋和脑力易疲乏，常伴有情绪烦恼、易激惹、睡眠障碍、肌肉紧张性疼痛等。主诉常常是"用脑后倍感疲倦"或"轻度用力后身体虚弱与极度疲倦"，这种疲倦往往不能通过休息和睡眠消除。症状时轻时重，波动与心理社会因素有关，同时这些症状不能归因于脑、躯体疾病及其他精神疾病。

抗焦虑和抑郁药物可改善焦虑抑郁症状，也可使肌肉放松，消除一些躯体不适感。其他治疗包括体育锻炼、调整作息时间、调整不合理的学习方式、旅游放松等。支持性和解释性的心理治疗也可帮助认识疾病的性质和消除焦虑情绪。

四、进食障碍

【案例9-4】　神经性厌食症——狞笑的刽子手

谢某,22岁,女,在日本某大学留学,身高165cm,面容姣好,身材匀称,打扮时尚,家庭环境优越。从小父亲工作繁忙,很少与之交流,母亲对其生活照顾得无微不至,但管教极严。初入日本因语言问题,与周围人交流少,朋友少,对环境不适应,学习跟不上,害怕考试,担心修不满学分,心情低落无处发泄。后在室友影响下开始跑步减肥,看见体重下降就感到很满足,虽然体重不断下降,但仍觉得自己小腿粗,每天拼命跳绳跑步。为达到更佳的减肥效果,她开始节食,并逐渐放弃主食,规定午餐只能吃一口饭、三勺蔬菜,肉绝对放弃,体重下降到40kg以下,仍觉得自己太胖,烦躁易怒,上课无法集中精力,开始出现月经不规律,心律不齐,时常头晕,乏力,有时蹲下去就站不起来。情绪差或极度饥饿的时候会一次吃很多东西,吃过之后又担心长胖,产生强烈的负罪感,遂服用泻药、催吐或剧烈运动来消耗热量。情绪持续性低落,对什么事情都没有兴趣,无法完成学业,从日本退学回家,被父母带至精神科门诊,诊断为神经性厌食症。她对治疗极度排斥,住院期间仍偷偷倒掉食物或是到厕所抠喉咙催吐。

1. 进食障碍的类型　进食是人们赖以生存的基本生理需要之一。尽管由于社会文化、环境、风俗等因素的影响,使人们具有不同的进食习惯,但是一般来说,健康的进食行为都是遵循基本的、共同的准则,即满足人的生理需要、保持人的身体健康。进食障碍属于心理精神因素相关的生理障碍类疾病,从表现上来讲,进食障碍主要是"吃"的行为不正常,主要可以分为"神经性厌食症"和"神经性贪食症"。据统计,世界上约有3%的青年及成年人患有严重的进食障碍,其中年轻人占10%,男女比例为1:10。

2. 神经性厌食　神经性厌食是指有意节制饮食,导致体重明显低于正常标准的一种进食障碍,多见于青少年女性。美国报道显示,其女中学生和女大学生神经性厌食的患病率达到0.5%。临床资料显示厌食症患者中90%以上是青少年女性。随着生活水平的不断提高,饮食内容的不断丰富,以及与"瘦为美"审美标准的日益冲突,其发病率有增高趋势。

其核心症状是对"肥胖"的恐惧和对形体的过分关注,拒绝保持与年龄、身高相称的最低正常体重。有些患者即使已骨瘦如柴,仍认为自己肥胖,强烈害怕体重增加或发胖而不肯进食并拒绝治疗。为避免"变胖",患者常采用过度运动、诱吐、服泻药等许多方法避免体重增加。有的患者同时伴有暴食发作,也常常伴有抑郁情绪。当患者体重下降并明显低于正常标准时,可能导致各种生理功能的改变,女性会出现月经紊乱或闭经,患者会出现营养不良,甚至危及生命。

神经性厌食症的病因至今仍不十分清楚。研究发现本病发作前往往有多种多样的诱发事件发生,并且这些事件常常很难解决,如学习压力、失去好朋友、转学等。这种状况会影响到人的情绪状态,使患者感到失控性的恐慌或紧张。对体重的控制使患者找到了心理转移点,这使得患者义无反顾地追求纤瘦,固执地抵制改变。此外现代社会的审美趋势、追求美的标志是苗条瘦身,一旦这种审美意识转化为刻意追求的目标时就容易出现此类问题。

3. 神经性贪食　神经性贪食是指具有反复发作的不可抗拒的摄食欲望,及多食或暴食行为,进食后又因担心发胖而采取各种方法以减轻体重,使得体重变化并不一定明显的一种进食障碍。其发病年龄多在 18~20 岁,主要为女性。此病可与神经性厌食交替出现,两者可能具有相似的病理心理机制。多数患者的贪食症状是神经性厌食症状的延续,发病年龄较神经性厌食晚。

患者反复出现发作性大量进食,有难以控制的进食欲望,吃到难以忍受的腹胀为止。患者往往过分关注自己的体重和体形,存在担心发胖的恐惧心理。在发作期间,为避免体重增加,常反复采用不适当的代偿行为包括自我诱发呕吐、滥用泻药、间歇进食、使用厌食剂等。这种暴食行为又常常是偷偷进行的,有时可伴有其他偷窃和欺骗行为。暴食与代偿行为一起出现,如果长时间持续可能会很危险,如可能造成水电解质紊乱,患者常伴有情绪低落症状。

五、人格障碍

【案例 9-5】 强迫性人格障碍——心灵的陷阱

梁某,男,19 岁,某大学二年级学生,是一个对自己要求非常严格的人,他总是把东西收拾得干净、整齐,桌子擦了一遍又一遍,生怕沾上灰尘,书籍由高到矮摆得平平整整,看完什么书都要归为原位。有一次,有一位同学借了一本书把书折了一下,他就感觉非常生气,从此不再借书给人。有时候不在寝室,老是担心别人动他的东西,回到寝室反复地整理、清查,把桌、椅子反复地擦洗,有时突然感觉哪里不对劲,觉得浑身有什么东西,于是赶快洗澡、洗衣,有时甚至一天洗三四次澡,自己心里有时也觉得这样没什么必要,可就是不由自主,心里很烦恼,同学们也总是觉得他怪怪的,不敢与其打交道。

1. 大学生常见人格障碍类型　人格或称个性,是一个人固定的行为模式及在日常生活中处事待人的习惯方式。健康的人格特征是有机统一的、稳定的、言行一致的。人格障碍是指明显偏离正常且根深蒂固的行为方式,具有适应不良的性质,其人格在内容上、性质上或整个人格方面异常。这种异常行为通常开始于童年或青少年期,并长期发展至成年或终身。有文献报道,中国在校大学生人格障碍阳性率为 5.9%~6.4%。常见的人格障碍类型包括:偏执型人格障碍、强迫型人格障碍、冲动型人格障碍、边缘型人格障碍、依赖型人格障碍、回避型人格障碍。当代大学生多为独生子女,对各种社会信息冲击,承受困难和挫折的心理不充分,再加之青年期成长本身的生理心理特征发生变化,使得近年来大学生中人格障碍的事例屡有发生,呈上升趋势。

2. 大学生常见人格障碍的表现

(1)偏执型人格障碍:该类型以猜疑和偏执为特点,自尊心极强同时又很自卑,始于成年早期,男性多于女性。主要表现为:①对挫折与拒绝过分敏感。对他人对自己的"忽视"深感羞辱,满怀怨恨,人际关系往往反应过度,有时产生牵连观念。②容易记仇,对自认为受到的轻视、不公平待遇等耿耿于怀，引起强烈的敌意和报复心。③猜疑，把他人无意的或友好的行为误解为敌意或轻蔑。总认为他人不怀好意，怀疑他人的真诚。④与现实环境不相称的好斗及顽固地维护个人的权利。容易与他人发生争辩、对抗，固执地追求不合理的利益或权利，意见多，常有抗议。⑤将自己看得过分重要，自负，自我评价过高，对他人的过错不能宽容。⑥经常无端怀疑别人要伤害、欺骗或利用自己，或认为有针对自己的阴谋。

（2）强迫型人格障碍：该类型以过分的谨小慎微、严格要求与完美主义，及内心的不安全感为特征。是大学生中最常见的人格障碍类型，男性是女性两倍，约70%强迫症患者病前有强迫型人格障碍。表现为：①过分疑虑及谨慎，常有不安全感，往往穷思竭虑，对实施的计划反复检查、核对，唯恐疏忽或差错。②对细节、规则、条目、秩序、组织或表格过分关注，常拘泥细节，犹豫不决，往往避免做出决定，否则感到焦虑不安。③完美主义，对任何事物都要求极高，以致影响了工作的完成。④道德感过强，谨小慎微，过分看重工作成效而不顾乐趣和人际关系。⑤过分迂腐，拘泥于社会习俗，缺乏创新和冒险精神。⑥刻板和固执，不合情理地坚持要求他人严格按自己的方法行事，或即使允许他人行事也极不情愿。

（3）冲动型人格障碍：该类型以情绪不稳定及缺乏控制冲动为特征，暴力或威胁性行为的突然爆发也很常见。表现为：①常常因微小的刺激而突然爆发非常强烈的愤怒和冲动，自己常常不能控制，同时可出现爆发性的冲动行为，这种突然出现的情绪和行为变化和平时不一样的。在不发作时是正常的，他们常常对自己的行为感到后悔懊恼，但这并不能防止再次发生。②在日常生活中同样表现为冲动，缺乏计划性，做事虎头蛇尾，很难坚持需要长时间才能完成的事情。

（4）边缘型人格障碍：此类人格障碍患者在自我形象、心境、行为和人际交往中表现不稳定，缺乏持久的自我同一性。他们常感到空虚和愤怒，强烈要求抚爱，人际关系时好时坏，要么与人关系极好，要么极坏，几乎没有持久的朋友。他们试图唤起保护人强烈的，发自内心的抚爱。但由于病情的反复、虚构的不满以及违反治疗计划，常使保护人（包括医生）对其沮丧失望，视其为拒绝帮助。这种强烈及不稳定的人际关系，可能使他们在没有任何明显促发因素的情况下发生一连串的自杀或自伤行为。

（5）依赖型人格障碍：该类型以过分依赖，害怕被抛弃和决定能力低下为特征。表现为：①请求或同意他人为自己生活中大多数重要事情做决定。②将自己的需求附属于所依赖的人，过分顺从他人的意志，宁愿放弃自己的个人趣味、人生观。只要能找到一座靠山，时刻得到别人对他（她）的温情就心满意足了。③不愿意对所依赖的人提出即使是合理的要求，处处委曲求全。④由于过分害怕不能照顾自己，在独处时总感到不舒服或无助。⑤沉陷于被关系亲密的人所抛弃的恐惧中，害怕只剩下自己一人。⑥没有别人的建议和保证时，做出日常决定的能力很有限。总把自己看作无依无靠、无能的、缺乏精力的人。

（6）回避型人格障碍：该类型以一贯感到紧张、提心吊胆、不安全及自卑为特征，面对挑战多采取回避态度或无能应付。表现为：①持续和泛化的紧张感与忧虑。②在社交场合总过分担心被人指责或拒绝，很容易因他人的批评或不赞同而受到伤害。③除非确信受欢迎，一般不愿与他人打交道。④几乎没有朋友。⑤心理自卑，相信自己在社交上不如别人，缺乏吸引力。⑥在做不常规的事时，总是夸大潜在的危险、困难，刻意回避某些活动。

六、适应障碍

王某，是一位刚入校一个多月的大一新生，小王来自一个农村家庭，父母均务农，家庭经济条件尚可。作为家中独子，小王的父母对他期望很高。他本人个性要强，自尊心强，总想样样争第一。从小学到高中一直成绩优秀，是父母的骄傲，老师的宠儿，同学学习的榜样，在一路鲜花与掌声中成长，并且顺利地考上了重点大学。刚入校时，一切都很新鲜，外加军训很辛苦，体力消耗较大，有空就休息。军训结束后，正式上课，小王本以为在新的环境中自己应该有很优异的成绩和更突出的表现，没想到事与愿违，周围同学都自顾自学习、生活，没有人特别关注自己，自己不再是周围人的中心，而由于自尊心小王也不愿主动与同学交往。更可怕的是小王发现自己学习上的优势也不在了，周围比他成绩好，知识宽广的大有人在，以前的自信荡然无存，寂寞与孤独使他越发怀念高中生活，为此感到很痛苦，甚至有换专业和退学的想法。

1. 什么是大学生适应障碍 适应障碍是指在明显的生活改变或环境变化时产生的短期的和轻度的烦恼状态和情绪失调，常有一定程度的行为变化等，但并不出现精神病性症状。大学生典型的生活事件包括进入新城市、升学、转学、患病等，发病往往与生活事件的严重程度、个体心理素质、心理应对方式等有关。

2. 大学生适应障碍的表现 适应障碍有明显的生活事件为诱因，尤其是生活环境或社会地位的改变。大学生初入新的城市和学校，接受完全不同于中学时代的大学生活，易出现适应障碍。适应障碍表现多种多样，常见的有抑郁心境，焦虑或烦恼，感到不能应对当前的生活或无从计划未来，失眠、应激相关的躯体功能障碍(头疼、腹部不适、胸闷、心慌)，社会功能受到损害。发病多在应激性生活事件发生后的1~3个月内出现，一般应激因素消除后，症状持续不超过6个月，且随着时间的推移，适应障碍可自行缓解。

治疗上重点以心理治疗为主，解决患者的心理应对方式和情绪发泄的途径问题，支持性心理疗法、短程动力疗法、任重行为疗法等都可以酌情选用。根本目的是帮助患者提高处理应激境遇的能力，早点恢复到病前的功能水平，防止病情恶化或慢性化。

七、网络依赖

杨某，某重点大学大一学生，大一下学期期末考试5门课不及格。杨某高考成绩不错，第一学期成绩中等。经过了解得知，杨某是由于沉迷网络游戏导致这种情况的。"我们见过迷恋网游的，但是没有见到有人这么迷恋网络游戏。下午2点就要考试了，他能把游戏玩到1点半。"同学称，他玩网络游戏到了"痴迷"的程度，每天都要在电脑前一停不停的玩上8个小时，有时候连课都不上了；即使去上课，也是在课堂上"补觉"，因为他经常玩通宵。此外，杨某的家庭条件并不是很好，但是由于沉迷于网络游戏，他向游戏虚拟角色的装备上投了很多的金钱，导致零花钱很快就见底了。不仅如此，基本的生活费也让他投在了游戏里面，一日三餐也不能正常吃，身体素质也直线下降。由于大部分精力被网络游戏所牵制，上课效率严重下降。而且，课后也不及时复习，考试之前搞突击。平时沉溺网络游戏致使其生活作息时间变得相当混乱，早晨爱睡懒觉以致上课迟到或者是旷课，晚上迟迟不睡，也影响了同宿舍的其他同学。

---

1. 大学生网络依赖的特点　网络依赖是指在无成瘾物质作用下出现的上网行为失控，表现为由于过度迷恋网络而导致个体出现明显的生理、心理功能损害。患者将互联网视为寻求刺激和解脱的工具，当在现实生活中遭遇挫折的时候，网络依赖者倾向于到网络上寻找慰藉。有研究表明，无节制上网会导致人的行为异常、人格障碍、人际交往受阻、交感神经失调。有学者认为，网络依赖与病理性赌博的内在特性最为相似，都是一种不涉及被摄入体内的成瘾物的冲动控制性障碍。大学生网络依赖的产生原因涉及生物学因素和心理学因素。网络的某些特性正好满足了大学生的某些心理需求。

（1）自由性：网络跨越国家、民族、文化，是一个全新的世界，在这里没有责任的负担，没有现实生活中的烦恼与苦闷，充满自由奔放的潇洒。这对自主意识强而自律意识差的大学生而言充满强烈的诱惑。

（2）平等性：在网络上，没有诸如社会地位、经济收入、生活方式等方面的差别，没有由社会地位带来的心理负担，这是大学生最乐于接受的交往方式。

（3）虚拟性：满足了对"现实自我"强烈不满的大学生，可以轻松自如的实现"理想自我"，体验成功的喜悦与快意，尤其在游戏中，可以运筹帷幄，可以决战商海，甚至可以体验一场风花雪月的网络爱情。使大学生流连忘返，沉溺其中。

2. 大学生网络依赖的危害　网络依赖对大学生的情绪情感、人格特质、人际交往及自我效能等方面，有明显的负性影响。严重网络依赖者存在较明显的精神病性行为症状，或继发性征兆和分裂性的生活方式。

（1）对身体健康的负性影响：沉迷于网络使得学生的作息时间紊乱，睡眠时间大大减少，导致精神萎靡，同时运动减少，身体素质下降。一项针对大学生的调查显示，长时间使用电脑和网络后，身体有不良反应的学生占80%以上，感到眼疲劳和腰酸背痛的人数最多，分别占81.4%、35.9%，还有不少同学感到头痛、精神紧张、睡眠差、手腕痛。

（2）影响正常学业：大学阶段，学生的主要任务就是学习；沉迷网络后，一些学生经常旷课或通宵上网，甚至吃住都在网吧。一方面浪费了大量的金钱和时间，另一方面严重影响正常的学习和生活。一份针对北京市4所正规高校的调查表明，一所招生规模在5000人左右的大学每年约有50人左右退学，其中80%的退学大学生都和沉溺网络有关。

（3）易引发心理疾病，诱发犯罪行为：由于大学生心理普遍还不够成熟，沉溺网络容易引发一些心理疾病，如心境障碍、神经症等。现实社会毕竟不同于网络世界，当网络中的成就感、满足感与现实生活中遇到的挫折、不如意形成强烈反差时，容易使人产生悲观情绪，引发心理疾病。如因陷入"网恋""网婚"的虚拟情感中无法自拔，形成畸形的爱情观。更有甚者，受到网络色情和违法信息的不良影响，实行强奸犯罪；看到诈骗信息，学着去诈骗他人；还有人模仿网络暴力游戏中的某些情节进行抢劫、杀人等。这不仅给他人、社会带来了危害，也葬送了自己的大好前程。

第二节　大学生常见心理问题及异常心理的应对措施

大学阶段是一个向成熟期过渡的阶段。在此阶段中，大学生的心理状况尚未稳定，心理表现比成人更为敏感复杂。大学生出现上述心理问题的原因比较复杂，既有生物学的因素，也有社会环境的因素。其中中小学健康教育缺失、家庭健康教育缺失、以德育教育简单代替心理健康教育、校园生活及走向社会的压力和竞争加剧、大学生自身人格障碍等都是重要的社会环境因素。如果大学生们遇到了这些问题又该采取哪些措施来解决呢？

一、自我调整

异常心理的出现往往是一个逐渐由量变到质变，由"正常"到"异常"的过程。在遭遇的心理问题不太严重的时候，自我调整就能帮助摆脱困境。要客观认识自我和评价自身价值，要对自己有较为全面深刻的重新认识，可以通过反思，和知心朋友聊天，和老师交流的方法。另一方面加强学习心理学知识，正确认识异常心理，不要谈虎色变，勇敢面对。心理健康和身体健康一样，在人的一生中难免会出现这样那样的问题，通过自身的努力和他人的帮助可以走出人生低谷。第三建立良好的人际关系，是消除抑郁、焦虑、孤独等消极情绪的重要手段。一方面大学生要改变社交观念，主动扩大社交范围，形成立体的良好的人际关系，这可以有效预防和缓解心理问题。在此过程中要注意交往对象的筛选，注意与良师益友交往，在人际交往中学会换位思考，克制忍让，宽容待人。通过自我调节逐渐实现情绪转移，分散注意力，稳定情绪，将不为社会所认可的情绪反应方式和欲望需求导向正常的人生轨道之上。

二、同伴互助

有异常心理的同学需要我们给予适当的照顾、关心和理解。和异常心理的同学一起做关于某个疾病的相关知识的学习，了解疾病的发病表现、特点、用药疗程以及副作用、心理咨询的作用和改善的目标，可以为其提供支持和帮助的人等。这个过程既是和该同学进行交流的过程，也是更好的帮助同学、减少其偏见的过程。真诚关注和耐心倾听是给予异常心理同学的一种关爱方式，有时候也是一种治疗手段。认真倾听他们的感受，对待事物的看法，尽管和我们会有差异，我们仍需要克制住自己的想法，让该同学能够平静地，不带任何压力地将自己想法和情绪表达出来。部分有异常心理的同学由于缺乏自知力并不认为自己有病，其自身不能主动到医院就诊，不知道能够给自己提供帮助的途径，有的同学甚至由于极度的焦虑抑郁等恶劣情绪而引发自伤或自杀的行为。这个时候我们应第一时间报告老师，寻求专业人员的帮助，千万别自作主张，擅自处理。同时在这个过程中，应避免让与该事件无关的人员知道，尽可能地保护同学的隐私。

三、心理咨询

心理咨询是受过专业训练的咨询者依据心理学理论和技术，通过与来访者建立良好的咨询关系，帮助其认识自己，克服心理困扰，充分发挥个人的潜能，促进其成长的过程。

1. 心理咨询的主要功能　①为求助者提供建立新的人际关系的机会；②促使求助者认识到心理困扰的来源；③纠正求助者某些不合理的观念；④深化求助者的自我认识；⑤引导求助者做出新的有效行为。

2. 大学生心理咨询主要针对的问题　包括适应障碍、人际交往、焦虑抑郁情绪、恋爱咨询等多个方面。主要运用的咨询方法包括：①疏导疗法，主要凭借言语进行，帮助求助者自我领悟，增强信心，调动主观能动性，从而达到康复的目的；②认知疗法，其原理是在认知理论的基础上通过改变来访者的错误认知观念来改变其不良情绪与不良行为；③暗示疗法，可以在清醒或催眠的状态下进行，采用语言、思维、认知等手段，把某种观念强加给来访者，使来访者对此深信不疑，从而增强和改善人的心理状态，达到治疗的目的；④行为疗法，其原理是人的各种行为都是经过学习和训练得以调整和改造的，并建立新的正常行为。行为疗法包括系统脱敏法、满灌疗法、厌恶疗法以及放松训练等。

四、专业医疗机构诊治

心理疾病和生理疾病一样，当疾病较为严重，自我调节及常规心理咨询无法有效缓解症状，严重影响正常社会功能时，就应该主动寻求专业精神科和心理科医生的帮助，接受系统的心理治疗和药物治疗。心理疾病的药物治疗疗程偏长，一般在症状完全消失后仍需要维持一段时间的药物以便巩固疗效，预防复发，因此遵医嘱服药，切勿自行减药、停药是药物治疗的核心。

（何金彩　赵　可）

【本章小结】

大学生作为一个特殊的社会群体，处于生理、心理和社会适应等方面迅速发展的阶段。进入大学之后面对社会经济的转型、学习生活环境的变迁、人际关系的复杂化、毕业就业的竞争等一系列问题。加之自我调节能力不足，近年来，大学生的心理健康状况令人担忧。因此，对于充分认识大学生的心理问题，采取积极措施加以有效防治是一项必然的选择。

【拓展阅读】

[1] 张进. 渡过：抑郁症治愈笔记. 北京：中国工人出版社，2015.

[2] Gerrig RJ, Zimbardo PG. 心理学与生活. 王垒，王甦，译. 北京：人民邮电出版社，2003.

【思考与练习】

1. 什么是异常心理？它的判断标准有哪些？

2. 大学生如何应对抑郁焦虑情绪？

3. 大学生常见人格障碍的类型及其表现有哪些？

4. 大学生网络成瘾的危害有哪些？

5. 同伴互助对于调节异常心理的重要作用有哪些？

第十章 大学生心理咨询

新学期开学后的第三个月，某天夜里，某高校大一女同学小文迟迟未回宿舍。室外异常寒冷，辅导员和同学们寻遍了整个学校的教学楼、宿舍楼、操场和其他场所，都未找到小文，家人和她的电话始终打不通。时间一分一秒过去，终于老师的手机铃响起，方才得知小文正在回学校的路上。通过交谈得知，小文自从上大学以后，发现大学里的学习方式与高中相差甚远，她感到了极大的不适应，常常听不懂老师上课内容，变得异常焦虑烦躁；同时，性格内向、不擅长跟人交往的她总是因为作息不一致问题与舍友发生争吵，宿舍同学之间关系非常淡漠；她对自己、学业、生活和未来都丧失了信心。于是，她变得沉默寡言，独来独往，早出晚归，每天泡在教室里打手游，以此来逃避现实。用她的话讲："表面上看我在教室，其实我非常焦虑烦躁，感觉自己什么都做不好，干脆离开学校算了"。

同学们，当你面对上述类似的心理困扰时你会寻求谁的帮助呢？其实，当你感觉孤单无助的时候，还有学校咨询中心的心理老师可以为你提供帮助。这一章就让我们一同走进心理咨询，感受"话疗"的魅力。

第一节 心理咨询概述

之前章节重点阐述了如何通过自我调节解决心理困惑，当同学们的心理困扰不能通过这些方法有效得以改善，并且所经历的心理困扰已显著影响到学习效果和生活质量，为此又深感矛盾、痛苦而不能自拔时，这时迫切需要心理援助，而心理咨询则是非常有效的援助方法之一。本章我们将就大学生心理咨询相关内容进行详细叙述。

你觉得之前章节里讲述的内容中，哪些问题让你十分困惑并一直期望寻求解决办法？如果有机会，你愿意通过心理咨询来寻求帮助吗？你想了解做心理咨询是怎么样的一种体验吗？

一、心理咨询的概念

由于咨询心理学的发展历史短暂，相关的研究正在逐步深入研究中。不同专家对心理咨询的定义及规范有着不同的观点，以下重点列出国内外部分学者的观点。

美国著名心理学家罗杰斯认为心理咨询是一个过程，心理咨询师与来访者之间的关系能给予后者一种安全感，使他（她）可以从容地开放自己，甚至可以正视自己曾否定的经验，然后把那些经验融合于已经转变的自己，做出统合。罗杰斯认为心理咨询是一种人际关系，强调心理咨询必须建立良好的人际关系，让来访者感到咨询师对他（她）的同情、理解和尊重，从而愿意敞开心灵的大门，相互理解、相互信任、真诚交流。

美国版的《心理学百科全书》中明确了心理咨询的两种定义模式，即教育模式和发展模式。该书认为咨询心理学始终遵循着教育的模式，而不是临床的、治疗的或医学的模式。咨询对象不是病人，而是在应付日常生活中的压力和任务方面需要帮助的正常人。心理咨询师的任务就是教会他们模仿某些策略和新的行为，从而能够最大限度地发挥其已经存在的能力，或者形成更为适当的应变能力。该书同时还指出咨询心理学所强调的发展模式，是在试图帮助来访者得到充分的发展，扫除其成长过程中的障碍。

《心理咨询师（基础知识）》一书中指出心理咨询是心理咨询师协助求助者解决心理问题的过程。

《中国大百科全书·心理学》将心理咨询定义为"一种以语言、文字或其他信息为沟通形式，对来访者予以启发、支持和再教育的心理治疗方式。其对象不是典型的精神病患者，而是有教育、婚姻、职业等心理或行为问题的人。"

朱智贤主编的《心理学大辞典》认为，心理咨询是对心理失常的人，通过心理商谈的程序和方法，使其对自己与环境有一个正确的认识，以改变其态度和行为，并使其对社会生活有良好的适应。心理失常分轻度和重度两种，心理咨询以轻度、属于功能性的心理问题为主。

国内学者江光荣则认为心理咨询是现代社会中一项独特的专业化了的人际帮助活动，旨在使受助者克服心理困难，达到更好地适应和发展，它更强调心理咨询是在心理治疗理论及人格心理学、变态心理学等基础理论的指导下开展的活动。

虽然不同学者对心理咨询表述不一，但综合上述国内外比较有代表性的观点可以看出，心理咨询的特点有如下共同之处。

（一）心理咨询是一种心理活动的过程

该过程体现着心理咨询师对来访者进行帮助的过程。这一过程是以良好的咨访关系为基础。咨询师运用专业技能及所创造的良好咨询气氛，帮助来访者学以更为有效的方式对待自己和周围环境；来访者在咨询过程中需要接受新的信息、学习新的行为、学会解决问题的技能和调整自我认知，使自己在心理、行为方面积极改变，促进个人的成长与发展。正因为这个过程的存在，所以心理问题往往不是通过一两次会谈就能解决的。

（二）心理咨询建立在建设性的人际关系基础上

这种人际关系是以来访者需要得到帮助、主动来访为前提，在特定时间和地点内建立的具有隐蔽性和保密性的特殊的人际关系。咨询师与来访者是平等的，咨询师帮助来访者解决问题，而不是代替他解决问题。这也正是心理咨询讲的"不求助"的工作原则。

（三）心理咨询是由专业人员从事的一项特殊服务

咨询师必须受过严格的专业训练，拥有所必需的知识和技能，其中包含对来访者问题的评估，熟练应用倾听、提问、表达和观察技术，从而在心理学有关原理的指导下，能够运用各种心理咨询技术如精神分析、行为主义、人本主义、认知和后现代心理咨询等理论帮助来访者。

（四）心理咨询服务对象的特殊性

心理咨询的服务对象（即来访者）不是有精神病、明显人格障碍、智力低下或脑器质性病变的患者，而是有一些心理问题或在发展过程中需要得到帮助的正常人。

（五）心理咨询有独特的目标

心理咨询要实现助人自助的目标，帮助来访者认识自己，确定目标、做出决定、解决难题，最终引导改变错误的认识，学习新的行为，充分发挥自身的潜能，更好地适应社会的发展。

二、心理咨询的原则

心理咨询作为一项助人自助的活动，要遵循心理咨询原则开展工作。许多心理咨询专家经过多年实践，形成了一些原则，心理咨询是否能够坚持这些原则决定着心理咨询的成败。综合国内外学者的观点，主要有以下五点原则。

（一）保密性原则

保密性原则是心理咨询工作中最重要的原则。保密性原则是鼓励来访者畅所欲言的心理基础，也是对来访者人格及隐私权的极大尊重。只有认真遵守严格保密的原则才会取得来访者的真正信任，他们才会勇敢地敞开心扉，让心理咨询师走进他们的内心世界，真正地了解他们，有力地帮助他们，成功地完成咨询活动。

咨询人员通常保守来访者的内心秘密，妥善保管个人信息、咨询信息、心理测试资料等材料。如因工作等特殊需要不得不引用咨询事例时，事先应征得当事人的同意，也须对材料进行适当保密处理，不得随意公开来访者的真实姓名或住址。有以下三种情况咨询师可以不遵循保密原则：

1. 来访者希望引入较多的其他力量协助时。

2. 对于有明显自杀倾向者，应当与有关人员迅速取得联系，最大限度挽救来访者。

3. 当来访者有明显的伤害性人格障碍或为精神病患者时，为避免他人受到伤害，咨询师会及早做好预防工作。

（二）理解与支持原则

理解与支持原则就是指咨询师尽可能地体验来访者的精神世界，就像自己也处在同来访者一样的境地，设身处地地为来访者着想，以来访者的方式去看问题，通过热情、诚恳的接待与解释，帮助来访者消除顾虑、畅所欲言，建立和谐的交谈氛围和相互信任的关系。咨询师通常会热情地接待来访者，并以自然而诚恳的态度、亲切的语言表示理解他们的苦衷，不强迫他们说出心中的秘密，并给予精神上的支持。咨询师通过对来访者的语言、行动和情绪等充分地理解，无条件地帮助来访者，从而实现坦诚的心理沟通。

（三）非指导性原则

咨询师在咨询过程中的言行应一切以来访者为出发点，这是心理咨询的一大特点。鼓励来访者去认识自我、评价自我，自己判断自己的思想、行为表现。在整个咨询过程中，咨询师通常不以"家长式"的口吻与来访者交谈，同时不对来访者所暴露的思想、行为表现给予任何批评和是非评价，不将自己的主观意志强加给来访者，尽量不干预来访者的价值观，而当着力加强与来访者的情感沟通，启发来访者独立思考，培养他们的积极的心态，树立自信心，让他们自觉选择解决问题的方案，提高他们的自助能力。

(四)自愿原则

到心理咨询室求访的来访者必须出于完全自愿,这是确立咨询关系的先决条件。没有咨询愿望和要求的人,咨询师通常不会主动去找他(她)并为其进行心理咨询。心理咨询界对此形成了共识:只有来访者自己感到心理不适,为此而烦恼并愿意找咨询人员诉说烦恼以寻求心理援助的人,才能够真正在内心接纳咨询师的帮助,从而获得问题的解决。当然,这个原则不包括处于心理危机状态下的个体。

(五)咨询和预防相结合的原则

目前,由于学业压力、经济困难、就业艰难、情感困惑等问题的影响,我国大学生因患有心理疾病、精神障碍而被迫休学、退学甚至不惜伤害自己和他人的事件呈上升趋势。问题一旦发生,对学生、家庭及学校都会造成不可挽回的损失,因此,近些年来,各大高校心理学工作者不仅非常重视心理问题的咨询工作,还非常重视心理卫生知识的宣传和普及,比如利用每年的"5.25"心理健康宣传日,面向全体大学生进行心理健康教育,宣传心理健康知识,做好预防工作。

三、心理咨询的功能

【拓展阅读10-1】

心理咨询的魅力所在

心理咨询不求教训他人,而求启发他人;
心理咨询不是要替人决策,而是要帮人自行决策;
心理咨询的首要任务是心灵沟通,而非心理分析;
心理咨询是现代人高尚的精神享受,而非见不得人的事情;
心理咨询确信人皆可自我完善,而非人是不能自我逾越的;
心理咨询应增强人的自立能力,而非增强其对他人的依赖;
心理咨询不仅可以帮助他人成长,也可以帮助自己成长;
心理咨询使人更加相信自我,而非更加迷信别人;
心理咨询使人学会多听少言,而非少听多言。

一般来说,心理咨询的功能是为来访者提供全新的人生经验和体验,帮助来访者认识自己与周围环境,逐渐改变不良认知和不恰当的反应方式,学会与外界相适应的反应方式,更好地发挥内在潜力,更好地面对现实生活。具体来说,心理咨询的功能分为几个方面:

(一)建立和体验全新的人际关系

咨询关系是一种真诚、相互理解和彼此信任的人际关系。在心理咨询过程中,咨询师总是以善意而真诚的态度与来访者进行沟通。这种人际互动的过程为来访者提供了一种体验良性人际关系的机会。来访者可以把这种人际交往经验逐步地应用于自己的人际关系中,利用在咨询中体验到的东西,更有效地处理现实中的人际互动问题。

(二)认识内部冲突

许多来访者在寻求心理咨询师的帮助时,往往将导致自己产生心理问题的原因归咎于外部,习惯寻找外因,例如来访者的同学、老师或家人等。因此,心理咨询师的任务之一就是帮助他们意识到心理问题主要源于来访者自身尚未解决的内部冲突,而与周围环境和人之间的问题正是内部冲突的外部表现。最终,咨询师要让来访者知道解决问题的关键在于自己,并且让他们逐渐认识到内部冲突产生的原因,找到解决问题的办法。

(三)纠正不合理观念

很多来访者都会有不同性质的不合理观念,而正是这些不合理观念导致了各种心理问题的产生。来访者常常确信自己对事物的观察和理解是正确的,而实际上并非如此。通过心理咨询,咨询师需要启发和引导来访者进行自我反思,逐步让他们意识到由于自己的不合理观念而导致的许多困境,进而形成正确的观念。

(四)付诸有效行动

来访者心理问题解决的关键往往在于其是否能付诸有效行动。咨询师在咨询过程中应该通过启发、鼓励、引导、支持来访者采取未曾尝试过的、有效的行动去改变与外界格格不入的思维、情感和反应方式,并学会与外界相适应的方式。一旦来访者感受到这种新的行动所带给他的新的、积极的体验,他就真正开始了自助,为自己创造新的生活。特别需要强调的是,心理咨询是咨询师和来访者之间的合作过程。也就是说,心理咨询的效果完全取决于咨访双方互动的质量。一方面,心理咨询师应本着一切从来访者的实际情况出发的原则进行工作,而不能从自身角度出发;另一方面,心理咨询能否取得最后的成功,心理咨询师起着至关重要的作用。

四、心理咨询的主要理论方法和技术

心理咨询的理论流派和模式众多,从 20 世纪初开始至今,各种理论此起彼伏,发展迅速。其中,对心理咨询影响最大的有四个流派的理论,即精神分析理论、行为主义理论、人本主义理论和认知理论。以下将着重介绍这四种理论指导下的心理咨询常用的方法。

(一)精神分析疗法

精神分析疗法,又称心理分析法,它是奥地利著名精神分析学家弗洛伊德在咨询和研究精神病患者的基础上创立的。精神分析理论强调心理因素对躯体的影响,它是通过挖掘来访者潜意识中的心理矛盾和冲突,找到致病的症结,并把它们带到意识领域中来,使来访者对此有所领悟,在现实原则的指导下加以纠正和消除,从而建立良好、健康的心理结构,达到心理健康。精神分析理论将治疗的焦点放在向病人揭示内在冲突的原因和冲突的过程,让病人明了自己得病的原因,给出一个合理的解释,也就是一个从无意识向意识转化的过程。

1. 心理结构理论　弗洛伊德认为,人类的心理可以分为三个层次,即意识、前意识和潜意识。意识是个体能够觉知的精神生活,是心理结构的表层,它面对外部世界,正常人的思维和行为属于意识系统;前意识介于意识和潜意识之间,它是指虽然此时此刻意识不到,但可在集中注意、努力思索后回忆起来的那部分经验,主要从事警戒任务,不允许潜意识中的本能冲动随便进入意识层次;潜意识是指个体不能觉知的精神生活,是心理活动的深层结构,它是由原始冲动和本能以及多种欲望构成,这部分内容由于得不到满足,于是被压抑进潜意识之中。潜意识积极活动,总是力图进入意识中去以获得满足,为此构成了一系列的冲突矛盾,冲突的结果可能导致神经症、精神病等。精神分析疗法在于揭示潜意识中不被觉知的东西,使之进一步意识化,以达到治疗的目的。

2. 人格结构理论 弗洛伊德认为,人格是由本我、自我和超我三部分构成的。本我是人格中最原始、最模糊和最不易把握的部分,是由一切与生俱来的本能冲动所组成,是人格结构的基础,本我要求无条件的满足,只遵循快乐的原则,婴儿的儿童结构完全属于本我;自我是现实化了的本我,介于"自我"与"超我"之间,它遵循现实的原则,力争避免痛苦,又能获得满足;超我是理想化的自我,它的主要作用是按照社会道德标准监督自我的行动,遵循道德的原则。只有这三种人格结构的动态平衡才能保证心理健康。

在弗洛伊德讲到的以上三种人格结构中,对你而言,每种人格结构在你日常的生活中占比是多少?认识到这个结构特征对你有怎样的帮助呢?

3. 性心理发展阶段 弗洛伊德将人的性心理发展分为五个阶段。第一个阶段为"口唇期"(0~1岁左右),婴儿的快感主要来自于吸吮;第二个阶段为"肛欲期"(1~3岁左右),婴儿的快感主要来自于能够按照自己的意志大小便;第三个阶段为"性器期"(3~5岁左右),儿童以抚摸性器官获得快感,这一阶段也是我们经常说的产生"恋父情结"或"恋母情结"的时期;第四个阶段为"潜伏期"(5~12岁左右),儿童开始将注意力逐渐转向外界世界,也逐渐有了探索的倾向;第五个阶段为"生殖期"(12岁左右),这一时期个体开始关注与异性关系的建立和满足,从而使逐渐成熟的性本能得到满足。个体停滞在任何一个阶段都有可能导致心理问题的出现。

4. 治疗方法 精神分析主要的治疗方法有自由联想、释梦、阻抗、移情和解释。自由联想是让病人在非常舒服自然地情境下,把自己想到的一切都讲出来,不论内容如何夸张或微不足道,都要如实报告,通过自由联想挖掘来访者问题背后的症结所在;释梦就是鼓励来访者描述梦境中发生的一切,通过自由联想,以此获得梦的真实意义;阻抗是指病人有意或无意回避某些敏感的话题,有意无意地使治疗重心偏移;移情是指病人在心理咨询的过程中,将早期对别人的感情转移到治疗者身上,把治疗者当成自己的父母、亲人等;解释是精神分析中最常用的技术,通过揭示来访者背后的无意识动机,来消除阻抗和移情的干扰,从而达到病人对症状的真正领悟。

精神分析法是最早发展起来的一种心理咨询理论,它强调潜意识对行为的重要作用、重视婴幼儿期身心发展的意义,其所创立的一些方法和技术对心理咨询领域有着积极的贡献,影响深远,为之后许多新的理论的创立提供了参考。但由于这种方法必须由受过专门训练的咨询师来施行,需要咨访双方付出较多的时间和精力;并且它过分夸大了潜意识的作用,过分强调婴幼儿期的发展,特别是过分强调婴幼儿期的性经验,因此这一理论的应用和发展受到了局限。

(二)行为疗法

行为疗法是以行为理论为基础,并运用行为主义方法来展开心理咨询的方法。行为主义强调以行为为中心,所有的行为(包括正常与异常的行为)都是通过学习获得的,并由于强化而得到巩固,因此这些学习得来的行为也可以通过学习进行矫正。

利用行为主义开展心理咨询的目的在于,利用强化使来访者模仿或消除某一特定行为,建立新的行为方式。它通过提供特定的学习环境促使来访者改变自我,摈弃不良行为。因此,它很注重心理治疗目标的明确化和具体化,主张对来访者的问题采取就事论事的处理方法,不必追究个人潜意识和本能欲望对偏差行为的作用。

学校心理咨询中行为疗法主要有放松训练、系统脱敏疗法、角色扮演、示范法、强化法等行为治疗方法和技术。

1. 放松训练　当我们面临外在压力的时候,不仅内心体验到焦虑、紧张和恐惧,同时身体也会产生一系列的应激反应,如呼吸、心跳加快,血压、血糖升高,内分泌增强、胃肠蠕动减弱,食欲下降等。而放松训练则是非常有效的办法,尤其是在高校学生面临重大考试等压力时会更常用。放松疗法主要包括呼吸放松、想象放松和肌肉放松等。主要有以下几个步骤:①咨询师向来访者介绍放松的原理,明确来访者主动练习的重要性;②咨询师进行放松示范并讲解要点,来访者在指导下进行放松;③来访者在生活中坚持每日练习一定的次数。

2. 系统脱敏疗法　该方法是最早应用的行为脱敏技术之一,主要用来解决来访者在某一特定情境下产生的超出一般紧张的焦虑或恐怖状态。主要有以下三个步骤:①放松训练:咨询师教给来访者身体放松的技术,通常是逐步肌肉放松法。来访者需要在生活中反复练习,直到能熟练掌握。②建构焦虑或恐怖等级:建构焦虑或恐怖等级是要求来访者想象出一系列使自己焦虑或恐惧的事物与情境,并对它们进行主观评分,最为严重为 100 分,最平静为 0 分,然后根据焦虑或恐惧程度将焦虑或恐惧事物由低到高进行排序。一般等级差为 5~10 分,建 10~20 个等级。③实施脱敏:让求助者从最低等级的焦虑或恐惧刺激物开始依次进行想象或实际接触,当来访者感觉焦虑紧张时,令其暂停想象或接触刺激物,进行放松训练,当感觉放松平静时,重复上述过程。直到求助者的恐惧或焦虑分数低于 25 分时为止,此时就算完成了一级脱敏,如此反复逐级而上。

【拓展阅读10-2】

系统脱敏疗法创立历史

该疗法是由美国著名心理学家沃尔帕首创的。他坚信人的恐惧和焦虑表现只是一种行为习惯,可以通过控制其外界环境加以改变。他通过教授患者放松自己的精神及逐步降低其对某些事物(如狗等)的恐惧和焦虑,来消除患者的紧张情绪。

3. 角色扮演　是个人具备了充当某种角色的条件,承担和再现角色的过程与活动。多用于改变来访者的不良行为和进行社会技能训练。角色扮演在个别治疗和小组治疗中都比较常用。角色扮演可以说是对现实生活的一种重复,又是一种预演。在角色扮演过程中,来访者可以学习改变旧有的行为或学习新的行为,并进而改变自己对某一事物的看法。

4. 示范法　是咨询师自己或请其他人向来访者呈现某种适应行为榜样,让其观察示范者的行为及其行为后果,并让求助者对示范者的适应行为进行模仿,以增加其某种适应行为的治疗方法。示范法的具体过程包括以下三个步骤:①诊断,考察求助者在某种行为方面的模仿能力,以决定是否可以对他实施模仿法;②示范,选择与模仿者具有很多共同点且感染力强烈的示范者,让其由简到繁、由易到难、循序渐进地示范某种适应行为,如社交过程等;③强化模仿行为,让来访者模仿示范者的适应行为,并对他的进步给予及时的表扬和肯定,以巩固其适应行为。

5. 强化法　在日常生活中,我们可以发现人们经常不自觉地在进行各种强化活动,如表扬、关注等,尤其是在教育行业,教师经常通过强化法来达到教学目的。这里我们所讲的强化是系统地应用强化手段去增进某些适应性行为,减弱或消除某些不适应行为的方法。

强化法是建立在操作性条件作用原理之上。例如某一行为若得到奖赏，那么以后这个行为重复出现的频率就会增加，反之得不到奖赏的行为出现的次数就可能会减少。在强化的时间间隔方面也遵循操作性条件作用原理。强化的主要方法有三个：①塑造：这是最为常用的方法，这个过程中通常采用正强化手段，一旦所需行为出现，立即给予强化；②代币管制法：这是一种利用强化原理促进更多的适应性行为出现的方法，通过有形的可以得到实物奖励进行正强化是其主要形式；③消退法：这种方法采用的方式是对不适应的行为不予注意，不给予强化，使之逐渐削弱以致消失。

以上这些方法和技术对调节学生的身心功能，促进学生的身心健康，培养学生的良好行为习惯有一定的效果。但行为主义的局限在于它仅从行为的角度出发对不良行为进行矫正，却完全忽视意识的作用，未从心理方面挖掘，无法解决根本问题。

（三）人本主义疗法

人本主义疗法是基于人本主义理论而创立。人本主义疗法强调创造一种良好的环境，形成真诚相待、互相理解、彼此尊重的气氛，给予来访者无条件的积极关注，充分地同情和理解来访者的困扰和体验，帮助来访者进行自我探索，认识自身的价值和潜能，发现真正的自我，以改变自我的不良行为，矫正自身的心理问题。人本主义治疗的实质就是重塑真实的自我，达到自我概念与经验的协调统一，治疗的目的是帮助患者去除那些为了适应社会及他人的需要而偏离自我经验的思想及行为，使人找回真实的自我，能够为自我的价值而活，而不再为迎合他人而生。在操作技巧上，这一疗法反对操纵或支配来访者，主张在交谈中采取不指责、不评论、不干涉的方式，鼓励来访者言进其意，直抒己见，以创造一个充满真诚、温暖和信任的氛围，从而使来访者无忧无虑地开放自我，最终走向身心健康与和谐。人本主义主要有以下三个主要的治疗条件和技术。

1. 准确共情　这是治疗成功与否的基础。咨询师设身处地从来访者角度去思考问题，并时刻保持敏感，真实地理解他们的想法。罗杰斯认为准确的共情有利于促进来访者已形成的自我结构实现其潜能，通过把问题带给咨询师，从而对自己有一个完整的认识。它包括三个方面：①咨询师根据来访者的言语、表情和动作，深入体验其内在的情感；②咨询师借助心理学的知识与自己的人生经验，帮助来访者分析其情感体验与经历和人格之间关系；③咨询师应用内容反应和情感反应技术，把自己的共情传达给来访者，以影响来访者，并获得来访者的反馈。

2. 真诚一致　咨询师应坦诚地面对来访者，开诚布公、直截了当地与来访者交流自己的态度和意见，不掩饰和伪装自己。咨询师真诚一致的态度实际是在鼓励来访者以同样的真诚态度参与治疗，尽可能暴露自己，只有这样才能进行深入交流和沟通。真诚一致的核心是表里如一。通过咨询师的真诚为来访者提供了一种安全的氛围，让来访者明白自己可以袒露自己的软弱、错误、愤怒、隐私而不需要太多顾忌，进而像咨询师一样真诚地表露自己的喜怒哀乐，逐渐做回真实的自己。

3. 无条件积极关注　这是一种共情的态度，指咨询师以积极的态度看待来访者，注意强调他们的长处，即对来访者言语和行为的积极面、光明面或长处给予有选择的关注，认识和利用其自身的积极因素促进来访者发生积极变化，咨询师对来访者的关注应是无条件的。只有这样来访者才能在咨询师的帮助下真正地开始探索自我、认识自己的内心，从而获得内心更多的成长。无条件积极关注并不意味着赞同来访者所做的任何行为，而是将求助者的行为与其人分开。

（四）认知治疗

认知治疗是通过改变人的认知过程和这一过程中所产生的观念来纠正人的不良的情绪和行为。认知疗法是用认知重建、心理应付、问题解决等技术进行心理咨询。其中的认知重建最关键之处在于如何重建人的认知结构，从而达到治疗的目的，咨询的关键就在于指导来访者改变原来的认知结构，解除歪曲的想法，纠正不合理的信念，从而改变行为。认知疗法适合治疗各类神经症，如焦虑性神经症、考前紧张焦虑、情绪障碍等。

【拓展阅读10-3】

常见的认知错误

1. 绝对化要求　以个人的意志或意愿认为某事情必定发生或不发生的想法。

2. 左思右想　面对事情不够果断，犹豫不决。

3. 过分概括化　以偏概全的思维方式，常把"有时""某些"概括为"总是""所有"等，体现在人们对自己和他人不合理的评价上，典型特征是以某一件或几件事来评价自己或他人的整体价值。

4. 个性化　每当问题出现时，往往把责任归咎于自己，并认为是自己的错。

5. 怨天尤人　推卸责任，凡事归咎于他人或埋怨上天。

6. 贬低成功经验　把成功的经验归因于别人，认为这只是侥幸，或没什么了不起，并没有体验到是自己的努力所致。

7. 打沉自己　不断向自己说负面话语，以至于意志消沉。

8. 灾难化　放大错误，认为如果一件不好的事情发生，那将是非常可怕和糟糕的。

9. 妄下判断　在没有什么根据的情况下，把事情的结果推断为负面。

10. 感情用事　以感觉做判断或推论，忽略事情的客观事实。

1. 认知疗法　这是美国心理学家贝克在20世纪70年代在抑郁症治疗的基础上提出来的，他发现认知的歪曲是抑郁症的根本原因。许多心理问题是由于人们在考虑自己和他人的关系或者他们面对事件时运用不良思维方式导致的。认知疗法的主要步骤如下：①发现问题：咨询师要通过心理咨询技术对来访者进行详细的询问，找出其问题背后被忽略的认知，并进一步认识到这些认知所导致的情绪困扰；②检验表层错误观念：表层错误观念往往是来访者对自己症状最直接、具体的解释，此时，就要求咨询师通过角色扮演等方法对来访者的表层错误观念进行检验，并在此基础上进一步矫正；③纠正深层次核心错误观念：含有深层错误观念的来访者经常有一系列不合理的认知，比如来访者认为"我很差劲"，"我好没用"等。

2. 理性情绪疗法　该疗法是美国心理学家艾利斯在20世纪50年代创立的，其基础是著名的ABC理论。他认为来访者强烈的痛苦情绪以及一系列不适应的行为（C）不是由于客观上的诱发事件（A）引起的，而是由于其所持有的不合理的信念（B）造成的。他进一步提出该疗法的四个步骤：①帮助来访者进一步明确自己的非理性信念，进一步明确其与消极情绪之间的联系；②帮助来访者明确当前的困境和不良情绪来自于自己，自己应对自己的情绪和行为负责；③帮助来访者改变非理性信念，调整认知结构；④帮助来访者学习理性观念，并使之内化为自己的观念。

认知疗法建立在一种结构性的心理教育模式之上，强调家庭作业的作用，赋予求助者更多的责任，让他们在治疗之中和治疗之外都承担一种主动的角色，同时注意吸收各种认知和行为策略来达到改变的目的。但在认知疗法中，情绪因素未受重视，它不鼓励情绪的表达或在情绪上再度去体验创伤事件，且并不重视探索潜意识里的冲突。

回顾自己最近经历的一件负性情绪事件（C），试着想一想引发事件的诱因（A），考虑一下自己当时的非合理信念（B），试着通过自我对话的方式努力调整不合理的信念，体验调整后的情绪。

第二节　大学生心理咨询的作用

大学阶段是人生最美好的青春年华，充沛的精力、良好的身体素质等都为这一阶段创造了得天独厚的条件。但是，大学阶段也是各种心理冲突较为集中的时期，大学生们经常面对来自学业、人际、生涯、恋爱等的一系列烦恼。由此造成的心理困扰成为这一阶段较为突出的问题。除了大学生自身的调节以外，心理咨询可以提供十分有效的帮助，虽然心理咨询是一种求助行为，但同时也是个体基于渴望改变和调整下所做出的选择，某种程度上来讲，这也是一种自我帮助。

一、大学生心理咨询的特点

大学生心理咨询是根据大学生身心发展的特点和规律，运用心理科学的理论、技术和方法，针对大学生成长中出现的困扰和发展课题，由经过专业训练的大学生心理咨询师提供专业的帮助，目的是协助大学生排解困扰、增进心理健康水平和提高社会适应能力，以促进大学生良好的心理品质和健全人格的发展。

在高校的育人过程中，大学生心理咨询与一般心理咨询不完全相同，还具备其他特点。

（一）在咨询内容方面

大学生心理咨询除了关注心理咨询活动，更强调大学生的适应性的和发展性的心理问题。高校除了开展心理咨询活动外，还开展各种心理知识宣传教育活动，例如每年的"5.25"全国大学生心理健康日，生涯规划指导等，以帮助大学生正确认识心理问题，促进心理健康。

（二）在咨询对象方面

高校心理咨询的对象主要是处在青春后期的大学生。这一阶段，个体无论是心理还是生理方面都具有很强的特殊性，其内心往往经历较大的心理冲突，这一阶段被心理学家称之为"疾风怒涛"时期，也是最易产生心理上的诸多不适的时期。目前高校通过开展专题心理讲座，心理健康课程、心理咨询等活动都可以有效地帮助大学生平稳地度过这一特殊时期。

（三）在咨询方法方面

大学生心理咨询以团体咨询与个体咨询相结合为主。大学生团体咨询能够为参加者提供一个成长的机会，体验他们所关心问题的真实情境，从而帮助大学生更好地认识自我及环境。例如有的高校在每年新生入学时期深入各个专业开展针对新生心理适应方面的团体辅导，或者开展团体性的生涯指导。

二、大学生心理咨询的类型

大学生心理咨询常因时间、地点和对象的不同而采用不同的形式。以咨询途径为划分标准,可分为面谈咨询、电话咨询、信函咨询、专栏咨询、现场咨询和网络咨询;以咨询人数为划分标准,可分为个别咨询和团体咨询。此外,近年来,大学生心理咨询中采用了一种新的咨询方法——朋辈心理咨询。下面将逐一介绍。

(一)以咨询途径为标准划分

1. 面谈咨询 面谈咨询通常在专门的心理咨询室进行,心理咨询师与来访者采取面对面方式交谈,详细了解、分析来访者的心理问题,帮助他们摆脱有碍于身心健康的不利因素,提高他们解决问题、适应环境的能力。对已经形成心理障碍的来访者,则分析其病因和症状,制订完整的治疗计划。面谈咨询过程中,咨询师掌握情况较为全面,能够深入地为来访者提供有效的帮助,因此,面谈咨询通常是首选的心理咨询方法。

2. 电话咨询 电话咨询是指咨询师利用电话通话的方式与来访者进行交谈,帮助来访者排解心理困扰。由于电话咨询具有方便性、快捷性,深受来访者喜爱。电话咨询在国内外主要用于心理危机干预,因此常被称为"生命线"。在我国人们对心理咨询缺乏深入理解、接纳程度低,而电话咨询由于其隐蔽性、保密性强的特点而成为心理咨询的一种重要形式。近年来,我国不少地方政府陆续开设心理热线,很多高校也开设了对学生服务的热线电话。

3. 信函咨询 信函咨询是以通信的方式进行咨询,当事人来信提出自己的问题,心理咨询人员给予回信答复。信函咨询的优点是不受居住地区限制,对于那些不善于口头表达或较为拘谨的当事人来说是一种较易接受的方法。但信函咨询的效果会受当事人的书面表达能力、理解力和人格特点的影响。现代社会的信函咨询以电子邮件的形式较为常见。

4. 专栏咨询 专栏咨询是指在报纸、杂志、电台、电视台和网络上开辟心理咨询专栏,对读者、听众、观众、网友提出的典型心理问题进行公开解答。专栏咨询的优点是受益面广,具有治疗与预防并重的功能;缺点是存在模糊、浅陋、泛泛而论的情形。目前,很多传统媒体将互联网技术广泛应用于专栏咨询,这就使得许多求助者随时随地可以将心理困惑以留言形式在互联网页面与专家互动。

5. 现场咨询 现场咨询是指心理咨询机构的专职人员深入当事人生活的社会情境中,为广大当事人提供多方面服务的一种咨询形式。例如重大考试前咨询人员深入学校为学生进行考前心理咨询;每年"5·25"活动期间,不少高校通常会在当天安排心理咨询老师为同学们进行现场咨询服务等。

6. 网络咨询 网络咨询是指咨询师与来访者在网络平台上或通过网络通信工具进行对话,从而开展心理咨询。由于网络的匿名性,来访者能够真正毫无顾忌地倾诉自己的隐私、暴露自己的问题,从而使心理咨询师能够在尽可能短的时间内掌握来访者的基本情况,做出适时的分析判断,并可以通过实时交谈不断矫正其分析判断,做出切合实际的引导及处理。随着网络技术的不断提高和互联网在大学生中的迅速普及,网络以其极强的保密性、隐蔽性、快捷性及实时性,为心理咨询提供了无限发展的空间,将具有十分广阔的应用前景。目前,国外部分高校已开始面向大学生推广自行研发的心理服务 APP,旨在为广大在校学生提供更便捷的咨询平台。

（二）以咨询人数为标准划分

1. 个别心理咨询　个别心理咨询是心理咨询的主要形式，一般意义上的心理咨询就是指咨询师与来访者一对一进行咨询。面谈是个别心理咨询最常见、最主要的方式。

2. 团体心理咨询　团体心理咨询的产生基于这样一种背景，即实际生活中，人们的许多适应或不适应、心理健康或障碍往往起源于人际关系中，发展于人际关系中，转变于人际关系中。团体心理咨询认为，人的心理发展乃至一切发展都与社会环境有关，人的许多心理问题也是根源于各种人际关系中。因此，通过团体人际交互作用的方式，模拟社会生活情境，来促进个体的自我认知、自我调整、自我发展，是一种有效的咨询方法。

（三）朋辈心理咨询

朋辈心理咨询（peer counseling）产生的历史并不久远，这个概念最初由国外引入。经过20多年的发展，朋辈心理咨询在欧美国家和我国港台地区逐渐成熟和完善，近几年开始真正走进大陆高校。当前，国内不少高校陆续搬往远离市区的大学城，"候鸟式"的教师每日往返两地，导致下班后能够提供心理咨询的老师有限，而朋辈心理咨询可以较好地弥补这一不足之处。

1. 什么是朋辈心理咨询　所谓"朋辈"，顾名思义就是"朋友"和"同辈"，"朋友"是指有过交往并且建立了一定的友谊、值得信任的人，"同辈"是指同龄人或者年龄相当者。朋辈之间通常会有较为接近的价值观念、思维模式、生活方式和处事经验，所以朋辈心理咨询其实就是朋辈之间借助心理学和心理咨询的专业知识，进行一种心灵交流和沟通，从而给予当事人鼓励和慰藉，达到心理咨询的效果。高校中的朋辈心理咨询，主要是从班级或学生心理组织中挑选适合做心理辅导工作的学生，他们在经过基本的专业训练后，针对同学在日常学习生活中遇到的心理问题，通过与同学的沟通交流，或者开展特别的团体心理活动，用正确的方法帮助同学从困境中走出来，从而达到助人自助的目的。

作为心理咨询的形式之一，朋辈心理咨询虽然投入实践的时间并不久远，却为大学生心理健康教育的转变和发展创造了新的契机。但是，现有的研究表明，多数需要心理援助的人，甚至是处于危机状态的人，并不主动寻求心理援助。即使寻求援助，我国大学生首选的求助对象是朋友，其次是恋人、家人，而较少选择专业的心理咨询师作为求助对象。与专业心理咨询相比，朋辈心理咨询受时间、地点和语言等因素的影响较小。可见属于同辈之间心理互助的朋辈心理咨询是根据大学生的心理特点而设计、开展的，符合大学生的实际心理需要。

2. 朋辈心理咨询的主要特点　从其定义我们可以看出，朋辈心理咨询属于一种半专业的心理辅导活动，它具有以下显著特点。

（1）半专业性：朋辈心理咨询不同于专业的心理辅导，它是同龄人之间开展的心理互助活动，提供帮助者并未接受相对系统的专业学习和长期的实践训练，而只是通过专业老师的短期培训，凭借自己的天赋、兴趣及强烈的助人意愿为他人提供心理帮助、支持和关爱的活动。

（2）自发性和义务性：大学生中的朋辈心理咨询是一种利他行为，通常情况下是自发的、主动的，大学生十分乐意通过帮助他人来增强自我价值感，提高自我认同度。

（3）友谊性：一般地说，朋辈心理咨询只发生在亲人、熟人或朋友之间，而不发生在陌生人之间。高校大学生之间的朋辈心理咨询既是高尚助人精神的体现，更是一种友谊的表现。

（4）简便有效：朋辈互动有着空间距离接近、交往较为频繁、思维模式接近等特征，朋辈咨询师可以对当事人的言行进行直接观察和及时干预。

（5）自我成长与自我教育：学生朋辈心理咨询师在助人的同时，也寻找到了自我价值，收获了成功的体验和提升的动力，从而实现了自我成长和自我教育。

三、大学生心理咨询对心理健康的作用

在大学生活中，心理咨询是解决大学生心理问题的重要途径，也是各个高校心理咨询中心重要的基础性工作。

很多同学在遇到心理问题时，因为觉得是非常丢人的一件事而往往羞于向家人、朋友或老师诉说，更不好意思寻求专业帮助，独自一人承受着折磨和煎熬。这样处理的后果往往导致其内心痛苦日益加重，有的甚至逐渐演变为神经症或精神疾病，严重影响个体的社会功能和生活质量。其实，在每个人的一生中，都会或多或少遇到一定的心理问题或困扰，而积极寻求专业帮助恰恰是对自己负责任和爱自己的表现。因此，使用心理咨询服务是现代大学生善用资源、克服困难、提高适应能力的表现。

（一）心理咨询有助于大学生树立完整统一的人格

完整统一的人格是大学生心理健康的重要基础。通过心理咨询，可以帮助大学生更好地认识自己，使其思想、行动达到协调一致，能够保持积极的人生观，并在此基础上将自己的理想、需要和目标统一起来。

（二）心理咨询有助于大学生保持良好的环境适应能力

大学新生在刚步入大学校园时，常常面对的是对环境的诸多不适应。通过有效的心理咨询，可以帮助大学生更好地认识自己所处的校园环境，处理好个人与环境的关系，帮助大学生尽快地融入自己所处的环境中。

（三）心理咨询有助于大学生保持浓厚的学习兴趣和求知欲

进入大学以后，学习方式的较大转变常常让许多学生措手不及，加之有的学生在入校后对专业不满意，常常产生畏难情绪。通过心理咨询，可以帮助大学生培养浓厚的学习兴趣，保持较强的求知欲望，从而树立良好的学习态度。为此，促进大学生珍惜学习机会，保持高效的学习效率，真正从学习中体验到满足与快乐。

（四）心理咨询有助于大学生正确认识自我，接纳自我

恰当的自我评价有助于大学生更好地认识世界，处理自我与周围环境的关系。通过心理咨询，大学生可以充分了解自己，进行客观评价，进而接纳自我，从而树立切合实际的理想与目标。

（五）心理咨询有助于大学生形成恰当的行为

通过心理咨询，大学生可以很好地认识自己所处年龄阶段的特点，尤其是当下倡导的"朋辈心理咨询"十分有助于大学生更好地认知同龄人，从而使大学生的行为表现与所处年龄相符。心理健康的大学生应该是精力充沛、勤学好问、反应敏捷和喜欢探索的。

【拓展阅读10-4】

心理咨询与治疗的周期应有多长

一个心理咨询与治疗的周期应有多长？这不仅因人而异，也随不同的心理咨询和治疗流派的要求而不同。精神分析治疗要求来访者必须持续接受咨询一年以上，每周会面五次，

每次会面一小时。这样长期的治疗，是很少有人能在时间和财力上承受得起的。所以，后人一直想方设法在尽可能短的时间内取得最佳疗效。

四、大学生心理咨询现状与科学求助

(一)大学生心理咨询现状

2016年12月，国家卫生与计划生育委员会等22部委联合印发《关于加强心理健康服务的指导意见》，其中将心理咨询作为重点任务来推动，这将有利于进一步治疗心理疾患，维护心理健康和促进心理和谐发展。与此同时，大学生心理咨询也在蓬勃发展。相对于企业、社区、中小学等其他心理咨询领域，大学生心理咨询发展相对完善，专业化程度较高。

1. 心理咨询中心的设置情况　目前，我国各个高校心理咨询中心日渐完善，多数学校均有专业的心理咨询室，并配备专业的心理咨询老师。绝大多数高校的心理咨询中心设在学生处或学工部，在学生处的指导下开展工作，但也有学生根据实际情况，将心理咨询中心设置在校医院，心理学系或教育研究所等机构。心理咨询中心通常以"大学生心理健康教育与发展中心""大学生心理健康教育与咨询中心""大学生心理咨询中心"或"大学生心理健康中心"命名。

心理咨询中心在各个高校通常有独立的工作场所，并配有接待室、咨询室、心理测量室、团体辅导室、音乐治疗室、资料室或图书室等专业工作场地。中心一般设有主任、专兼职心理咨询师、辅助人员等，并根据实际需要外聘有关心理科或精神科专家参与心理咨询工作，有的高校还下设心理社团面向全校开展具体性的心理活动。

心理咨询中心提供的心理服务通常包括如下几方面：个体与团体咨询，心理测评，开设大学生心理健康课程，进行心理健康知识的宣传与普及等。当大学生面临个人发展的诸多问题时，可以到咨询中心求助。高校的心理咨询中心多数是免费开放的。

2. 大学生心理健康现状　有研究表明，我国大学生的心理问题发生率为16%~25%，其中北京地区存在抑郁状态的学生就占到23.66%。

杨艳杰等研究发现，哈尔滨市6所高校大学生抑郁症状发生率为51.8%，其中轻度抑郁症状的发生率为40.1%，中度抑郁症状的发生率为8.4%，重度抑郁症状的发生率为3.3%，中重度抑郁症状的发生率合计为11.7%。

桑志芹等对南京大学2005—2013年大一新生心理健康状况进行研究发现，大学新生心理健康状况在2008年前后有较大波动，在2008年前大学生的心理问题呈逐年下降趋势，2008—2009年大学生心理问题检出率显著上升，此后心理问题又呈下降趋势。

汪立夏等分别在2001年、2006年、2011年对江西省5所重点高校学生进行调查显示，分别有23.80%、22.86%、19.46%的学生存在不同程度的心理障碍。

李娜对某女子学院3225名2012级学生的心理普查中，发现有15.8%的学生可能存在心理困扰。

林磊等于2012年抽取上海24所高校本专科学生进行调查发现，分别有15.8%、13.3%和13.3%的学生存在成长发展、人际和谐和环境适应问题。

魏瑾等对湖北省内某高校2013~2015级大学生研究发现，大学新生心理问题呈逐年上升趋势。

中国青少年研究中心的调查报告显示，当大学生有心理问题时，首先选择的是向朋友倾诉(79.8%),其次是向母亲(45.5%),同学(38.6%),恋人(30.9%),父亲(22.5%),同龄亲属(15.8%)倾诉,选择向心理咨询师倾诉的仅占3.2%。

陈勇钢等经过研究发现,我国有关大学生心理健康的研究呈现以下特点:①起步较晚,但近年研究热度不断上升,发展态势良好;②专注于大学生心理健康研究且具有较强影响力的研究团队偏少;③除了大学生的整体心理健康状况,我国学者尤其关注家庭经济困难学生、特殊家庭学生、女大学生、少数民族学生等大学生群体的心理健康状况;④当前的研究热点仍是针对大学生各类心理问题的成因分析及有效干预手段。

大学生心理咨询的内容一般包括以下四个方面:①心理发展咨询,帮助大学生增强认识能力、社会适应能力,挖掘自身潜力,促进全面发展;②心理适应咨询,对大学生在学习、工作、人际关系等方面的适应不良提供帮助;③心理障碍咨询,帮助有心理障碍的来访者挖掘病源,寻找对策,消除痛苦;④心理危机干预,帮助处于心理危机下的个体或群体采取明确有效的措施,使之最终战胜危机,重新适应生活。

【心理测验】

你抑郁了吗?

抑郁自评量表

本评定量表共有20个题目,分别列出了有些人可能会有的问题。

请仔细阅读每一条目,然后根据最近一星期内你的实际感受,选择一个与你的情况最符合的答案。

请你不要有所顾忌,应该根据自己的真实体验和实际情况来回答,不要花费太多的时间去思考,顺其自然,根据第一印象做出判断。

测量项目	偶尔(A)	有时(B)	经常(C)	持续(D)
1. 我觉得闷闷不乐,情绪低沉				
2. 我觉得一天之中早晨最好				
3. 我一阵阵哭出来或觉得想哭				
4. 我晚上睡眠不好				
5. 我吃得跟平常一样多				
6. 我与异性密切接触时和以往一样感到愉快				
7. 我发觉我的体重在下降				
8. 我有便秘的苦恼				
9. 我心跳比平时快				
10. 我无缘无故的感到疲乏				
11. 我的头脑跟平常一样清楚				
12. 我觉得经常做的事情并没有困难				
13. 我觉得不安,心情难以平静				
14. 我对将来抱有希望				
15. 我比平常容易生气激动				
16. 我觉得做出决定是容易的				

续表

测量项目	偶尔（A）	有时（B）	经常（C）	持续（D）
17. 我觉得自己是个有用的人,有人需要我				
18. 我的生活过的很有意思				
19. 我认为如果我死了别人会生活得好些				
20. 平常感兴趣的事我仍然照样感兴趣				

计分办法:

　　本量表包含10道反向计分题。正向计分题A、B、C、D按1、2、3、4分计;反向计分题按4、3、2、1计分。反向计分题号:2、5、6、11、12、14、16、17、18、20,其余为正向计分题。

结果解释:

　　将计算出总分乘以1.25后取整数,即为自己的分数。按照中国标准,53~62分为轻度抑郁,63~72分为中度抑郁,72分以上为重度抑郁,低于53分属于正常群体。

（二）如何科学求助

　　进入大学以后,大学生无论是在学习方式还是生活方面都发生了巨大的变化,同时面临着来自学业、人际关系、恋爱等的一系列困惑,这时候心理困惑或烦恼难以避免,那么在遇到这些问题引发的心理冲突时我们究竟该如何科学求助呢?以下将就求助需要注意的几点进行逐一说明。

　　1. 增强自我调节能力　当遭遇心理困惑或烦恼时,第一求助对象永远是自己,随着年龄的增长和经验的积累,个体要逐步形成一套属于自己的问题处理策略。之前的章节已经就大学生经常面临的问题进行逐一说明和解答,在这里要说明的是由于大学生涉世不深,经验有限,因此需要他们主动地去进行社会实践,比如通过"三下乡",校园活动等形式来丰富大学生活,增加自身阅历;同时,要积极参加体育锻炼,健康体魄和适当运动有助于增强心理素质。此外,大学生还可以通过阅读社科类书籍间接代偿自身阅历不足所造成的困惑。

　　2. 主动寻找他人支持　一个人的力量终究是有限的,当处于心理困扰时期,不妨积极主动地将自己面临的困惑与他人交流,比如可以寻求父母,老师或朋友的帮助。他人的帮助有助于我们拓宽看问题的角度,有助于我们寻求更多的支持。求助不是懦弱的表现;相反,求助是个体十分爱自己的体现。及时有效的求助有助于我们将内心的烦恼处理在早期,避免由于问题的长期积压带来的失控,以及由简单的问题诱发较大的心理危机。除了求助身边的人以外,对大学生而言,还有一个十分有效的求助对象就是学校的心理老师。目前,我国高校均已配备专业的心理咨询老师,而心理咨询是十分有效的求助途径。

　　3. 正确认识心理咨询　由于心理学在我国发展起步较晚,不少大学生对心理咨询认识仍然存在诸多误区。心理咨询并不等同于简单的聊天,心理咨询师在咨询过程中除了具备扎实的专业知识以外,咨询过程中的态度也必须是中立的。其次,心理咨询也不仅仅针对具有心理问题的人,心理咨询还可以为大学生提供个体在成长方面的帮助。再次,由于个体的心理问题往往不是一两天形成的,因此心理咨询往往不是一两次就可以解决问题的。心理咨询的效果除了受咨询师、问题本身影响以外,还与个体的领悟力有关系。此外,心理咨询并不提供问题的实际解决办法,心理咨询的目的是让来访者学会聪明地做出决定,而不是做出聪明的决定。心理咨询更注重个体在咨询过程的自我领悟与觉察,引导个体对自己进行思考,进而实现自助。

4. 积极寻求专业帮助　以上就心理咨询中经常遇到的认识误区进行了说明。这里要进一步说明的是当个体已经做好寻求心理咨询师的帮助时,也需要有一定的准备工作。首先,个体要正视自己的心理问题,这并不是一件容易的事,当面对自己的心理问题时个体通常会通过逃避等方式来远离由此带来的焦虑痛苦情绪。其次,个体要主动消除寻找心理帮助时的羞耻感。心理咨询是现代人追求高质量生活的表现,寻求心理帮助恰恰是自我负责的表现。再次,要树立正确的、强烈的咨询动机,求助者应本着自我成长的动机进行咨询,咨询动机越强则咨询效果越好。此外,选择恰当的时间和心理咨询师。求助者应提前了解各个心理咨询师的情况及时间,选择恰当的时间约定自己认同的咨询师进行咨询。最后,咨询要想真正起效,关键在于求助者积极行动,不断努力,尝试去调整自己的心理状态和行为方式,这样才能真正实现最终的自助。

【拓展阅读10-5】

哈佛大学:如何走向幸福、健康人生

哈佛大学在1938年开始了一项对成人发展研究最长的项目。这个项目叫做 The Grant & Glueck Study,并且持续至今。整个研究期间,研究者跟踪记录了724名男性,从年少到年老,连续记录他们的工作、生活和健康状况等,最终要将这些研究内容转化为一个答案:如何走向幸福、健康人生。

研究对象主要由两组人员组成,第一组人员是从当年哈佛大学本科二年级选出的268名在校生,这批人在二战中完成学业,多数人随后选择到战争中服役。第二组人员是从波士顿贫民区选出的456名男孩,他们来自于问题最多和最贫困的家庭。这些研究对象中有人成为工人、律师、砖瓦匠或医生,甚至有一位成为美国总统。有的研究对象酗酒成性,有的得了精神疾病,有的从社会最底层一直走到社会高层,也有人一落千丈。这些研究对象有近60名至今还健在。七十多年来,研究者除了对研究对象进行访谈,还要充分了解其健康状况,与其子女家人进行交谈。经过大量资料的追踪,研究者发现良好的人际关系能让我们过得更加幸福、健康。那么这项研究带给我们哪些启示呢,具体来说有以下三方面。

一、人际关系对我们是有益的,孤独是有害的

这项研究发现,那些与家人、朋友和团体成员经常交往的人,会比那些不善交际离群索居的人,更幸福、更健康、更长寿。孤独感对人的身心健康是无益的。

二、人际关系的质量要比数量更重要

孤独感与交友的数量、是否身处恋爱或婚姻中没有关系,而与人际关系的质量有关。生活在充满冲突的婚姻中,比如没有爱的婚姻里,对健康的破坏作用或许比离婚还大。舒适、温暖的人际关系对个体的健康有保护作用。越是对人际关系感到满意的个体,越容易健康长寿。好的、亲密的人际关系可以为我们阻挡衰老进程中的"明枪暗箭"。即使身处不良健康状况下,满意的人际关系会让个体依然保持快乐,而那些对人际关系不满意的个体则刚好相反。

三、好的人际关系不仅保护身体，还可以保护大脑

如果在 80 多岁时，你的婚姻生活还温暖和睦，你对自己的另一半依然信任有加，真切感受到可以依赖对方，那么你的记忆力不容易衰退。而反过来，那些觉得无法信任和依赖自己的另一半的人，记忆力会更早出现衰退。

第四任负责此项目的主管、哈佛大学医学院教授 Robert Waldinger 谈到，在这项研究的一开始，年轻人都深信名望、财富和成就是他们过上幸福、健康生活的保证。而回顾他们的一生，他们发现并非如此。这不经让我们想起 100 多年前，马克·吐温回首自己的人生，写下这样一段话："时光荏苒，生命短暂，别将时间浪费在争吵、道歉、伤心和责备上。用时间去爱吧，哪怕只有一瞬间，也不要辜负。"

（刘潇荟）

【本章小结】

大学生由于其所处年龄的生理、心理特点，决定了大学生在实际生活和学习中难免会遇到这样那样的困难，如何去处理这些问题决定了大学生能否顺利地度过这个"疾风怒涛"时期。在众多求助办法中，心理咨询是非常有效的改善方法。希望通过本章的学习，让你更好地领略心理咨询的魅力，正确地看待和认知心理咨询；希望每一个不一样的你，能够通过心理咨询更好地认识自己，改善自己面临的心理困惑，提升自我成长的潜能。

【思考与练习】

1. 你所在学校心理咨询中心设在哪里？你知道如何预约心理咨询老师吗？
2. 心理咨询的原则有哪些？什么情况下咨询师可以不遵守保密原则？
3. 人本主义心理疗法有哪些主要技术？

第十一章 大学生心理危机干预

【导读】 大一新生因感觉孤独自杀

2007 年 09 月 15 日 15:15 金羊网羊城晚报记者喻彬报道:广州大学城某大学一名大一的男生,经过竞选当上了副班长,却用锋利的镜子玻璃片,割颈部动脉自杀。幸被同学发现,及时把他送到医院抢救,脱离了生命危险。他后来向老师透露其自杀原因,让人震惊:"刚刚入校,生活不习惯,没有朋友,感到孤单。"

随着社会经济的发展和网络信息时代的普及,大学生受到社会的影响日益增加,加之大学生正处于身心发展的剧变时期,内心矛盾冲突剧烈。近年来,高校频繁出现的诸如此类学生自伤、自杀、校园暴力等心理危机事件,在全社会范围内引起了广泛关注,加强大学生心理危机预防与干预已迫在眉睫。

那么究竟什么是心理危机?什么又是心理危机干预呢?

一般而言,危机(crisis)有两个含义,一是指突发事件,出乎人们意料发生的;二是指人所处的紧急状态。心理危机是指当个体遭遇重大问题或变化的发生使个体感到难以解决、难以把握时,平衡就会打破,正常的生活受到干扰,内心的紧张不断积蓄,继而出现无所适从甚至思维和行为紊乱的一种失衡状态。危机来临,人们会处在一种紧急状态下,当意识到困难和境遇超过了自己的应付能力,难以解决、把握,内心的平衡被破坏时,会产生一系列生理、情绪、认知上和行为上的身心反应,如焦虑、紧张、恐惧、压抑、痛苦等一些负面情绪,这种失调状态引发人的心理失衡与危机事件共存。

曾有媒体进行过一项 2017 年高校流行语调查,"压力山大"和"郁闷"两词以 50% 和 25% 的得票率高居排行榜第一、第二位。大一学生为"现实中的大学和理想中的象牙塔有差距"而彷徨;大二学生为"敏感的校园人际关系"而无措;大三的学生因学业压力大,期末挂科、恋情受挫等原因倍感压力;大四的学生因求职就业、考研等事件,深感心理压力过重。导读案例中提到的大学生自杀就是心理危机处理不良的一种极端表现。一件件因心理危机导致的校园惨剧让越来越多的教育工作者开始关注学生心理危机干预这一严肃的课题。

心理危机干预是一种心理治疗方式,指对处于困境或遭受挫折的人予以心理关怀和短程帮助,它能够帮助处于心理危机的求寻者正确理解和认识自己的危机。由于求寻者通常无法看到生活中发生的困境与自己心理障碍之间存在的关系,所以心理治疗者可以通过倾听、提问等直接有效的方法,使求寻者释放被压抑的情感,并通过一定的干预措施来扭转其心理的错位。

危机干预分为预防性、治疗性和补救性三种。但目前即使是在发达城市,学生心理危机干预也只是处在起步阶段。学校对学生的心理干预关注程度还不够，多数干预还停留在补救阶段，预防性的危机干预机制还不普遍，就连日常的心理教育也面临很多困难。很多学校已经开展心理健康教育，但是普及心理及健康教育还是一项长期的工作。因此专业的心理教师队伍的建设需要加强，业务水平需要提高，心理健康教育与学校教育的关系还需要进一步融合。

心理危机事件的频繁出现对高校的教育管理模式和理念提出了新的挑战。如何加强心理危机预防与干预工作，是高校教育管理者急需研究和解决的新课题，同时心理危机的预防和干预也需要整个社会、家庭的共同努力。

心理危机预防与干预工作是高校德育工作的重要组成部分，作为高校的教育管理者，尤其是心理健康教育工作者更应坚持"以人为本"，遵循教育规律和大学生成长规律，适应新形势要求，积极探索与实践，不断总结经验，并提出有针对性的、切实可行的对策和办法，开展富有成效的心理危机预防与干预工作，为学生的健康成长成才服务。

第一节　心理危机概述

一、心理危机的概念

（一）危机的概念

一般而言，危机（crisis）有两个含义，一是指突发事件，出乎人们意料发生的，如地震、水灾、空难、疾病爆发、恐怖袭击、战争等自然或者人为灾害；二是指人所处的紧急状态。当个体遭遇重大问题或变化发生使个体感到难以解决、难以把握时，平衡就会打破，正常的生活受到干扰，内心的紧张不断积蓄，继而出现无所适从甚至思维和行为的紊乱，进入一种失衡状态，这就是危机状态。危机意味着平衡稳定的破坏，引起混乱、不安。危机出现是因为个体意识到某一事件和情景超过了自己的应付能力，而不是个体经历的事件本身。

（二）心理危机的概念

心理危机（psychological crisis）是指个体在遇到了突发事件或面临重大的挫折和困难，当事人自己既不能回避又无法用自己的资源和应激方式来解决时所出现的心理反应。心理危机的当事人往往表现出痛苦、不安的状态，常伴有绝望、麻木不仁、焦虑，以及自主神经症状和行为障碍。

对于个体是否达到心理危机的程度，一般有三个判断标准：一是存在一些重大的影响心情的事件，如突然遭受严重灾难、重大生活事件或精神压力；二是出现严重不适感，引起一系列的生理和心理应激反应；三是个人原有的一些方法无法去应对或者应对无效。如"9·11"事件后，毗邻纽约世贸中心的美林证券公司员工反映，他们经常情绪紧张，失眠情况严重；而纽约市消防局100多人因精神紧张而请假，许多人靠服用安眠药和镇静剂才能维持正常生活。

二、心理危机的特征和类型

（一）特征

现实生活中的心理危机涉及面很广泛，既有不同群体的各种不同心理危机，也有同一群体不同时期的同一心理危机。不同的心理学家对心理危机具有什么特征持不同的观点，归纳起来,主要有以下特征。

1. 普遍性 心理危机的产生、发展及激化经历着复杂而微妙的心理过程。几乎每个成长中的个体都不同程度地经历过心理危机,但心理危机并非必然导致极端行为。事实上,心理危机并不像我们想象的那样神秘,它就在大学生的身边,甚至正存在于某些大学生的心里。心理危机从一定意义讲是每个人成长过程中都会遇到的事,没有人能够幸免。虽然在人生中心理危机是不可避免的,但是只要我们把握机会、设定目标、形成计划、妥善处理,是可以渡过心理危机的。

2. 机遇性 危机意味着风险,又蕴藏着机遇。一方面心理危机是危险的,因为它可能导致个体严重的病态,包括对他人和自我的攻击;另一方面心理危机也是一种机会,因为它带来的痛苦会驱动当事人寻求帮助,解决问题,从而使自己得到成长。在心理危机状态下,如果大学生成功地把握了心理危机或及时得到了适当、有效的心理危机干预或帮助,个体可能就学会了新的应对技能,不但重新得到了心理平衡,还获得了心理上的进一步成熟和发展。心理危机的成功解决能使个体从心理危机中得到对现状的真实把握、对过去冲突的重新认识,以及学到更好地处理将来心理危机的应对策略和手段,这就是机会。没有心理危机,就没有成长,如果当事人能够有效地利用这一机会,就会在心理危机中逐步成长并达到自我完善。

3. 复杂性 心理危机是复杂的,可以是生物性、环境性和社会性危机,也可以是情境性、过渡性和社会文化结构性危机。而造成危机的原因可能是生理的,也可能是心理的和社会性的。另外,由于个性不同,个体面临心理危机也会采取不同的反应形式,例如,有的当事人能够自己有效地应对心理危机,并从中获得经验,使自己变得成熟;有的当事人虽然能够渡过心理危机,但并没有真正地解决问题,在以后的生活中,心理危机的不良后果还会不时地表现出来;而有的当事人在心理危机开始时心理便瓦解崩溃;如果不提供及时、有效的帮助,就可能产生有害的、难以预料的后果。一旦心理危机出现,便会有很多复杂的问题卷入其中。

4. 动力性 伴随着心理危机,焦虑和冲突总是存在的,这种情绪导致的紧张为变化提供了动力。有人把心理危机看作成长的机会或催化剂,它可以打破个体原有的定势或习惯,唤起新的反应,寻求新的解决问题的方法,增强挫折的耐受性,提高适应环境的能力。个体在成长和追求的同时,也意味着带动一个可能受挫的机制,如能及时调整,适应变化,则能形成动力,促进心理健康发展。

5. 困难性 当个体处于心理危机中时,其可供利用的心理能量降到最低点,有些深陷心理危机的个体拒绝成长,心理危机干预者需要帮助处于心理危机中的个体重建新的平衡。这就需要运用专业的心理学支持,常用方法有"支持治疗""认知领悟疗法""家庭治疗""合理情绪疗法"等。但无论哪种方法,都有其独特的适用范围,没有治疗心理危机的通用方法。另外,还有些心理危机愈后容易反复,治疗起来有一定困难。

(二)心理危机分类

1. 根据危机刺激的来源分类 可以将心理危机分为发展性危机、境遇性危机和存在性危机三种。

(1)发展性危机:发展性危机(developmental crisis),又称为内源性危机、常规性危机。指正常成长和发展过程中的急剧变化或转变所导致的异常反应。心理学家埃里克森认为人生是由一系列连续的发展阶段组成的,每个阶段都有其特定的身心发展课题。当一个人从某一发展阶段转入下一个发展阶段时,他原有的行为和能力不足以完成新课题,新的行为和能力尚未建立起来,发展阶段的转变常常会使他处于行为和情绪的混乱无序状态。如儿童与父母的分离焦虑,身心发育急剧变化的青少年的情感困惑,青年期的职业选择和经济拮据,对婚姻生活缺乏足够心理准备和处理夫妻角色能力的新婚夫妇,缺乏足够育儿本领的父母面对第一个孩子的诞生;中年职业压力、下岗失业、婚姻危机,子女离家,父母死亡;以及习惯于忙碌的退休老人、衰老、配偶离去、疾病缠身等。如果没有及时为承担新角色培养新的能力和应对方式,每个人都有可能产生发展性危机。如果一个人没有及时建设性地解决某一发展阶段的发展性危机,他(她)未来的成长和发展就会受阻碍,他(她)就会固着在那一阶段。

发展性危机被认为是常规发生的、可以预期的,又是独特的,在生命发展的各个时期都可能存在。如果个体有足够的时间和机会对发展性转变作出适应性的调整,如获得有关信息,学习新技能,承担新角色,就会减小危机对个体心理上的冲击和损害。但是,如果个体缺乏处理危机的经验、对挫折的耐受能力差、缺乏自信、不会与人相处等,发展性危机对他的冲击就会很严重。

(2)境遇性危机:境遇性危机(situational crisis),也称外源性危机、环境性危机、适应性危机,是指由外部事件引起的心理危机,当出现罕见或超常事件,且个体无法预测和控制时出现的危机。如地震、火灾、洪水、海啸、疾病流行、空难、战争、恐怖事件等。境遇性危机具有随机性、突然性、意外性、震撼性、强烈性和灾难性,往往对个体或群体的心理造成巨大影响,如2008年5月发生在我国四川的"5·12"汶川大地震给民众造成的心理危机就是境遇性危机,这种危机发生突然,影响面广,影响程度深,影响时间长。需要进行及时有效地干预。

(3)存在性危机:指伴随重要的人生问题,如关于人生目的、责任、独立性、自由和承诺等出现的内部冲突和焦虑。存在性危机(existential crisis)可以是基于现实的,也可以是基于后悔,还可以是一种压倒性的持续的空虚感、生活无意义感。如一个40岁的人从未做过有意义的事,没有任何成就,没有产生过任何影响;一个50岁的人,一直独身并与父母在一起,从未过独立的生活,而到现在却永远失去了机会;一个60岁的退休者觉得自己的生活毫无意义,这种空虚的感觉永远无法以有意义的东西来弥补。

2. 根据危机发生的早晚分类　可以将心理危机分为急性危机、慢性危机、混合性危机三种。

(1)急性危机:由突发事件引起,当事人产生明显的生理、心理和行为的紊乱,若不及时干预会影响当事人或他人的身心健康,甚至会出现伤害他人或自伤行为,需要进行直接和及时的干预。

(2)慢性危机:由长期、慢性的生活事件导致。如有这样一个抑郁患者,4岁时哥哥自杀死亡,家庭气氛异常的紧张、严肃、令人窒息。"家"失去了往日的欢乐和对患者的关爱。患者自己讲,当时家里没有一句多余的话,如果谁在无意中提到这件事或这个人,都要遭到严厉的呵斥。原来慈爱的父亲变得性格暴躁,原本性格内向的母亲变得更加不爱讲话,家里气氛非常沉闷。患者非常聪明、敏感,回忆当时的情况时,感到异常的痛苦;20多年过去了,当年的情景和内心体验仍非常深刻,并记忆犹新。父母沉浸在失去儿子的痛苦之中,完全没有意识到自己还有更重要的责任——抚养其他未成年的孩子并减少对其他子女的负性影响,对孩子形成慢性危机。慢性危机需要比较长时间的咨询,并需要找出适当的应付机制,一般需要转诊给长期的专业咨询工作者。

(3)混合性危机:很多情况都是多种因素混合导致多种危机共存。如一位创伤幸存者存在酒精依赖问题,失业人员的抑郁情绪问题等。因此处理危机时一定要分清主次。

三、心理危机的发展过程

1. 冲击期　发生在危机事件发生后不久或当时,感到震惊、不知所措。
2. 防御期　表现为想恢复心理上的平衡,控制焦虑和情绪紊乱,恢复受到损害的认识功能,但不知如何做。会出现否认、合理化等。
3. 解决期　积极采取各种方法接受现实,寻求各种资源努力设法解决问题。焦虑减轻,自信增加,社会功能恢复。
4. 成长期　经历了危机变得更成熟,获得应对危机的技巧。但也有人消极应对而出现种种心理不健康的行为。

四、心理危机的表现

大学生重大心理危机行为征兆是指大学生在重大心理危机行为发生前所显现出的特征和预兆。人的心理是一种无形的精神现象,只能通过心理的外部表现——人的言行,对其进行间接的考察。研究表明,大学生在实施重大心理危机行为之前,一般会出现一系列的信号与征兆,其言语、行为、情绪和躯体等方面会显现出不同程度的变异特征。当个体面对危机时会产生一系列身心反应,一般危机反应会维持6~8周。个体相应会呈现不同的状态,主要表现在生理上、情绪上、认知上和行为上这四个大方面。具体表现如下。

(一)认知改变

当环境发生变化时,个体对环境变化和自身资源进行认知评价,随即会出现对应激的反应,同时个体也会对反应结果进行认知评价。若反应结果对自身有利,就会增强个体的自信和自尊,对自己的评价会趋于良性,对环境变化也趋于正性评价,增进了自己在未来生活中减少应激的信心;若结果不利,则会出现对自己和环境均趋于负性评价,降低了自信和自尊,降低了个体在环境中克服困难的动机,倾向于将环境中的变化过多地评价为应激源。具体在认知方面会常出现注意力不集中、缺乏自信、无法做决定,健忘、效能降低、不能把思想从危机事件上转移等现象。此时大多数人须进行个体自我感知,及时了解自己的心理状态。

(二)情绪改变

心理危机出现时人易有如下情绪变化:害怕、焦虑、恐惧、怀疑、不信任、沮丧、忧郁、悲伤、易怒、绝望、无助、麻木、否认、孤独、紧张、不安、愤怒、烦躁、自责、过分敏感或警觉、无法放松、持续担忧、担心家人安全,害怕死去等。此类情绪可归类为消极负面的情绪,此类情绪的过度出现是心理危机产生的重要表现,需十分注意。例如,2011年4月自杀身亡的湖北某高等院校大学生邹某,事发前2个月,邹某的父母因车祸双亡,父母的离世对她的打击很大,其性格变得异常内向、郁郁寡欢,对于亲人的开导安慰也只是偶尔说一两句话。

(三)行为改变

伴随应激的心理反应,机体在外表行为上也会发生改变,这些变化是机体对应激源的应对行为或是应对的结果。

成功的应对常增加个体在日后同样或相似的环境中解决问题的能力；失败的应对可能使个体出现消极的行为倾向，是心理危机现象出现的标志性表现，如社交退缩、逃避与疏离，不敢出门、容易自责或怪罪他人、不易信任他人、行为退化、依赖和无助状态等。此外，某些精神活性物质使用失败的应对也可能促发个体的敌对和攻击行为，如有的个体则采取被动攻击，如自伤、自杀等。更多情况还要具体问题具体分析。例如，2013 年 1 月 6 日坠楼自杀的厦门某高等院校 12 级男生夏某，在事发前 2 天开始表现得很烦躁，情绪不稳定。他们的宿舍门后有娱乐玩的飞镖，夏某在事发前两天玩飞镖时明显比平时异常，不是耐心地瞄准飞射，而是不耐烦地用力地投。在事发当天下午，夏某参加考试，在考试过程中略显烦躁，频繁地撕揉稿纸。

言语方面的行为变化也需要注意，如身边的人出现以下情况请及时告知相关专家老师，如多次和身边人说"活着好累啊""生活真无聊"等消极言语，通过话语、QQ 留言、短信、日记等表现出厌世念头或流露出自杀意念。语言是人的心理的外露窗口，语言的表述可循心理的痕迹。例如：2011 年 6 月，南京某高等院校研三女生刘某，在宿舍跳楼身亡之前，在发给其导师的短信中表示："工作没了，户口没了，我很绝望，3 年来一场空，26 年来一场空"；再如，2010 年 3 月北京某高等院校 2009 级博士研究生吴某，同样在他的遗书中留下了自杀的言语征兆。"我可怜的让我万般不舍的妈妈，最对不起的就是你""我对这个世界彻底地绝望了。"

（四）生理改变

心理危机一旦出现，身体功能会产生相应的反应，影响机体的生长发育，严重的还会危及生命安全。在生理方面通常会出现以下症状：肠胃不适、腹泻、食欲下降、头痛、疲乏、失眠、做噩梦、容易惊吓、感觉呼吸困难或窒息、哽塞感、肌肉紧张等，如症状明显且严重，请尽快就医并进行心理干预。

五、心理危机产生的原因

近年来，大学生心理危机情况频繁出现，心理危机得不到及时解决，并且严重时甚至会危及生命。而不断提高的大学生自杀率在心理危机探寻方面也给我们敲响了警钟。那么，到底是什么原因导致大学校园"危机四伏"呢？大学生心理危机又是因何出现的呢？寻本溯源，找到问题原因才能更好地解决问题。

究其根本，大学生心理困扰的主要原因为以下几个方面。

（一）人生目标茫然

学习目标不明确、学习动力缺失，生活目标随波逐流，常有无意义感和茫然无措的情绪。

（二）不适应人际关系

进入大学，远离原来熟悉的生活与学习环境，面对新的人际群体，学生多少会有些不适。部分学生对大学的师生关系、同学关系、异性之间的关系显得很不适应。有的学生在上大学前从未离开过家庭，从小在父母的呵护下成长，对于如何关心别人，如何得到朋友的关心想得较少；而另一方面，学生又希望得到别人的认可。"心里话儿对谁说？"成为学生普遍的困惑。在"目前，你感到最苦恼的事"的调查中，有 80% 的学生涉及到了人际关系。

（三）自卑与自负两极振荡，懒散与退缩，恐惧失败

事实上，任何一个处于这种状态的大学生，都会对黄金年华、美丽大学生活的感受力下降，对自我发展的心理预期变得不确定，人际吸引力降低且自我满足感不高，从而使内在潜能无法充分发掘，产生心理危机。

此外，大量研究表明，大学生的心理危机有其发生发展的特定规律。

首先，从季节上，每年春季和岁末年初是抑郁症、精神疾病的高发期，导致自杀率上升。其次，从学年阶段看，第一年，由入学适应不良、专业学习困惑、人际交往引发的学生心理问题较为常见；第二年至第三年，因学业压力、情感与恋爱、人际关系、自我发展引发的心理问题为多数；第四年，因就业压力、择业困扰、遭遇挫折引发的心理问题较多。第三，从人群、地域分布上，与城镇大学生相比，农村大学生的心理问题要更多一些；与男性大学生相比，女性大学生的心理问题要更多一些；与家境较好的大学生相比，贫困大学生的心理问题要更多一些。

【拓展阅读11-1】

有研究表明，下述11类大学生是心理危机高发人群，学校管理者及周围同学应予以高度关注，特别是在敏感时段更应重点关注排查：

1. 既往有自杀未遂史或自杀企图与计划者。

2. 在心理健康测评中筛查出来的有心理障碍、心理疾病或自杀倾向的学生。

3. 由于学习压力过大而出现心理异常的学生。

4. 遭遇突然打击而出现心理或行为异常的学生。

5. 个人情感受挫后出现心理或行为异常的学生。

6. 人际关系失调后出现心理或行为异常的学生。

7. 性格内向孤僻、经济严重贫困且出现心理或行为异常的学生。

8. 身体患有严重疾病、身体长期痛苦、患有慢性疾病治疗周期长的学生。

9. 患有严重心理疾病，并已被专家确诊的学生。

10. 出现严重适应不良导致心理或行为异常的学生。

11. 由于身边的同学出现个体危机状况而受到影响，产生恐慌、担心、焦虑、困扰的学生。

第二节　大学生心理危机的应对

一、生命的意义

西塞罗曾说：懂得生命真谛的人，可以使短促的生命延长。生命是一切智慧、力量和美好情感的唯一载体，失去它一切都不会存在。人的生命价值就在于它是人类创造和实施一切价值的前提和先决条件。

生命受之于父母，成长于社会。生命对于每个人来说都只有一次，它具有单一性和独特性，并且无可替代，因而每个人的生命意义都是独特的。珍爱生命，既可以从教育学、人生哲理的视角加以关注，更应该从心理学的视角深入思考。可以说，心理健康是生命和谐、珍爱生命的内在基础和必要前提，珍爱生命是心理健康的一种外在表现形式。

(一)大学生生命教育的含义

生命教育是帮助学生认识生命、尊重生命、珍爱生命，促进学生主动、积极、健康地发展生命，提升生命质量实现生命的意义和价值的教育。大学生生命价值教育是指根据大学生个体生命特点和当前社会发展的需要，有目的、有计划地对大学生进行生命理想教育、人生责任教育、人生幸福教育使之尊重生命、爱护生命、享受生命，形成正确的生命价值观。

(二)开展大学生生命教育的必要性

1. 大学生生命信仰缺失现象普遍　近年来，高校发生的刑事案件几乎覆盖全国各个省市，大学生自杀、谋杀等极端事件问题突出。事件表现在：一是青年学生自我伤害或自杀，二是不尊重和伤害他人生命的暴力谋害事件。

WHO 2014年发布的首份全球预防自杀报告显示，每年有80多万人死于自杀，约每40秒钟便会死去一人。因此，每年有数以百万计的人经历自杀带来的丧亲之痛或受此影响。值得注意的是，自杀已成为15~29岁人员中的第二大死因，也成为潜伏于大学生间的无形杀手。

大学生处于人生的青年时期，他们的生理发展接近成熟，但心理发展并未真正成熟。大学生群体具备思维活跃、想象丰富、自我意识发展迅速、人际交往需求迫切的特点。随着经济社会的快速发展，大学生尚未进入社会却又容易受到社会不良风气的影响，利益和竞争意识使许多大学生的价值观发生巨大转变。很多学生道德观念模糊，自律能力下降，对精神生活的追求也逐渐丧失。当心理未成熟的大学生遇到生活挫折不堪重负时，便有可能采取轻生等极端的方式来解决问题。从本质上讲，恶性校园事件的背后，是大学生缺乏正确自我认识、缺乏对生命应有的尊重，信仰缺失和生命意识淡薄导致的。

2. 开展生命教育是现代高校教育发展的必然趋势　生命教育是近几年教育改革的热点，也是大学教育未来的发展方向。高等教育作为社会人才培养的摇篮，除课堂传统知识和技能水平传授外，还应在道德观念生命价值上给予学生指导，完善生命教育，强化素质培养，促进学生全面平衡发展。

大学生身受高等教育，是祖国的未来、民族的希望，但频发的自杀、谋害等极端事件突显高等学校生命教育的缺失。高校要结合大学生的思想和心理发展状况，树立起生命关怀意识，采用多学科渗透教育模式，丰富改善教学内容，培养大学生尊重及热爱生命的情感，同时建立起科学的教育管理方法，在学校日常管理中渗透生命意识，加强大学生生命实践教育环节，突出对其科研实践能力、创新意识的培养以及人文关怀，促进学生知识能力协调发展。

生命教育作为一种体验感悟式的教育，应避免空洞的纯理论说教，应积极开展生命体验活动。高校开展生命教育应采取：一教育，二管理，三实践渗透的模式。有计划地组织开展生命主体实践活动，培养学生帮助他人、奉献社会的高尚情操。建立干预机制，构建心理健康教育中心模式。学校心理咨询教师应承担起大学生心理危机干预工作，定期开展心理健康教育活动，培养大学生健康的人格。高校要做好大学生心理普查工作，建立学生心理健康档案，对心理危机高危对象加强关注，定期追踪、动态管理，并采取有效措施加以干预，及时化解大学生的心理危机。

【拓展阅读11-2】 不如化悲痛为饭量

自杀,于大学生而言,或因一时鲁莽冲动,或是一次负能量蛰伏已久的致命暴发。这些年来,关于大学生自杀的讨论不曾间断,高校为避免此类事件也不断寻找新的解决办法。而今,有这样一些人,在高校中,在课堂上,尝试引导大学生探寻生命的本质,方法不尽相同,有的深刻,有的幽默,方向却是一致,即让生命远离"自杀"陷阱。但与其说是远离"自杀",不如说,我们也是在面对如何"活着"。

"有人失恋后因爱生恨,跳楼解决自己或手刃对方,酿成很多悲剧。因失恋而痛苦可以理解,但我教你们一招,不如化悲痛为饭量。"在武汉大学的一堂"形势与政策"课上,王怀民教授特意留出半小时来讲"失恋自杀"。

他顿了顿,补充:"武大有这么多食堂,各有特色。当你想解决自己或对方时,先告诉自己一定要把武大的食堂先吃个遍再动手,这大概需要一周。到时,你再看看自己是否还很冲动……"还没等他讲完,台下的学生已笑声一片。在王怀民看来,自杀的原因主要有两种,一种是活着很难,自杀是所谓的"解脱";另一种是"就是死给你看"。自杀是一种任性的行为,这种情况多发生于青年之中,"因为年轻人对生死并没太多感悟,假如再给他三五天,或许就不会这样极端"。

"真的就这样讲给学生吗?你不要冲动,不要走极端,要冷静?学生听得进去吗?"在高校工作了20余年的王怀民在与学生频繁"交手"中,渐渐摸出了自己的门道:"95后学生的一个普遍特点就是不喜欢老师说教,理论性内容不易记忆,但凡是情境化、可视化的东西,他们不需怎么动脑筋就能想起。那我们就必须改变语言样式,用简单、实用、有趣的语言表述比较严肃的话题。"把一些人生道理带上日常的课堂,这位武汉大学文学院党委副书记自嘲在"段子手"的路上越走越远。但这招他屡试不爽,总能博得学生的额外"青睐"。然而,裹在看似轻松的"段子"之中的,是老师的"低姿态",也是为人师者的那份人文关怀。正所谓,亲其师信其道。王怀民认为,"只有让学生感觉到你在心理上与他们接近,你所做的工作才可能对得上路子。"

做学生工作的老师不是简单地照本宣科、照章办事,而是要思考和琢磨,尽可能补上学生成长中所欠缺的内容,如亲情、友情、物质,尽可能在日常关怀、服务学生,铲除极端事件产生的土壤。

(三)大学生生命教育的功能

1. 认识功能——认识自我,升华道德境界 大学生生命教育的内容覆盖大学生活的方方面面,如生命理想教育、生命信仰教育、人生责任教育、人生幸福教育等。大学生生命教育的核心任务就是帮助学生发现自身特殊的生命意义。开展大学生生命教育,将改善现实教育中忽略生命教育的现状,从大学生的生理、心理特点和社会发展现状出发,引导大学生珍惜和热爱自己的生命,形成积极健康的生命态度,并在此基础上实现生命的价值。

2. 激励功能——确立目标,提高学习效率 意志力消失的结果就是感觉生命失败和直觉价值的丧失。为此,生命教育要求教育者必须培养大学生树立长远目标和远大理想,使其产生使命感;另一方面,帮助大学生规划出一个个近期明确的并完全可以实现的小目标使其有兴趣、有信心去完成。

3. 实用功能——张扬个性,增强就业能力 生命教育坚信"人人都有特殊的责任和使命,因而人人都有特殊的生命意义",强调从实际出发,根据学生的家庭背景、个性特点、特长爱好和社会需求引导学生发现自己特殊的生命意义,制订个性化的职业生涯规划,并在个性发展得到充分尊重的职业教育环境下,人尽其才,各扬其长,使学生的个性、特长得到淋漓尽致的发挥。

4. 预防功能——充实生活,促进身心健康 阿尔伯特·爱因斯坦说:"认为生命毫无意义的人不仅得不到快乐,而且很难生存下去。"弗兰克尔说:"世界上没有任何东西比生命中存在着意义更能帮助人在最恶劣的环境中生存下来。"

5. 发展功能——获取意义,提升生命价值 生命教育要求大学生把学到的本领运用到实践中去,使学生的潜力得到更大发挥,在"为人民服务"的社会实践中让他们感受到知识的意义、人生的意义。生命很短促,生命也很局限,而我们要从这些短促和局限的生命中活出美来。只要活得有意义,生命的过程本身就是美。

二、大学生常见的心理危机

大学生形成心理危机的原因非常复杂,既有主观原因,也有客观原因。心理危机如不能得到及时解决,大学生就会在内心形成阴影,这对大学生的成长非常不利。想要在真正意义上帮助大学生解决心理危机,就要从分析心理危机的成因做起。

(一)人际交往问题

大学是学习知识、了解社会、探索人生的重要发展时期,大学生不仅要面对独立学习和生活的各种挑战,还会遇到众多人际交往方面的困惑。总结起来,大学生人际交往存在的问题主要为四个方面:其一,心理方面的问题:如自卑心理、恐惧心理、封闭心理、猜疑心理、冷漠心理等;其二,认知方面的问题:如社会认知偏差、错误的价值取向、错误的交际观等;其三,人际交往能力方面的问题:如人际交往能力的缺乏、环境适应能力不足等;其四,人际交往的差异性问题:如地域差异、性别差异、群体差异等。

相对于知识学习,人际关系的处理对大学生来说更具有挑战性。五湖四海的同学聚集到大学校园,可能因为生活习惯不和、性格不和、观念不和、价值观不同等,发生意见分歧,小小的问题也会带来困扰。由于处理问题的经验欠缺,在面对问题或者心理不适的时候,大学生有时缺乏沟通,拖延解决问题,导致发生更大的误会和摩擦。

(二)学习中存在的问题

1. 学习目标不明确 大学生的学习目标相比初高中而言并不是十分明确,无论是普通高校还是重点高校,这都是一个普遍的现象。大学生未进入大学校园之前的学习都是由老师引导——在老师的引导下,学生应该学什么,不应该学什么,老师都做出了明确的规定。学生本着考大学的目标努力学习,不断奋斗。当目标实现,步入到大学校园后,没有老师及父母的指导和监督,就失去了明确的学习目标。

一些学生的学习十分的被动,在完成老师安排的学习任务后不知做什么,课余闲暇时间不知道如何管理如何利用便开始玩网络游戏,看视频等。大学的学习更加注重自主创新。部分学生在选择选修学习内容时没有主见,从众随大流,以别人学什么我就学什么的思想进行选课学习。在这种缺乏独立思考,没有结合自身实际特点确定学习目标的情况下,大学生盲目的跟风学习,失去了自己的学习目标和动力,长此以往会使他们对学习丧失兴趣。

2. 学习态度不端正　很多大学生对自己学习的原因并没有准确的认知。所以在学习过程中缺乏积极主动的学习态度。例如，课堂上老师点名就去，不点名就不去。在学习的时候不主动消化内容，把希望放在考前划重点、考试作弊上。与此同时，对实践课程也没有表现出足够的重视，不注重自身综合能力的提升。对选修课和必修课的态度完全不同，必修课还比较重视，而对于选修课程则采取"能逃则逃"的态度，十分轻视。

3. 学习方法不合理、学习效率低　初高中时期学生都是老师手把手地教授课程内容，指导学生该学什么，怎么去学习。步入大学校园后，学生失去了老师的指导与监督，更需要掌握自主学习的方法，一些学生一时之间难以适应。大学中十分普遍的学习方法就是上课记笔记，考前死记硬背，临阵磨枪。在写论文与做课题分析的时候，很多学生没有进行深入的研究与挖掘，仅仅是在浅层面进行分析，浅尝辄止，得过且过。这种学习方式对知识的积累，培养自身的专业能力并不能够起到提升的作用。

实际上，大学学习更加看重的是独立思考的能力。孔子有云："学而不思则罔，思而不学则殆。"这就表明了学习思考的重要性。当前的高等教育中，很多学生只是为了学习而学习，学习过程中未进行深入思考，没有找到适合自己的学习方法，造成学习效率低下。

（三）恋爱情感问题

爱情——人类永恒的话题。从"窈窕淑女，君子好逑"，到"所谓伊人，在水一方"；从作家才子到浪漫诗人，人间处处皆留下了无尽的吟咏和感叹。随着社会的发展，人们的婚恋观也发生了深刻的变化。一直以来，在校大学生谈恋爱都是一个让高校德育工作者颇感棘手的敏感问题。从最早"在校期间，不准谈恋爱"的明文禁止到"不提倡、不反对"的普遍默许。如今，大学校园里谈恋爱的现象已不是少数。大学生作为时代的弄潮儿，正值青春年华，不可避免地会遇到恋爱中的问题。

有人说：不谈恋爱的大学是不完美的大学。学习之余，大学的爱情故事似乎已是大学生活的必需品。未名湖回荡着爱情的涟漪，丽娃河延续着恋爱的传说；荷塘月色不仅映有朱自清的背影，还有双双对对的剪影；光华楼前的大草坪上，也留下学子伴侣缠绵的步履。似乎每所高校都有让爱情驻足、发酵的地方。然而，大学里的恋爱也如同学生的青春年华一样，充满了风雨和挑战，充满了浮动和对未来的不确定。

在校大学生谈恋爱一般不考虑经济、地位、家庭等社会性问题，浪漫色彩浓厚，自主性强，约束性差；情感性强，理智性弱。往往不能理性地对待恋爱中的挫折，表现为恋爱率高，能发展为缔结婚姻关系的寥寥无几。

大学生恋爱中常见的心理困惑是多方面的。恋爱之前：无法区分爱与好感；因单恋或暗恋，内心情愫压抑无法排解；既对爱情向往又担心耽误学业的矛盾心理。恋爱中：遇到男女朋友相处的问题，如：对性的好奇心理、缺乏独立意识的依赖心理等；缺乏沟通理解相互争吵；恋爱中发现恋爱对象与想象中不符的失落感等。失恋时：失恋后的大学生往往会经历一段痛苦烦躁的过程，外在表现为：悲伤、绝望、痛苦、强烈的报复心和自卑感，如情绪处理不当，易发生自杀、他杀、抑郁等不良心理行为。

【案例 11-1】　恋爱受挫的悲剧

某高校学生朱某当街持刀行凶，致使另两名学生当场死亡，一名学生受伤，随后凶手自杀身亡。经专案组查证，凶手朱某系大三学生，一年半前与学妹王某相识并交往。随后王某又认识了同校的另一名男生,随即向朱某提出分手。案发当天,朱某找到王某要求恢复关系,被王某拒绝后,朱某持刀行凶,酿成惨剧。

案例中的朱某,因恋爱受挫产生心理危机并最终实施杀人、自杀行为。针对大学生恋爱问题,学校可以从以下几个方面进行干预:加强对大学生的思想道德教育,引导其树立正确的恋爱观;加强校园文化建设,倡导校园文明行为;开展性道德、性健康教育;加强宿舍管理,建立健全规章制度,规范恋爱行为。

(四)网络成瘾问题

1. 大学生网络成瘾类型:①网络游戏成瘾;②网络色情成瘾;③网络交际成瘾;信息超载成瘾;④其他强迫行为:不可抑制地参与网络购物、讨论等活动。

2. 大学生迷恋网络的原因

(1)网络自身的强大诱惑力:网络具有的信息量大、交互性、平等性、虚拟性、交往的无限制性、匿名性、安全性、社会规范的弱化、人格多元性等特点,使其具有强大的诱惑力。

(2)与大学生的心理特点和部分学生的人格特征密切相关:伴随着生理的成熟,大学生的自我意识开始增强,由于部分学生缺乏自制、自我规划能力,尤其是对时间的自我管理能力。他们追求个人的自主行为和个人需要的满足,人际交往的需要强烈,渴望被人理解,但往往又带有闭锁心理,情绪波动较大。具有人际关系敏感、孤独、抑郁、焦虑、性格内向、缺乏自信、对外在压力的承受力弱、挫折感强、容易逃避现实等人格特征的学生容易产生网络成瘾行为。

3. 大学生网络成瘾的典型症状

(1)缺乏睡眠,过度疲劳,上课注意力分散,无精打采,食欲下降。

(2)成绩下降,对学习的兴趣明显降低。

(3)与同学关系冷淡,平常与同学交往的时间减少。

(4)对各种社交活动和集体活动不感兴趣,上网成为最好的精神寄托。

(5)个性发生改变,上网时充满激情,离开网络后变得冷漠、紧张或易怒。

(6)对网络"一网情深",坚持认为网上所学的要优于课堂所学。

(7)对别人隐瞒上网时间和网上行为。

(8)否认问题的严重性。

(9)由于旷课或成绩差有退学危险时想戒网,但不久又恢复网上习惯等。

【案例11-2】 大一学生宿舍连打某手机游戏40小时没下床成偏瘫

随着手机技术的发展,越来越多的人沉迷于手机网络游戏,尤其是一款2017年位居榜首的手机游戏,日登录量超过5000万次,注册用户突破2亿,几乎成为了全民游戏的代表。这款游戏的异常火爆吸引了社会无数人的关注,同时也引发了许多校园悲剧。

据报道,2017年4月,19岁的大一学生小刘(化名)在宿舍床铺上连续激战该游戏40多个小时,中间只闭眼睡了3小时。结束游戏打算外出时,突然发现自己头晕头痛,连站也站不稳,紧急就医的小刘被确诊为脑梗。

尽管近年来网络成瘾问题大家有所耳闻,但大部分人仍然觉得这种长时间打电脑、打游戏打成偏瘫或脑梗的事件是"新闻"，离自己的生活很远。而在神经内科学界，医生们已为这种病例起了一个名字叫"E-stroke"，意指长期熬夜加班等过度疲劳的过程中使用电子产品而引起的脑卒中。

如何才能避免 E-stroke 的发生？医生介绍，预防措施主要包括注意劳逸结合，保证睡眠，加强锻炼，避免情绪激动，减少使用电子产品时间，清淡低盐饮食。一旦长时间使用电子产品过程中出现眩晕、视力模糊、剧烈头痛、走路不稳、吞咽困难、半身麻木等状况，建议立即停止使用电子产品，及时就医。

（五）就业问题

对于即将毕业的大四学生来说，都面临着一个十分棘手的问题，就业问题。近年来由于高校扩招，本科毕业生的人数不断增多，使得就业形势日趋紧张，就业竞争更加激烈，工作岗位的要求和标准也日益提高。除毕业证书外，很多企业招聘要求毕业生在本科期间通过大学英语四六级考试，也有少数企业要求学生通过如：国家二级计算机、国家心理咨询师、人力资源师等考试，获取职业资格证书后才能入职。

招聘标准的提高令许多大学生感觉找到理想的工作越来越困难，尤其是对即将毕业的大四学生造成了很大的心理压力。也有部分大二大三的学生，还未涉及毕业问题，便已感受到了未来就业的压力，对其造成了一定的心理负担。就业方面的压力，使部分同学因担心自己毕业无法找到合适的工作而感到焦虑、不安，心理危机也随之产生。

（六）常见情绪困扰

1. 焦虑　焦虑是十分常见的现象，是一种类似担忧的反应或是自尊心受到潜在威胁时产生担忧的反应倾向，是个体主观上预料将会有某种不良后果产生的不安感，是紧张、害怕、担忧混合的情绪体验。

焦虑是大学生常见的情绪状态，当他们在学习、工作、生活各方面遭遇挫折或担心需要付出巨大努力的事情来临时，便会产生这种体验。大学生常见的焦虑有自我形象焦虑、学习焦虑与情感焦虑。

焦虑对大学生的影响是复杂的，既可以成为大学生成才的内驱力，起促进作用，也可以起阻碍作用。实验证明，中等焦虑能使学生维持适度的紧张状态，注意力高度集中，促进学习。但过度焦虑则会对学生带来不良的影响。被过高焦虑困扰的大学生，常常会感到内心极度紧张不安，惶恐害怕、心神不定、思维混乱、注意力不能集中，甚至记忆力下降，同时还容易产生头痛、失眠、食欲不振、胃肠不适等不良生理反应。

2. 抑郁　抑郁，是指精神受到压抑而产生的较持久、消极的情绪状态。其表现为情绪低落、思维迟钝、郁郁寡欢、兴趣丧失、食欲减退和失眠。

一般来说，这种情绪多发生在性格内向孤僻，多疑多虑，不爱交际，生活遭遇挫折，长期努力得不到报偿的大学生身上。那些不喜欢所学专业，或因人际关系处理不当、失恋等问题的大学生也会产生抑郁情绪。

3. 愤怒　愤怒是由于客观事物与人的主观愿望相违背，或因愿望无法实现时，人们内心产生的一种激烈的情绪反应。心理学研究表明，当愤怒发生时，可能导致人体心跳加快、心律失常、高血压等躯体性疾病发生；同时还会使人的自制力减弱，思维受阻、行为冲动，甚或做出一些事后后悔不迭的蠢事，造成不可挽回的损失。

大学生处于精力充沛、血气方刚的青年时期,在情绪情感发展上往往容易动怒。如有的大学生因同学一句刺耳的话或一件不顺心的小事而暴跳如雷;有的因人际协调受阻而怒不可遏、恶语伤人;有的因别人的观点或意见与自己相左而恼羞成怒。如此种种遇事缺乏冷静的分析与思考,图一时之快,逞一时之勇的好激动、易动怒的不良情绪特点,在一些大学生身上时有体现。这种情绪对大学生的影响是极其有害的,因而有人说:"愤怒是以愚蠢开始,以后悔结束"。大学生违纪打架行为多源于此。

4. 嫉妒　嫉妒是他人在某些方面胜过自己引起的不快甚至是痛苦的情绪体验。西班牙作家塞万提斯说"嫉妒是万恶的根源,美德的蟊贼"。

嫉妒是大学生普遍存在的自尊心异常的一种表现。具体表现为当看到他人学识能力、品行荣誉甚至穿着打扮超过自己时,内心产生的不平、痛苦、愤怒等感觉;当别人身陷不幸或处于困境时则幸灾乐祸,甚至落井下石,在人后恶语中伤、诽谤等。嫉妒是一种情绪障碍,它扭曲人的心灵,妨碍人与人之间的正常真诚交往。

三、大学生常见的心理危机表现形式

构建完善的大学生心理健康教育体系,培养大学生健全的人格,是预防心理危机的根本途径。当大学生的心理出现危机时,其自身就会表现出一些明显的状况,其表现形式主要体现在以下几个方面:

1. 情绪上的变化　情绪不安、易怒、暴躁、紧张、恐惧、忧虑、悲伤、有罪恶感、怕见人、情绪低落或不稳定,表面平静却给人的感觉有眼神游离等。

2. 认知上的变化　学生经过波折后在很长一段时间内不能从阴影中走出来,不能正确对事物的好坏加以正确区分,不能正确地对事物的发展规律进行判断。若患者平时性格开朗、生活态度积极乐观,出现危机时则相反;如果平时性格内向,出现危机则可能会加重,变得喜欢抱怨,认为社会对他不公平等。一旦渡过了这个难关,这一现象便会消失。

3. 自身行为的变化　在发生波折之后,学生不能把精神集中到学习中来;常利用非常特别的方式对自己进行心理安慰;对周围关心自己的人具有强烈的攻击性;不愿意接受别人的帮助;并可能出现了以前没有出现过的行为如:沉默少语、自言自语、或言语本身带来特定意义令人费解,如打听什么方式自杀没有痛苦、直接询问哪种药物吃多少会死、语言表达活着不如死了等。

4. 身体上的不适　学生表现出了头晕、恶心、记忆力减退、不思饮食、失眠、做事注意力不集中、学习能力下降等变化,严重者会出现自杀、药物滥用等情况。

【案例11-3】　某高校博士坠楼身亡,死前经常一个人对空气说话

某高校一位博士从公寓6楼的阳台上坠下身亡。据其室友反映,死者生前举止异于常人。

室友告诉记者,死者姓周,今年38岁,考入某大学历史系,目前博士三年级,近期正在准备毕业论文,压力较大。室友评价说:"她很聪明,本科、硕士都是在本地念的,专业是英语,一直都是大学的英语老师。"不过,室友还是在周某自杀前的接触中感觉出了一些"异样"。室友指指门口的蛇皮袋和鞋子说:"这是她的房门,她近日把这些袋子和鞋堆得堵住门口,自己就关在房间里,很少和人交流。"让室友觉得更奇怪的是,周某近期很少和人沟通,有时却会和空气自言自语。

四、大学生心理危机干预原则和方法

(一)心理危机干预原则

1. 生命至上　我们应当了解,导致危机的原因是压力。当一个人超过其个人身心所能承受的压力范围或经历重大突发事件时,便会让他无法通过正常人处理问题的解决手段去抗衡当前面临的困难,从而使其陷入惊慌失措的情绪状态,最终失去导向及自我控制力。正因为学生失去了自我控制力,对存在的价值和生命的意义感到困惑,使得自杀、暴力、犯罪等漠视生命的现象在高校校园中时有发生。因此,高校在处理大学生心理危机案件时,应该确保学生的生命安全,人身安全。这是"以人为本"的理念在危机干预中的体现,也是处理学生危机事件的基本原则。这一原则要求高校要绝对保证学生的人身安全。心理危机干预的首要原则就是要维持生命的继续。

2. 及时迅速的处理　危机干预应该是24小时全天候开放的。由于患者情绪的不稳定性,心理治疗师必须本着 Butcher 和 Mauda1(1976)提出的一个原则:"所有的危机干预单元都必须被当作最后一次与患者的接触"。因此,要迅速确定要干预的问题,强调以当下的问题为主,并立即采取相应措施。

当大学生处于心理危机状态时,如果没有得到及时迅速的干预很容易产生过激行为:如自伤或伤人等。心理出现问题是当事人一时难以接受和自我改变的事情,因此必须在数小时、数天或数周以内采取干预。心理危机发生的本身是应激性的,危机干预中时间是一个关键因素,不允许进行过多细致的思考和无谓的尝试。因此,危机干预者必须有对心理危机中不断涌现、不断变化的问题做出迅速的反应和处理的能力,保证能够及时准确的处理问题。

3. 两面性原则　危机既意味着"危险",又存在着"挑战"。一方面,危机是危险的。因为它可能导致个体严重的病态(会发生杀人或自杀等严重问题)的发生。另一方面,危机也是一种挑战。

弗洛伊德的精神分析理论将压抑解释为心理防卫机制的最基本功能。它是将来自人类的生理本能的冲动或外部不良刺激进行非理性处理并使之进入潜意识状态。而危机干预不仅以解决当事人所面临的问题为目标,更应该以帮助当事人快速提升应对危机能力为目标。通过危机干预,充分调动当事人的积极思想,塑造良好的潜意识。在有效应对当前危机的基础上,获得应对类似危机的经验。能够从不利中看到有利,从阴霾中看到阳光,从危机中看到生机,使自己变得坚毅和乐观,全面提高应对未来突发事件的心理素质和能力。因此,危机具有两面性。

4. 释放为主的原则　释放是指个体把负面的心里想法或引起心理危机的情绪及时排放的过程。心理危机便是由不良情绪积累到超过心理防御临界点而发生的。理性的压力和非理性内驱力(潜意识状态)经常出现相互倾轧,即使理性获胜,个体也将产生抑郁或焦虑情绪。如果能及时恰当地释放这种不良情绪或冲动,将有助于其更好地减轻心理压力。危机带来的痛苦会迫使当事人寻求帮助,而释放这种痛苦会帮助患者实现个体成长和自我实现。

(二)心理危机干预方法

1. 找寻问题的所在　干预者与处于危机的个体接触后应尽快建立信任关系,必须非常迅速地确定引发危机的核心问题是什么。同一事件对不同人的反应会受个性、文化、价值观等众多因素的影响。所以分析问题必须完全从患者的角度出发,从患者的角度来确定和理解其所认识的危机问题。因此,需要干预者使用积极的倾听技术,同情、理解、真诚接纳及尊重患者,交流过程中既要注意患者的言语信息,也要注意其非言语信息。如果危机干预人员所认识的危机境遇并非患者所认同的,那么即使危机干预人员的认识并不错误,其干预都是很难达到预期效果的。

2. 保证当事者安全　在整个危机干预的过程中,当事者安全问题都应该被放到最重要的地位,应以保证当事者的安全为首要目标。因此,干预者应首先评估危机的严重程度,确定需要紧急处理的问题,帮助当事者尽快脱离灾难现场或创伤情景,脱离伤人、自杀等危险行为意念,保证当事者对他人和对自身的生理和心理产生危险的可能性降到最低。

3. 提供有效支持　增强与当事者的沟通与交流,给患者以尽可能全面的、充分的理解和支持,并积极、无条件地接纳患者。不管当事者遭遇的经历是天灾人祸还是自己的过失所致,也不管当事者当前的感受可以理解还是不合常情,一律不予评价。应该提供机会,通过沟通与交流,让当事者表达和宣泄自己的情感,给当事者以同情、支持和鼓励。使其感到干预者是完全可以信任的,也是能够给予其关心和帮助的人。

4. 思考变通方式　处于危机中的患者的思维往往处于被抑制状态,很难判断什么是最佳选择,因此要让患者认识到有许多变通的应对方式可供选择。可建议患者从不同的途径思考变通方式。

思考变通方式的途径:对外开发环境资源,引导当事者从身边的亲朋好友中去寻找支持和帮助。如有哪些人现在或过去能关心患者?能在行为或心理上予以支持和陪伴?比如父母的关心、恋人的陪伴,朋友的帮助等;对内开启心理资源,鼓励当事者尝试新的、积极的、建设性的思维方式,通过改变自己对问题的看法来减轻应激反应与焦虑水平。干预人员要帮助患者认识到,危机问题有许多变通的应对方式可供选择,帮助患者探索他自己可以利用的替代解决方法,促使患者积极地搜索可以获得的环境支持、可以利用的应付方式、发掘积极的思维方式。如果患者能够从这三个方面客观地评价各种可变通的应对方式,危机干预工作者就能够给感到绝望和走投无路的患者以极大的支持。

5. 制订计划　与当事者共同制订行动计划来矫正其情绪的失衡状态,帮助当事者做出可实现的短期计划,并确定该计划是当事者理解认同、可操作性的行动步骤。制订计划时要充分考虑当事者的自控能力和自主性。行动计划的制订应该让当事者充分地参与其中,使他们感到自己的权利、自尊没有被剥夺。最后将变通的应对方式以可行性的时间表和行动步骤的形式罗列出来。

6. 获得承诺　回顾和改善有关计划和行动方案,要用同情、理解和支持的方式来进行讨论。要明确在实施计划时达成同意合作的协议,帮助当事者向自己承诺要采取确定的、积极的行动步骤。这些计划和行动步骤必须是患者自己认同的,从现实角度上是可以完成的或接受的,以便当事者在今后坚持按照预定计划和方案行事。同时,获得承诺的过程具有重要的仪式意义。

五、大学生心理危机预防措施

要想在真正意义上解除大学生的心理危机,就要有针对性地制定一些预防措施。首先,应深入探究造成大学生心理危机的关键因素,再针对其制定预防措施。就当前研究成果来看,通过高校、家庭、社会三个层面进行心理危机预防是最为有效的方式。

相关院校要建立心理危机预防机制,关注该现象出现的高危人群,建立心理预警措施,有效杜绝大学生心理危机现象的出现。对于高校来讲,建立以大学生为核心,辅导员为引导者的心理防范机制是非常有必要的。利用预警指示法来对出现心理危机的学生进行治疗是解决问题最为有效的方式。预警指示法要求为调查对象制定一套行之有效的体系,按照以往的经验,应对心理危机产生的因果关系进行有效制定,在心理危机发生的早期将问题加以解决。

(一)高校预防大学生心理危机现象的常见方式

1. 开展心理健康教育活动 丰富大学生心理学知识,增强他们的心理保健意识,端正他们对心理咨询的看法,引导他们主动寻求帮助,缓解负性情绪,避免因心理问题加重导致心理危机的发生。

2. 开展心理素质训练 提升大学生心理调适能力,通过各种途径锻炼他们的意志、训练他们的心理素质,使他们保持心理健康的状态。

3. 开展大学生心理辅导和心理咨询工作 采取有效的、使学生易于接受的心理辅导方式,比如:通过讲座以及心理游戏、心理健康活动、播放心理电影等形式多样的活动,解析心理现象,帮助大学生了解常见的心理问题,拉近他们与心理咨询机构的距离。通过语言、文字等媒介,给咨询对象以帮助、启发和教育,解决其在学习、工作、生活、疾病等方面出现的心理困扰。

4. 加强校园文化建设,改善大学生的社会心理环境 开展心理健康普查,对有精神病倾向的要及时转诊就医,对有神经症可能的要约请他们面谈,了解情况,建立心理健康档案,确定危机预警的范围和对象;建设以学生辅导员、学生干部、寝室长和学生党员为骨干力量的信息员队伍,及时了解预警对象的相关信息并及时汇报,做到早发现早干预;成立危机干预机构,如邀请心理专家建立大学生危机干预中心,确保危机干预的专业化;设立信息化的心理危机干预热线,让大学生在身处危机时能及时得到帮助。与此同时开展丰富多彩的校园文化生活,满足大学生精神和心理需求,为他们展现天赋和才华、增强竞争意识、获取自信心提供平台。

5. 构建大学生成才服务体系,为大学生心理减负减压 如加强学习与考研的辅导,帮助他们进行职业生涯规划,为毕业生提供就业信息,搭建就业平台,开展就业指导等,为处于困境中的学生提供及时有效的支持,帮助其顺利渡过难关。

解决大学生心理危机问题的工作是一项长期而复杂的工作,仅靠高校的努力来实现是不现实的。要想在真正意义上将大学生心理问题加以解决,需要各界共同努力来完成这项工作。

(二)来自家庭的力量

家庭要尽量创造一个和谐的有利于学生成长发展的氛围,大学生的父母要多换位思考,充分理解孩子的需求,尊重孩子的想法。假期或日常生活中多与孩子进行交流,与学校辅导员及时进行沟通,以便及时掌握大学生的内心活动。

(三)来自社会的力量

目前,大学生心理工作在不同的高校发展不平衡,一些高校对其重要性的认识不足。有些高校很难找到专职心理咨询师,有的干脆将心理咨询挂靠在诸如学生工作处、团委、校医院等机构,还有个别高校根本就没有心理咨询机构。在设置心理咨询机构方面,很多高校形式主义严重,心理咨询机构的设置只是用来应付上级检查工作,建成之后不追加投资,也没有相应的培训,检查完毕后心理咨询中心就进入停滞阶段。一些高校学生众多,心理咨询人员却只有一两人。

心理咨询机构的条件是影响心理咨询质量的一个关键因素,心咨询机构的条件包括人力资源、咨询设施、财政支援等。为了能够顺利地开展心理咨询,还必须有稳定的财政支援。获得教育管理部门的资金支持,可为高校心理咨询机构的建立奠定良好的财政基础。同时相关部门还要落实机构设置、专职人员匹配、活动经费、咨询场地、设备、资料建设、工作量考核、报酬计算以及提供业务进修的机会等。除此之外,社会还应该加强心理健康资料的宣传力度,让更多大学生对心理疾病、心理危机的危害性加以认识,在全社会范围内普及心理健康的重要性。

六、心理危机干预具体手段

(一)在学校建立学生心理咨询热线

利用开设心理危机咨询电话的方式解决大学生的心理问题。心理咨询求助电话有着快捷、方便的特点,在高校中普遍得以应用,这种方式也是目前高校开展心理咨询最为常见的方式之一。学生通过拨打咨询电话,能够及时的获得帮助。心理咨询热线对于心理危机症状较轻的学生来讲,无疑是解决心理问题的最佳方式。

(二)面对面咨询

来访者就自身存在的心理不适或心理障碍,通过面对面、一对一的交流向咨询者进行述说、询问与商讨,在其支持和帮助下,通过共同的讨论找出引起心理问题的原因,分析问题的症结,进而寻求摆脱困境解决问题的条件和对策,以便恢复心理平衡、提高对环境的适应能力、增进身心健康。

(三)互联网咨询

如今,互联网电话已经进入学生们的生活中,成为大学生重要的生活方式。高校心理咨询师可以利用互联网作为平台对大学生开展心理治疗。

综上所述,面对大学生心理危机问题,我们要始终秉持这样一条原则:预防远比治疗要有效。当大学生出现心理危机现象的时候,相关工作人员要做到对大学生进行及时的心理疏导,以保证大学生的身心健康发展,帮助大学生共同渡过人生难关。

【本章小结】

本章主要介绍了大学生心理危机概念、特征和类型;大学生心理危机产生时的常见表现,包括情绪反应、认知反应、行为反应、生理反应;心理危机的发展过程,包括冲击期,防御期,解决期,成长期;分析了大学生产生心理危机的原因;以及大学生心理危机的预防和应对措施。从中我们了解到大学生心理危机具有两面性,对于大学生来讲既是机遇又是挑战。心理危机如果不能妥善处理会给大学生带来危害，这也反映出心理危机干预的重要性。

（姜玉洪 宋 悦）

【思考与练习】

1. 什么是心理危机？
2. 心理危机的特征和类型？
3. 简述大学生心理危机干预的原则和方法。

参考文献

[1] 彭聃龄. 普通心理学. 4 版. 北京：北京师范大学出版社，2014.

[2] 钱明. 医学心理学. 2 版. 天津：南开大学出版社，2005.

[3] 张厚粲. 大学心理学. 北京：北京师范大学出版社，2003.

[4] 沈德立. 大学生心理健康. 北京：高等教育出版社，2013.

[5] 胡佩诚. 认识你自己. 北京：北京大学出版社，2011.

[6] 梁庆. 大学生心理健康教育教程. 沈阳：辽宁教育出版社，2011.

[7] Gerrig RJ, Zimbardo PG 心理学与生活. 王垒，王甦，译. 北京：人民邮电出版社，2003.

[8] 范朝霞，毛婷婷. 新时期大学生心理健康问题与对策研究. 北京：中国书籍出版社，2017.

[9] 陈秋燕. 大学生心理健康教育. 北京：北京师范大学出版社，2016.

[10] 郝春生. 大学生心理健康. 北京：中国财政经济出版社，2008.

[11] 王金凤，柴义江. 大学生心理健康教育. 北京：清华大学出版社，2017.

[12] 杨世昌. 大学生心理健康教育教程. 北京：科学出版社，2016.

[13] 蔺桂瑞. 大学生心理成长与案例教学. 北京：高等教育出版社，2015.

[14] 彭文英. 大学生社会心态. 重庆：重庆大学出版社，2016.

[15] 严万森，王加好. 大学生心理健康教育. 北京：北京大学医学出版社. 2015.

[16] 夏翠翠. 大学生心理健康教育. 北京：人民邮电出版社，2015.

[17] 汪艳丽，李斌. 大学生心理素质训练. 北京：电子工业出版社，2016.

中英文名词对照索引